路甬祥教育思想研究

LUYONGXIANG
JIAOYU SIXIANG YANJIU

◆ 主编 冯时林

ZHEJIANG UNIVERSITY PRESS
浙江大学出版社

路甬祥院士来我校讲学

路甬祥院士与我校领导合影

代 序

在《路甬祥教育文集》首发仪式
暨教育改革与发展思想研讨会的发言

张浚生

非常高兴来出席《路甬祥教育文集》(以下简称《文集》)首发仪式暨教育改革与发展思想研讨会。

我和路甬祥同志相识很久,我们不仅都是浙江大学培养出来的,而且还是系友。我毕业时光学机械仪器专业是机械系的一个专业。但是在学校领导岗位上,我和他没有一起共事过。1979年他和其他同志一起离校赴德国留学时,我陪同刘丹同志和他们话别,然后送他们到校门口上了去上海的汽车。他们前往上海乘飞机出国。1981年9月他回国时,我正在中央党校学习,一年后我回校,但仅过了半年,就调离了浙江大学。所以对他在校担任领导工作的情况,虽有一些了解,但是了解不深。

这次,感谢学校党委办公室的同志事先给我送来了《文集》,使我可以预先拜读,准备这个发言。

这本《文集》内容很丰富,很全面,比较完整地反映了路甬祥同志在浙江大学担任领导近10年时间工作时的方方面面情况,包括他的教育理念,在他领导下学校开展综合改革的情况,学校当时在人才培养、科学研究、学科与师资队伍建设,工程教育和继续教育方面开展的工作,以及他作为学校领导时提出的指导性意见和作出的有关规定等等。这些既可以说是对当时浙江大学建设发展情况的概括性的总结,也对现在高校工作的同志有很好的启迪和借鉴作用。

在拜读了《文集》之后,我有几点很深的感受。

一是路甬祥同志对工作的高度负责的精神。这种精神既反映在当时领导浙江大学的工作中,也反映在他后来从事的工作中。在浙江大学工作时,他一旦接受了任务,就全身心地投入,切切实实地工作,并认真思考如何把工作做好,从而使浙江大学的建设和发展取得了良好的进展,跨入了一个新的发展阶段。正如他在《文集》的序言中所说的,在接受担任浙江大学副校长的工作时,为了尽快进入角色,履行好职责,他认真研读了学校校史和中外高等教育发展史,分析研究了英、德、美、俄(苏)、日等国的高等教育发展历史和现状,了解了清华、交大、南大、复旦、中科大、浙大等国内著名大学毕业生的素质、品格和特点,然后认真考虑并提出了他分管工作的改革方案,继而推动了本科教育的一系列改革,并取得了良好的成绩。在担任了校长之后,他更是集中全力团结带领学校领导班子进一步明确学校的定位,不失时机地争取到作为我国高校综合改革的试点,不断推进学校的全面改革。这种工作精神和工作方法都是很可贵的,很值得我们大家学习。毛主席说过,"你对于那个问题不能解决么?那么,你就去调查那个问题的现状和它的历史吧!你完完全全调查明白了,你对那个问题就有解决的办法了"。路甬祥同志正是这样做的。

二是路甬祥同志有明确的教育理念。这是非常重要的。《文集》第一部分就是《教育理念篇》。我们的大学领导人都是党组织和政府任命的,都要认真地贯彻党和国家的教育方针和有关政策,但是,作为一个学校的主要领导人,有没有自己明确的教育理念,对于一个学校工作的开展影响很大。所谓理念就是我们为什么办大学,如何办大学,具体到一个学校就是我这所大学要有什么样的精神,什么样的建设发展目标。没有理念,就没有全局,或者得过且过,或者看似忙忙碌碌,结果是眉毛胡子一把抓,不得要领,抓不住主要矛盾。路甬祥同志担任领导工作后,教育理念非常明确,认为高等学校就是要培养有国际竞争力的人才,以适应20世纪90年代和21世纪我国的经济建设、科技发展和社会进步的需要。为此,必须对我国的高等教育进行改革。所谓改革,最重要的是转变教育思想和改变有关的机制、体制。

三是在各个时间段不断地思考和提出了许多有创意的办学思路,而且不是停留在口头上、报告中,而是切切实实地组织实施。这些思路以及根据这些思路提出的一些改革措施和制定的政策措施,很实际,针对性强,从而全面地推动了学校的工作,提升了学校的办学水平,无论在人才培养、科学研究、后勤保障、社会服务等方面都取得了很大进展,也使学校的声誉和影响力大为提升。就这些方面,我想举一些具体例子。

(一)学校的定位。他提出了学校以工为主,理工结合,兼有文管,学校要培养"理、工、文管"三位一体的复合型人才的建设目标,也就是要以工为主,理工结合,理工文管综合发展,并为此努力抓好学科布局和优化学科结构。1952年院系调整后,浙江大学由一所文理工农医法和师范学科门类齐全的综合性大学变成了一所多科性工业大学,虽然在刘丹同志的主持下,浙江大学在工科院校中率先恢复了理科,但还没有提到理工结合,还没有做到理工文管综合发展。

(二)学校的建设发展目标。1994年提出了"到2000年把浙江大学建设成为具有中国特色和自身特色的,以工为主,理工结合,设有文管,教育质量和科学研究水平稳定,全面地居于国内同类大学前列,能适应社会主义商品经济和应对社会发展、新技术革命的挑战,在国际上有影响的综合性理工科大学"的目标,而且还提出了分三步走的战略规划。这也是很有长远眼光和世界视野的办学思路。

(三)不断推进各项改革。正如他在一次讲话中所说的,"改革是一个永恒的过程,旧的矛盾解决了,旧的体制转换了,又有新的矛盾在前头,要永不满足,不断地适应时代对我们提出的要求"。1989年争取到教育部批准浙江大学进行综合改革试点,学校积极稳妥地在教学、科研、后勤、管理和人事制度各个方面都进行了改革,大大增强了学校的办学活力与动力。1992 年小平同志南方谈话后,学校又抓紧学习领会讲话精神,提出要进一步解放思想,转变观念,深化改革,并提出了多项改革的目标和措施。

《文集》的内容很多,很全面,很丰富,我仅仅谈了点粗浅的体会。

因为今天还是结合举行教育改革与发展思想研讨会,我想联系《文集》的内容,结合我这些年在部属高校巡视的情况,就我们学校建设发展的情况,讲点意见。

(一)学校的定位。路甬祥同志根据当时浙江大学的情况提出了以工为主,理工结合,人文经管综合发展的学校发展定位。现在同根同源的四个学校合并后,浙江大学是一所在国内高校中学科最齐全的学校,我国十三个学科大门类中浙江大学有十二个,而且每个学科都是有相当的基础,有相当的实力和水平。面对这种情况,学校如何布局,如何发展,需要深入探讨、规划和部署。学校必须以人才培养为根本、为核心,以学科建设为龙头,进一步认真地思考规划。

(二)关于学校的发展目标。路甬祥同志根据当时浙江大学的情况,提出了到 2010 年以至更多一点时间跻身于世界一流大学行列的目标,也提出了分三步走的发展步骤。把浙江大学建设成为一个具有世界一流水平的大学,对于浙江大学来说既有基础和条件,而且也是我们作为一个具有百年历史,并有很好办学传统的学校应该承担起的历史责任。四校合并成立新浙江大学时,我们也提出了"五年打基础,十年见成效,再奋斗十年跻身世界一流大学行列"的目标。总体上把握学校的发展目标和方向,这很重要。"不谋万世者,不足以谋一时;不谋全局者,不足以谋一域。"但是无论是学校 1994 年提出的目标,还是 1998 年提出的目标,现在看来都比较笼统,不够明确。有些提法,后来虽然又有几次修改,但仍然不是十分明确。诚然,建设世界一流大学,其指标体系也不是很明确、很清晰,而且确实是一个动态过程,但如果有一个比较明确的目标,锲而不舍,不动摇、不折腾,就一定会有好的效果。

在这里我介绍一点今年(2012 年)3 月份我在清华大学巡视时了解到的他们学校的一些情况。我之所以想介绍一些清华大学的情况,是因为我认为现在教育部直属院校中,和我们学校类型比较相似、具有可比性的主要是清华、上海交大、华中科大。当然中科大、哈工大这两所学校的许多特点也很值得我们学习与借鉴,特别是中科大在学科建设、科研方面的经验,很值得学习。"他山之石,可以攻玉",这些还不是一般的石,是金刚石。

清华大学是我们学习的榜样。基础好,综合实力很强。清华大学也是在 1994 年提出"三个九"、"三步走"的总体发展战略。第一个九,1994 年到 2002 年:调整结构、奠定基础,初步实现向综合性、研究型大学过渡。第二个九,2003 年到 2011 年:重点突破、跨越发展,力争跻身世界一流大学行列。第三个九,2012 年到 2020 年:整体推进、全面提高,努力在总体上达到世界一流大学的水平。2020 年后继续推进建设,到 21 世纪中叶争取达到或接近世界著名一流大学的水平。清华大学的每一步都目标明确、坚持不懈、扎实实施,不因领导班子变动而改变。清华大学认为现在前两步发展目标已基本实现,现在正处在第三步走和新百年的起航阶段,并提出了到 21 世纪中叶即建国 100 周年前后,力争进入世界一流大学前列的发展目标。为此他们通过百年校庆,认真梳理学校的文化,包括秉承"爱国奉献、追求卓越"的传统,恪守"自强不息、厚德载物"的校训,弘扬"行胜于言"的校风,践行"严谨、勤奋、求实、创新"的学风,倡导"人文日新"的精神,长期坚持引导学生又红又专,全面发展。

在日常工作中,在人才培养上积极构建以研究型教学、探究式学习、国际化交流为支撑的人才培养体系,提出"优势转化战略",即把学校综合性学科布局,高素质师资队伍、高水平科学研究、高层次国际交流、高质量后勤保障等多种优势转化为培养人才的新优势,促进高素质、高层次、多样化、创新型人才脱颖而出。

科研方面,坚持"顶天、立地、树人"的宗旨,科研既要跟踪世界科技发展前沿,又要满足国家重大战略需求,还要服务于拔尖人才的培养。

为此,清华大学非常注重人才引进和师资队伍的建设,以杨振宁,丘成桐、姚期智作为引进大师级人才的标志,以施一公等人作为引进青年科学家的标志,为他们创造良好的工作环境和条件。而这些人才也为学校的人才培养、科学研究发挥了非常重要的作用。

结合今天《路甬祥教育文集》的首发和教育改革与发展思想的研讨,我讲了一点自己的感想,这也是从《文集》中得到的启发,就是要有我们自己的办学理念,要把我们的办学目标进一步明确起来,并且有计划地采取切实的措施加以实施。最后我用《文集》中的一段话来结束我的发言:"我想世界任何事情都是发展的。只有不断地发展,不断地调整,不断地适应客观环境,才能取得新的进步。"

目 录

CONTENTS

一、教育理念

二、教改研究

三、人才培养

四、师资队伍

五、管理创新

一、教育理念

JIAOYULINIAN

影响我国高等教育质量的因素分析

宋明顺

[摘　要] 本文对影响我国高等教育质量的问题进行了分析。过度"学术资本主义"、生师比过高、高等教育结构失调和较为严重的教育行政化,是影响我国高等教育质量的重要因素。强调大学的使命应回归于人才培养,避免过度的"学术资本主义";"大众化"教育不等于"大班化"教学,也应该实施"人人成才"的培养模式;调整高等教育结构,应重点发展应用型和技能型高等教育;重视高等教育行政化问题,去外部行政化是高等教育去行政化的关键。要解决上述问题,必须着实贯彻胡锦涛总书记的讲话精神,持续提高我国高等教育质量。

[关键词] 高等教育质量　学术资本主义　生师比　教育结构　行政化

中共十八大报告中指出:"全面实施素质教育,深化教育领域综合改革,着力提高教育质量,培养学生社会责任感、创新精神、实践能力。"这一段文字,具有承前启后的意义。自从19世纪德国洪堡提出大学负有发展科学和培养人才双重职能以来,已经成为经典大学的办学理念。而纵观路甬祥院长走过的求知道路,也证明了这一点。路院长年轻时,就获得了洪堡研究奖学金赴德国深造,他在那里思想得到了更大的启发,他说,"富有特色的工程技术教育和创新研究体系,给了我巨大的思想冲击……"后来路院长任浙江大学校长期间,提倡继承浙大"求是"校风,倡导"创新",使浙大成为重要的科学研究和创新人才培养基地。

然而,我国的高等教育质量还存在许多问题。在现代质量管理中,我们应当有持续改进的核心思想。提高高等教育质量是我国高等教育界和政府相关部门今后一个时期重中之重的工作。现代质量管理的核心理念是持续改进,其路径是首先诊断存在的质量问题,然后寻找解决质量问题的方法并实施,以达到质量的持续改进。要提高我国高等教育的质量,也必须坚持持续改进的理念,也应该首先分析和诊断我国高等教育目前存在的质量问题,在分析质量问题时必须坚持实事求是的原则,应该弘扬"没有问题是坏事,发现问题是好事,解决问题是大事"的质量文化。关于我国高等教育存在的质量问题,理论界和实务界做了较多的分析研究,多数是从体制机制的角度进行阐述。本文将从大学使命、生师比、教育结构和去行政化的视角分析我国高等教育发展过程中所存在的质量问题,目的是寻找改进高等教育质量的空间,进一步提升高等教育质量。

一、关于大学使命问题

高等教育的根本任务是人才培养。然而,随着全球经济竞争的加剧,现代高等教育的基石"洪堡精神"受到了"学术资本主义(或学术创新主义)"的挑战,政府部门寄希望于大学成为科创中心和孵化器,直接成为科技成果转化为生产力的主力军,动摇了大学人才培养和基础理论研究的主导地位。[1]

"学术资本主义"的特点是:大学和教师为资金而竞争,包括收取学费、申报各类项目、争取政府拨款、创办学科性和商业性公司、技术合作、成果转让、捐款等。[2]导致"学术资本主义"产生的根本原因是大学经费的相对不足,并不是社会发展对大学产生的必然要求,因为它违背和削弱了"人才培养"的大学使命。大学"学术资本主义"现象当下比较普遍,但鲜有成功样板。这是在新形势下如何抵制"学术资本主义"的一个亟须解决的问题。其次,是要进一步树立教研并重、教研合一的高校体制。路甬祥院长对于这一点,概括为"理论联系实际",他说:"理论联系实际的学风本来就是我们党的优良传统","但由于我们的教育长期受封建教育思想的影响,……当前的学风并不令人满意"。路院长的这段话,是很值得我们深思的。他说的"封建教育思想",指的是什么呢?我以为指的是教而不研。例如:硫化汞是呈红色的矿物,经火后,离析其硫黄成分而剩下水,则由红转白,由固体转为半流体,古人对于这一现象,只知其然而不知其所以然,转来转去,把它当作仙丹而没有转到科学的阶段而荒废了。但在西方,却转出了化学学科。这是教育与研究必须并重的一个例子。再如:斯坦福大学是全世界科技创新和研发做得最好的大学之一,"硅谷"的诞生和发展主要归功于斯坦福大学,但并不是主要归功于斯坦福大学教师的科技成果转化,而是主要归功于斯坦福大学培养的学生,是斯坦福大学培养的学生造就了"硅谷"。同样位于美国圣地亚哥的"药谷"(或"生物谷"),也是缘于当地的加州大学圣地亚哥分校,起主要作用的同样不是圣地亚哥分校教师的成果转化和参与,而是加州大学圣地亚哥分校的毕业生。

大学的使命是培养人才,《中华人民共和国高等教育法》第三十一条指出:"高等学校应当以培养人才为中心,开展教学、科学研究和社会服务,保证教育教学质量达到国家规定的标准。"《高等教育法》明确规定了大学的中心任务是培养人才,教学、科学研究和社会服务是培养人才的三个基本手段和方法,尤其是科学研究和社会服务不能游离于人才培养之外,这也吻合威廉·冯·洪堡开创的现代大学精神:教学科研一体化,以科学研究促教学。这就告诫我们,大学的功能不能等同于独立的科研机构,不能等同于科技孵化器,不能等同于研发中心,不能等同于工程中心。他的使命是培养人才,他输出的最主要、最重要的成果是人才。

胡锦涛同志在清华大学100周年校庆的讲话中指出:"高等学校特别是研究型大学,既是高层次创新人才培养的重要基地,又是基础研究和高技术领域创新成果的重要源泉。"所以,大学的科学研究应以各个学科的基础理论研究和高技术领域创新研究为主,应为人才培养服务。工程技术研究和新产品开发不应成为、也不能够成为大学研究的主要任务。据统计,75%诺贝尔奖获得者来自于大学[3],因为大学从事的研究工作主要是基础研究和理论研究。但飞机、汽车、众多电子通信产品、航天工程等工程技术和应用性产品,基本上来自于大学以外的组织。所以,那些寄希望于大学成为科学成果转化主力军,是不符合大学使命的,也不符合大学的办学规律。大学的主要精力是培养更多、更好的创业创新型人才,这些人才才是推动科技创新,将科技成果转化为现实生产力的生力军,是产业转型升级和转变经济发展方式的主力军。

二、关于高等教育生师比问题

教育大计,教师为本。目前影响高等院校办学质量的核心问题不仅仅是师资的质量问题,更主要的是教师的数量严重不足,没有数量,质量难以得到保证。由于 10 多年的大学扩招,生师比超过 20∶1 的高校比比皆是,许多的学校学生与教职工(包括正式编制的行政人员和后勤人员在内)的比例都超过了 20∶1。而国外的高校的生师比基本在 10∶1 以下,美国加州理工学院和麻省理工学院等研究型大学的学生和教授的比例分别是 3∶2 和 5∶2,巴黎综合理工学院和巴黎路桥学院等教学研究型大学的生师比在 3∶1 至 7∶1 之间[4][5]。我国高校超高比例的生师比,突显高校教师的短缺,其结果是 80 个学生 1 个班、120 个学生 1 个班乃至 160 个学生 1 个班的课堂教学现象普遍存在。教师年授课工作量超过 400 学时的现象较为普遍,一名导师带 20—30 个研究生的也不足为奇,再加之要求越来越高的科研任务,教师的时间和精力已处于最大化的边缘。在教师处于疲于奔命的状态下,"启发式"教学无法进行,教师辅导和教师的作业批改也流于形式,言传身教、单兵教练、个性化培养难以有效实施;实践教学和实验教学环节,由于学生太多和教师太少,而被迫减少和简化。高校教师的短缺是影响高等教育质量最关键的因素之一,但这一点迄今未得到充分的认识。"大众化"教育决不能等同于"大班化"教学,胡锦涛同志在讲话中强调"树立多样化人才观念和人人成才观念",这说明"大众化"教育也必须是"人人成才"的教育。近十年的高等教育大众化是解决广大人民群众"有书读"的问题,相当于解决了高等教育的"温饱"问题;要解决高等教育"吃得好"的问题,就是解决国家发展和广大人民群众迫切期望的"读好书"的问题,"读好书"就是个性化教育和精英化教育。因此,加大财政投入,增加教师数量,实施"小班化授课和实践",是保证高等教育质量的基础,是实现人民群众"读好书"愿望和要求的基本保证。

三、关于高等教育结构问题

高等教育结构是指培养研究生、本科、高技能人才的学生数量之比例,高等教育结构必须与产业结构相适应。中国是一个制造业大国,需要的是大量的高技能人才,而高技能人才是通过高职高专院校来培养的。我国的高等教育结构则是以本科及以上学历为主导,需求量大面广的高技能人才则明显不足,出现了人才培养结构和人才需求结构严重失衡的现象。

以浙江省为例,2009 年浙江省研究生、本科生、高职高专生的招生比例为 1∶8.2∶7.9,从招生结构上可以看出,高技能人才招生明显偏低。2009 年底浙江省在校大学生中,本科生以上的学生 52 万左右,高职高专在校生 37 万人,研究生在校学生增长比例为 22.7%,本科生增长比例为 6.2%,高职高专在校生增长比例为 1.3%,高职高专在校生的数量和增长比例远远低于本科及以上学生。[1] 2009 年,浙江省高技能人才求人倍率达 3.44,是人才市场需求最为迫切人才类型,其需求规模随产业结构调整和经济转型升级呈逐年增长的态势。2010 年浙江三大产业高技能人才分布结构为 0.4∶74.3∶25.3,而三大产业的经济结构则为 5.0∶51.9∶43.1,两者比例结构极不均衡。现代农业高技能人才严重缺乏,只拥有0.4%的高技能人才,严重缺乏建设社会主义新农村和现代农业最需要的人才。[6] 第三产业高技能人才也严重不足,只拥有不到 26%的高技能人才,这些高技能人才仅占第三产业从业人员的 2.23%。第二产业同样也面临高技能人才短缺问题,虽然绝大多数高技能人才集中在第二产业的制造业,但总体数量明显不足,据调查,73%的工业企业表示出现高技能人才短缺现象。浙江的现象很具有代表性,从中可窥测出全国所存在的普遍性问题。[7]

我国的本科生培养模式,基本上是按研究型人才培养模式设计的,由于就业压力和不太科学合理的就业率考核等原因,大学生从第 4 学年开始就将主要精力和时间用于寻找工作,除了毕业设计之外,很少有学习任务。现在的本科 4 年学制已有些名不副实,实际上为 3.5 年制了,培养的本科学生既不能很好地胜任研究性质的工作,也不能很好地胜任高技能性的工作,出现了高不攀、低不就的现象,大学本科教育成了"夹心层",本科生就业已经成为全社会关注的热点问题。另外,学院升大学,高职高专升本科,本科院校争取硕士、博士授予权,已成为许多高等院校一种普遍的心理需求和努力方向。而对经济和社会发展急需的高级职业技术人才的培养始终得不到应有的重视,进一步加剧了人才培养结构和人才需求结构的差距。[8]

一方面是高技能人才严要缺乏,另一方面是本科生就业难。高等教育结构与产业结构发展的失衡,成为先进制造业、现代服务业和现代农业发展的瓶颈之一。高等教育结构与产业结构存在着密切的关联性,产业转型升级需要合理的人才结构支持。我国的本科、研究生教育的确需要大力发展,而培养高技能人才的高职高专院校则需要更大的发展。培养大量的实用型高技能人才,将提高各类、各行、各业劳动者的素质和技能,为实现我国由制造业大国向制造业强国的转变提供强有力的人才保障。[9]

四、关于高等学校行政化问题

高等学校行政化是我国高等教育改革的一个热门话题。高校的行政化实际上包含两个层面,一是高校内部行政化,二是高校外部行政化。过度的行政化会严重影响我国高等教育的健康发展。

高校外部行政化是指教育行政部门过多地管理了高校内部事务,甚至是剥夺了本应属于高校的"职、权、利",也即"管得太多了","管得错位了"。政府对高校的监管,尤其是对公立高校的监管是必要的,但若政府相关部门利用财政经费投入、人事任免、行政审批等职能,扩大了对高校的管理,其现象是高校围绕行政转,行政管理部门成了高校的"上帝"。当前行政部门主宰了高校领导的任命权、职称评审权、招生权、人事编制权、专业设置权;财政经费的投入不完全是按科学、公平、透明的方式下拨,而是巧立各种名目(包括项目和奖项),由行政部门主持申报评审的竞争方式分配。政府行政部门掌握了或集中了本属于高校的"职、权、利",高校不围着行政转,就会失去更多的支持和办学资源。

高校内部行政化,是指高校内部管理体制行政化,组织机构设置机关化。高校内部行政化的主要表现为:行政地位高于学术地位,行政权力代替学术权力,学术和教学被过度行政化了。高校内部行政化是一个较普遍的现象,但每所高校有很大差别。总体而言,高校具有的学术自由和学术民主的特性,使得高校内部行政化比高校外部行政化更富有弹性,因此外部行政化对高等教育事业发展的影响比内部行政化要大。

然而,目前在讨论高校去行政化问题时,普遍关注的是高校内部去行政化问题,这不是问题的关键。中国的高校国际化程度日益提高,在内部管理体制方面逐步与国际接轨,所以,高校的去行政化,核心是去外部行政化。政府相关部门应将本属于高校的"职、权、利"归还给高校,这不仅可减少寻租和腐败现象,保证高等教育事业的又好又快发展,更重要的是为提升我国的综合竞争力提供人才保障。

以上所论述的质量问题是我国高等教育发展过程中存在的问题,分析这些问题的目的是为了提高高等教育质量,找不到问题、找不准问题或是避而不谈问题,提高高等教育质量就成了无源之水、无本之木了。提高高等教育质量,就是要"少谈点主义,多谈点问题;少一些抱怨,多一些办法"。诚然有些问题的解决不可能一蹴而就,需要在发展过程中去探索、去研究、去解决,只要我们把科学发展观落到实处,着实贯彻胡锦涛总书记的讲话精神,坚持科学发展、统筹发展、和谐发展,高等教育质量就可以得到快速的提升,办好让人民满意的高等教育。

参考文献

[1] 刘叶.建立学术导向的创业型大学[J].高等工程教育研究,2011,(1).

[2] [美]希拉斯·特劳,拉里·莱斯利.学术资本主义——政治、政策和创业型大学[M].北京:北京大学出版社,2008.

[3] 傅秀宏.一流大学,诺贝尔奖的孵化器[J].观察与思考,2008,(10).

[4] 李政道.模式创新:李政道试解"钱学森之问".中国教育报,2010-11-22.

[5] 教育部行业特色型大学发展考察团.行业特色型大学发展的"法国经验".中国教育报,2010-12-06.

[6] 吕宏芬,王君.高技能人才与产业结构关联性研究:浙江案例[J].高等工程教育研究,2011,(1).

[7] 陈诗达等.高技能人才问题研究[M].北京:中国劳动社会保障出版社,2009.

[8] 菊莲.论产业结构及相关的人才结构调整[J].北方经济,2007,(3).

[9] 肖庆顺,张武井.转变经济发展方式与人力资源强国建设.中国教育报,2011-01-25.

作者信息

宋明顺:男,中国计量学院主管教学工作的副院长,教授,从事标准化与质量管理教学和研究工作。

路甬祥人才培养思想及对法学教育的指导意义

陶丽琴　杨　梦　彭飞荣

"逝者如斯乎,不舍昼夜",这是关于时间的感叹。当路甬祥老校长的《求是与创新:路甬祥教育文集》放在我们面前时,仿佛一下子又将我们带回那个意气风发的年代,也是老一辈教育家们正为祖国的教育事业挥毫泼墨勾画蓝图的时代。光阴似箭,现在浙江大学已经成为祖国教育领域一颗璀璨的明珠,事实证明,这与老一辈教育家们开创性设想、高瞻远瞩的战略思考分不开。作为曾经的浙江大学学子、而今的教育工作者,我们曾有幸目睹这一切的发生,亦能深味其中的艰辛困苦,打开、细读路老文集,对其博大精深的教育理念,内心充满深深的敬意。

路老的文集,从其就任浙江大学校长时起到离任,横隔十余年,洋洋洒洒,凡三十余万言,尽显其教育上的雄才大略,深邃目光。路老就任浙江大学校长的这十余年,亦是浙江大学百年发展史上空前辉煌的一个时段,作为当时全国高校综合改革的重点,其办学思想和改革举措在国内教育界有着极大影响。时至今日,这些指导思想对当前教育改革仍具战略指导意义。在这些关乎教育管理创新改革的精辟论述中,我们尤为关注的是路老对人才培养的创见。路老的教育思想深深地影响到我们目前的教育管理工作。

一、人才培养中的"德育为先":重视人格培养

人才培养,就其根本而言,乃是一门树人之学。只有树好"人",大学才能够真正地做到正本清源。浙江大学是百年老校,有着悠久的文化传统。当路老接手之时,囿于社会发展上的一些浮躁之风,学风建设上有所不足。针对这些,路老通过对学风之整顿,同时加强学生的思想政治教育,固住了"人格"之根,重视德育、人格的培养,依据如今的眼光,这些更是浙江大学能成为名校的关键。

路老基于当时的改革创新背景,为满足国家对于创新人才的素质和能力的需要,在社会调查的基础上对浙江大学人的素质和开拓创新能力进行考察和分析,落根实处,将浙江大学以往的"求是"校训扩展为"实事求是,严谨踏实,奋发进取,开拓创新",简述则是"求是,创新",将"创新"提到了战略地位。这其实和浙江大学的精神是一脉相承的,浙江大学通过探索科学教研创新实践,在充分认知国情的基础上,理论联系实际,形成了自己独特的大学精神。说到底,这是一种文化的薪火相传。教育正是因为拥有文化底蕴和文化精神,才能昌盛繁荣,真正长足发展。这是一条宝贵的教育经验。

依据路老的"德育为先"的人才培养理念,以法学教育为例,实际上就是要高度重视社会主义法治理念的教育,把社会主义法治理念教育融入法律人才培养的全过程,增强学生贯彻

落实社会主义法治理念的自觉性和坚定性。具体而言,法学教育要引导学生牢固树立如下五个理念:即依法治国(法律面前人人平等、树立和维护法律的权威、严格依法办事)、执政为民(一切为了人民、一切依靠人民、尊重和保障人权)、公平正义(合法合理、平等对待、及时高效、程序公正)、服务大局(保障社会主义经济、政治、文化、和谐社会建设)和党的领导(把巩固党的执政地位、维护人民利益和维护社会主义法治统一起来、把贯彻落实党的方针政策与严格执法有机结合起来、把加强和改进党对政法工作的领导与保障司法机关依法独立公正地行使职权统一起来)。

同时,为了确保社会主义法治理念被学生既内化于心又外化于行,还应该把人格培养与学生党建工作、思想政治理论课等环节的社会主义教育培养结合起来,引导学生树立坚定、正确的社会主义信念;同时,在"宪法"、"行政法与行政诉讼法"、"公务员法"、"刑事诉讼法"等课程中指导教学大纲的设计、教学计划的执行与检查工作,适时邀请实务界专业人士进入相关课堂,结合我国政法工作实际讲解社会主义法治理念的实践要义。重点突出培养,比如具有人文综合素质,具有观察不同学科、文化、理念衔接点的素养的学生;具有对中国文化和其他文化形成关联思考的广阔视野的学生;具有判断道德和职业伦理素养的学生;具有法律人的思维方式、行为习惯和价值追求的学生;具有强烈的社会责任感的学生;具有良好的法律职业道德、法律信仰和法律服务意识的学生,等等。

二、人才培养的"人本主义":重视因材施教

人才培养,自古以来论述颇丰,因材施教如今看来似乎并非一常新话题,甚至可以说是一种常识的回归。然而,如果我们考察路老当时提出这种理念的背景,需很大勇气,遑论形成一个系统的观点。就此而言,这可算是路老不可磨灭的贡献之一。路老当初接手浙江大学、力主教育改革之时正值20世纪90年代中期,全国教育系统依然遵循着计划经济时代教育体系的固有路径,教育界层体系固化,教育活力被严重扼制。彼时,我国经济领域改革已如火如荼进行,实际上亟须教育提供理论支援和人才支撑。计划经济时代教育理念的滞后性与社会主义市场经济实践超前性之间的龃龉,严重制约了社会发展的步伐。为解决此困境,路老在浙江大学大刀阔斧,力主改革,实施了一系列有力的举措,比如教育理念的革新、全面综合改革等等,具体到人才培养上,则主张根据不同层次人才需求,进行有针对性的培养,因材施教。可以说,这也是"人本主义"思想在教育领域的体现。

纵观路老文集,其中《继续抓紧抓好本科生教学工作》、《研究生教育改革的管见》、《我的博士生培养观》三篇文章,充分体现了上述"人本主义"、因材施教的多层教育理念,亦即要高度重视教育的阶段性划分:本科生教育、硕士生教育、博士生教育。在路老看来,不同层次的人才培养照应的正是社会发展不同层面的人才需求,因此机械性地一齐抓不足取,而应当体现差异和特色。针对本科生教育,路老的人才培养思想体现了重基础培养、重实践参与、重因材施教的学生个性化教育的特点。这是契合时代要求的,当时正值改革开放初期,教育处于起步阶段,但社会实践的现状却需要大量有理论功底、技术基础的知识分子,而本科生的教育正是直接面向这一需求。据此,浙江大学一方面优化了课程的结构,更加注重学生理论素养的养成;另一方面注重实践能力操练,便于知识转化能力和社会建设实践的对接,同时,贯彻因材施教,有针对性地让优秀人才脱颖而出。比如,针对研究生教育,作为高等人才的

教育培养模式,应当求精求细,要"控制规模,适应需要,稳步发展","组织国内外学术交流";针对我国既有的研究生教育中重理论、弱实践,以至于理论人才无法与社会生产相对接的现状,他主张在研究生培养中更加注重实践能力的培养,"建立工程类型硕士的培养体制"。针对博士生的培养,路老更是从其自身培养博士生的经验出发,要求"严格遴选,把握好质量关","坚持高标准、严要求","强调独立研究,引进竞争机制,鼓励进取创新"。现在看来,我们不仅要为这些观点在当时背景下的提出而喝彩;更为重要的是,回归这些真知灼见本身,对当下人才培养问题也可行参照。

事实上,当下人才培养,至今仍面对着路老当初所遭遇的某些困境。比如,由于1999年起我国高校的大规模扩招,导致本科生的基础理论不扎实,沉浸在象牙塔式教育中,导致实践人才的缺乏。又比如,当前的研究生培养模式的趋同化,培养出来的研究生体现不出研究人才的"研究性"本质,而是大学本科教育的再一次重复;博士生缺乏独立研究精神,科学研究上的行为不端,弄虚作假现象频发等。如何解决这些问题,攸关祖国的未来发展,但在此方面并非无前路可循,至少,路老"以人为本"、因材施教的教育思想仍可为当下参照。比如,以卓越知识产权法律人才的实践应用能力培养为例,我们可以充分发挥知识产权实务和管理层面社会教学资源的作用。通过聘请知识产权实务专家、知识产权法务专家等,结合学院法律诊所教育,充分发挥社会教育资源优势,开展形式多样的知识产权实践教学,学生知识产权宣传、培训和社会实践等活动。同时,强调学生掌握知识产权和法律技能的考核,实现技术成果转化(主要是在专利申请和应用方面)。充分发挥省、市、区三级的知识产权人才培养基地的作用,将知识产权专业学生的创新实践能力的培养直接与知识产权专业实践环节教学、知识产权科研和知识产权学科服务地方经济紧密结合一体。

三、人才培养的"实践精神":知识助推经济发展

"知难,行亦不易",这是对于理论知识和社会实践关系之间的描述,因此才会有明朝大儒王阳明关于"知行合一"的求索。理论知识和社会实践之间的鸿沟,通常是一个教育上的二律悖反。新中国成立以来,由于众所周知的原因,我国人才培养上落后了,而改革开放后对人才的大量需求,使得新时代的人才培养,必须兼具理论和实践的双重特征。工科出生的路老,对此有着清醒的认识,借助于各种调研、考察机会,他深刻地把握了社会需求和时代脉搏。路老主张在教育中注重社会实践,比如在课程设计上,要求加入技术实践课程,着重实习环节。

"实习环节是高等教育工程中很重要的一个教学环节,是贯彻理论联系实际这一辩证唯物主义认识论在教学上的具体体现,是造就创新开拓型人才不可缺少的一环",可见路老对于实践之重要性的清醒认识,其中渗透着唯物主义辩证法的理性光芒。对于实习的操作,他认为首先要作出统筹安排,根据金工实习和电子电工实习的不同特点作出不同安排,然后制定具体的实习大纲、实习计划、考核标准,借助于这一套规程,将实习贯彻到知识学习的过程中。此外,人才培养中,由于特别注重实践精神,从而能够促进知识向先进生产力的转换,消除知识和实践上的鸿沟,这也是路老所倡的"产学结合"方法。这种人才培养的"实践精神"的核心,一如他文集中所阐述的那样,"高等工程教育如何适应社会主义商品经济发展的需要,探索一条能培养出更好适应现代企业需求的优秀工程人才的新路子,是当前深化高等工

程教育改革所面对的一个重要的课题"。

事实上，人才培养，到底该注重知识系统的构建，还是注重实践技巧的提高，不同的教育工作者处于不同的社会时段，对这一问题的回答自然是迥异的。路老的答案是基于当时理论和技能皆稀缺的现状。最为典型的，现阶段我国的经济水平已经获显著发展，但是却缺乏创新性人才，比如，我们培养的学生可以进工厂，能够胜任各行各业的艰巨工作，但创新不够，尤其在高科技领域。如何解决这一问题，或许简单的加强文化知识和注重实践的举动都是轻率的。在我国既有的人才培养模式中，无论是文化水平还是社会实践都应当注入创新意识的培养，要在知识的加强上有所偏重。惟其如此，才能使知识起到助推经济发展的妙用。

也就是说，依据路老的人才培养的"实践精神"，我们应该在教学与实践相结合基础上，强化人才培养的考核机制。以知识产权专业为例，一是要求学生科研项目、服务地方和能力培养相结合，参与课题研究，解决企业知识产权所面临的实际问题；参与调研，帮助企业理清知识产权制度，设计符合市场需求的方案。学生所完成的调研和实践报告，可直接作为实习或者毕业论文，进入考核程序。另一方面，学院可以成立法律诊所，将其学作为一门课程纳入教学计划，学生通过融会法学理论的模拟和真实案件代理相结合的教学方式，参与具体的办案过程，积极为社会弱势群体提供法律援助，有效地培养学生实践法律思维和司法实务工作能力。

总之，教育是一项伟大而系统的工程，需要历代教育工作者孜孜不倦地努力。上述简略而粗糙的想法，是我们在阅读路老文集时的一些体悟。当然，教育事业也是一条艰辛的路途，但正是因为这些燃灯者的前行，为未来的发展指明了方向，让我们循路前行。现如今，当我们谈及浙江大学的辉煌现在，很难想象到它一路走来的曲折，这其中蕴涵着多少人的汗水。路老无疑是这样的一位引领者。桃李不言，下自成蹊，我们可以想象在不远的将来会有更多的人为浙江大学的发展殚精竭虑贡献力量，为祖国的教育事业谱写新的辉煌。

"路漫漫其修远兮，吾将上下而求索"，这是教育者的誓言，更是路老所开创事业的真实写照。谨以此文，向路老致敬！

作者信息

陶丽琴，中国计量学院法学院教授，院长，硕士生导师；

杨　梦：中国计量学院经济法研究生；

彭飞荣：中国计量学院法学院副教授，博士，硕士生导师。

人文社会科学研究方法论略谈

邱高兴

著名学者、浙江大学前校长、人大常委会前副委员长路甬祥曾经说过："人类的历史上出现大学教育以来，大学的职能是传授知识、发展知识两个职能，具有两个方面：一是归纳条理，向学生传授；一是高级人才基地，对自然未知进行探索。"[1]路甬祥先生上述所言对于大学的功能与职责作了准确的概括，指出了大学最为核心的两种职能：人才培养和科学研究。虽然路甬祥先生更多的是基于自然科学研究的角度作出的概括，但是从发展知识的角度言，同样也适用于人文社会科学。

一般上说，自然科学是以自然现象为研究对象，以探寻自然规律为目标，以实证性研究方法为手段，包括数学、物理、化学、天文、地理、生物等诸多学科，在人类认识、适应和改造自然过程中发挥重要作用，更多地表现为对于自然未知的探索。人文学科是研究人的精神现象和心灵的学科，具有主观性、意义性与价值性等特点，它随着人类文明发展而逐渐形成，以广泛的人文社会现象为研究对象，以文学、史学、哲学、艺术学为主干学科，目的是帮助人类理解和把握自身。社会科学是从整体上研究人类社会起源、演变、范畴、本质及其发展规律的科学，主要包括社会学、政治学、经济学、管理学、法学等，具有整体性、客观性、价值性等特点。后二者同自然科学研究相比，更多地带有价值性的特征。但是，无论是自然科学研究，还是人文社会科学研究，在发展知识的目标上是一致的，前者通过提供新的自然科学知识来开阔我们对自然的认知，后者则通过对人类自身的反思来获得价值的认知。

下面结合路甬祥先生的论述，对于人文社会科学研究的方法论问题粗略谈一点看法。

一、"实事求是"是人文社科研究的起点

"实事求是"一词原出自《汉书·河间献王刘德传》，其中称赞汉景帝第二子，河间献王刘德"修学好古，实事求是"，意思是说刘德喜欢学习，爱好古书，在收藏和研究古代典籍的时候，总是依靠确实的证据，来获得可靠的结论。这是对刘德学风的肯定，表明了他严谨的治学态度和方法，后来这也成为中国古人研究历史和学问的座右铭。

今天，当我们从哲学角度将实事求是作为人文社科研究的起点的时候，实事求是中的"是"就具有了真理与价值的两重含义。

第一，我们探索、研究、追求的"是"，指客观事物的本来面貌是什么，事实的真相是什么，即实事是什么。这是科学的范畴，也是真理的范畴，这个意义上对于"是"的求，和路甬祥先生所说的探究未知的领域是相同的。在人文社科的研究中，同样也需要对社会与历史领域中的历史与真相进行探求，比如我们需要考古发掘来充实我们对于历史细节的认知；通过对古代文献

的研究,来获知历史真相;通过对社会的研究,发现社会现象的规律。这些对于知识和真理的追求,在某种意义上和自然科学对于自然未知的探索是一致的,只不过人文社科研究的对象是人与社会自身,而自然科学面向自然界。比如,甲骨文的发现与解读对于认识上古时期先民制度和社会生活都有重要意义。在1899年末,国子监祭酒王懿荣患疟疾,在北京城南买来的名为"龙骨"的中药上,发现了有字符样的图画。他经过初步研究后认为,这些符号属于商代的文字。由此甲骨文的发现轰动一时。到1908年,古文字学家罗振玉经过探查后发现了甲骨文出土于安阳小屯村,由此学者们竞相投入研究,并出版了许多重要的研究成果,比如王国维从甲骨文中整理出的商王历代世系表,使得很多关于商王朝的传说成为可靠的历史。

第二,所谓"是",指客观事物的合理关系应该是什么,公平、正义、合理指的究竟是什么。这属于价值的范畴。人文社会科学所面向的对象是由人组成的社会及人类自身,马克思指出:人的本质是一切社会关系的总和。有了人类,人与人之间便产生了各种复杂的关系,这些关系就是社会关系。从社会关系的复杂性来说,既包括个人之间的关系、个人与群体之间的关系、个人与国家之间的关系,也还包括群体与群体之间的关系、群体与国家之间的关系。这里群体的范畴,小到民间组织,大到国家政党。从社会关系的涉及内容,有经济、政治、法律、宗教等错综复杂的方面。这些社会关系的综合既有客观性的一面,也不可避免地带有人作为主体性和意志主体所必然具有的主观性。因此研究社会关系,既需要有科学求真的精神,也要具有求善和求美的价值与伦理追求。比如法学是一种研究如何调节社会关系的学科,其价值论的部分是核心内容,法学最大的特点是要论证实践中如何体现价值,这一论证形成了所有的法学部门分支。正是基于人文学科所具有的强烈价值色彩,斯宾格勒在《西方的没落》书中才会说:"一个历史研究者离真正的科学越是疏远,他的历史学反而越是出色。"

"实事求是"也是马克思主义方法论的核心,是指导我们正确认识和改造世界的根本思想方法和工作方法。毛泽东同志指出:"'实事'就是客观存在着的一切事物,'是'就是客观事物的内部联系,即规律性,'求'就是我们去研究。"还说:"要把马克思主义当作工具看待,没有什么神秘,因为它合用,别的工具不合用。"在马克思、恩格斯创立的辩证唯物主义和历史唯物主义的基础上,毛泽东同志用中国语言加以概括,形成了"实事求是"的思想路线。这个方法论原则仍是人文社会科学观察和解决当代人类社会发展问题的思想武器。

二、怀疑与批判是人文社科研究的方法

如果没有怀疑,就没有对既有理论和解释模式的突破,也不可能提出问题。广义上说,质疑现有的理论体系是所有科学研究共有的方法,只不过,在人文社科研究领域,反思、怀疑、批判的方法应用更加普遍。黑格尔曾说:"怀疑论是一种有教养的意识,在这种意识看来,不仅不能把感性存在当作真实的东西,而且也不能把思维中的存在当作真实的东西;然后更进而有意识地辨明这个被认为真实的东西其实虚妄无实的;最后则以普遍的方式,不仅否定了这个或那个感性事物或思维对象,而且有教养地认识到一切都不是真的。""怀疑论要从一切确定的和有限的东西中证明,指出他们的不稳定。"

反思,是提出怀疑的理论前提。所谓反思,是近代西方哲学中广泛使用的概念之一,指不同于直接认识的一种认识类型。比如洛克在反对天赋观念时就提出了简单观念和复杂观念的区别,他说:"那么让我们设想心灵像我们所说的是一张白纸,没有任何记号,没有任何

观念:它是如何获得观念的呢? ……它是从何处获得理性和知识的全部材料的呢? 对此,我用一句话答复:是从经验中得来。"经验给我们提供了观念的两个来源,一是感觉,一是反思。感觉是直接来自于外界的各种知觉,而反思则是心灵的一种活动,它是通过对先前由感觉提供的观念进行思考、推理、怀疑等产生的观念。斯宾诺莎也认为反思是认识真理的比较高级的方式。康德认为反思构成表象或概念在联结中归属何种认识能力的主观条件,特别是把审美与合目的性的认识能力明确规定为"反思的判断",作为联结知性与理性的桥梁。

当然,我们这里所说的反思,更主要突出的是对思想的再思考。一个理论体系形成后,经过消化、解读、应用与常识化,渐渐地会丧失理论本身所具有的批判与创新性,成为一种封闭的、僵化的、教条的知识体系。这种封闭的知识体系,因为具有强大的社会应用基础,也同时具有了权威性,上述几者结合在一起,注定了理论本身会丧失自我,失去了以理服人的本色,而变成靠教条和权威来征服人。这就需要我们对这种思想和理论进行再思考,发现精髓,剔除糟粕,发现问题,提出怀疑。

人文社科研究的怀疑具有以下特点:

第一,未定性:反对形而上学的思维僵化、独断论和教条主义,反对终极真理。黑格尔说:"怀疑只是不确定,乃是一种和确认相对立的思想。"

第二,辩证性:不是相对主义,否定一切。即既要肯定一种理论的现实合理性,也要指出其中的不合目的性。

第三,中介性:是新旧知识的中介。

人文社科研究怀疑方法的建构,需要通过如下三个环节:

第一,反思:对思想的再思想,是后思。是反复思考、反身思考,是具有一定前瞻性的后思。

第二,批判:理论既是对现实的总结,也是对现实的批判。马克思说:"辩证法在对现存事物的肯定理解中同时包括了对现存事物的否定的理解。""辩证法不崇拜任何东西,按其本质来说,它是批判的和革命的。"

第三,超越:在批判的基础上要实现新的创造,就需要对现实和时代的超越、对现有认识能力和认识成果的超越、对个人私利的超越。只有超越了这三者,人文社科的研究才会有创造力和公信力,也才具有价值。

三、呈现意义是人文社科研究的终极目标

哈贝马斯曾这样定义"人文学科":人文学科的主旨是为人的生活提供意义。假如你对自己提出诸如"我活着有什么意义?"这类问题,你就进入人文学科的领域了。人文学科的功能、目的或宗旨,就是"呈现意义"。

一般说来,人的存在意义有三个纬度:即生存与发展的维度、公平与正义的维度、人与人的情感联系的维度。而人文社科研究本质上就是发现人存在的这三重维度。钱穆在1940年发表的一篇文章中,用"个性"和"群性"两个词来描述人的性质,他说人性既有个性又有群性。今天,我们认为人类是"社会性哺乳动物"的一种。第一,因为是"动物",所以每一个体不可避免地具有"个体性";第二,因为是社会性动物,所以不可避免地具有群体性,也可称为"可社会性";第三,因为是哺乳动物,所以有"情感生活"——不论那是个体的情感还是群体的情感。钱穆先生所论述的三个层次中,第一层相当于人的生存与发展层次,第二个相当于

公平与正义的层次,第三个相当于人的情感层次。

对于人的价值问题,德国哲学家舍勒在《价值的颠覆》一书中有过深入探讨。他认为人是"生命冲动"与精神活动的统一体。人首先是同维持生命相关联的自然存在物,在人之中必然存在着"生命欲望或冲动",生命冲动本身具有强大的自我活动的能力,当人在生命冲动驱使下活动时,他是一种自我推动、自我实现的活生生的力量。然而,生命冲动是人与动物共同具有的现象,当人在生命冲动下活动时,他仅仅是"自然的人",是世俗的人。实际上,人不仅是一种自然存在物,更重要的又是一种精神存在物。精神的根本特征就在于"把本质与此在分离开的能力",而且舍勒认为"这个根本特征乃是人的精神一切别的特征的基础"。舍勒认为,精神本身既不是无机界也不是有机界的事物,具有"纯粹的活动性"。在舍勒看来,人的精神活动不仅能对象化环境,而且能对象化自身的心理和生理状态。这种双重的对象化活动使人超越自身的自然存在,不仅意识到自己的"类"本质,而且意识到自己的"个体"本质。正是在这个意义上,舍勒认为精神活动才是人的根本属性,是人与动物的根本区别。

在舍勒的价值秩序思想中,较高等级的神圣价值和精神价值与人的福乐、满足、公正等幸福感通达,较低等级的实用价值与手段、工具等的功能相关。按照舍勒的思想,较低价值必须奠基于较高价值。也就是说人们只有在感受到神圣价值和精神价值时,较低等级的价值如生命价值、实用价值和感官价值才能被更好地感受到,也才有意义。这实际上是对手段与目的关系的一种注解。舍勒的价值秩序浓缩了工具性手段性与人类幸福这个目的性的辩证关系,并使我们明白了正是手段与目的之间的对立统一关系构成了人类社会历史发展的逻辑。正如舍勒所言:"生意作为一种独立存在,其增长、繁荣以及盈利的上升,都已经变成了目的本身,结果,任何对人的福利和痛苦(包括他们自身的福利和痛苦)的回顾已完全消失。""于是,有用劳动干得越多,就会越加强对外部手段的享受,因而能享受的就越少。"结果是"渴望惬意事物,为之憔悴,并占有惬意事物的那种人,其实就是不能享受它们的人,本可享受它们的人又并未占有它们"。最终我们将发现:"哪里工作强度、工作量最大,享受能力和享受艺术就降低到可以想见的最低程度。不计其数的惬意刺激恰恰在扼杀享受的功能及其文化;周围环境越是五光十色、活泼欢快、嘈杂喧闹、充满刺激,人显得越少欢乐。面对快活事,悲戚戚的人根本不知从何快活。"(《价值的颠覆》)

舍勒在此对人的价值的探讨,在某种意义上可以视为人文社会科学研究共同的目标和任务。人既不是一个单纯的生命冲动,也不是一个纯粹的精神活动。人既是生命冲动的体现,又是精神活动的场所,是两者之间的张力和中介。生命作为盲目的冲动内在地需要精神的引导,精神作为一种"纯粹的活动"需要实在的内容去充实。而把人及由人构成的社会关系作为研究对象的人文社会科学,就不能无视人自身的两重性。因此,我们在关注我们的物质需求的时候,同样要照看好我们的心灵,不能"放失其心",而是要"求其放心",善养"浩然之气"。

参考文献

[1] 求是与创新:路甬祥教育文集[M].杭州:浙江大学出版社,2012:230.

作者信息

邱高兴:男,中国计量学院人文社科学院长,教授。

大学机制的改革与创新

——路甬祥教育文集读后感

孙　坚

读罢《求是与创新:路甬祥教育文集》,掩卷沉思,我得到了很多的启示,受益匪浅。本书汇集了路甬祥老校长的教学研究与科教改革实践的精髓。路甬祥老校长曾在浙江大学学习工作过 35 个春秋,他的事迹在我在浙江大学读书学习时,已经耳熟能详。他是践行求是创新精神的杰出代表,他远大的战略视野、先进的教育理念、清晰的改革思路和卓越的领导才能在学校教育教学、体制机制改革、科学研究、学科和人才队伍建设、工程教育和继续教育等方面得到充分体现。这些对于我们推进教育事业改革具有许多现实的意义。

一、学校教育教学

路甬祥老校长和学校领导基于改革开放新的历史时期,提出了将浙江大学"求是"校训弘扬发展成为"实事求是,严谨踏实,奋发进取,开拓创新"。路甬祥老校长在深入研究高等教育的发展规律,积极借鉴世界一流大学办学经验的基础上,创造性地提出了"两个中心,一个根本"和"两个并重"的办学思想,即坚持教学、科研两个中心和培养人这一根本任务,坚持教学、科研并重,本科教育与研究生教育并重。其进一步明确学校定位,推进浙大从教学型大学转变为教学研究型大学,培养创新人才;从以工科为主的大学,转变为理工结合、兼有文管的多学科大学,发展新兴交叉学科,更好地适应社会主义市场经济和全球竞争合作对人才的需求。调整了本科生与研究生的比例,使浙大逐步转变为本科教育与研究生教育并重的结构,适应教学研究型大学的定位。

二、体制机制改革

1985 年,《中共中央关于科学技术体制改革的决定》和《中共中央关于教育体制改革的决定》相继公布,为我国科技和教育体制的改革指明了正确的方向。路甬祥老校长推进与学校定位和发展目标相一致的管理体制机制改革,明确了系管教学、教研室在系的统一协调下承担教学环节,破除了专业办学的局限;加强科学研究,鼓励有条件的教研室创建学科型研究所,实现教学基础单元与科学研究基础单元的有机结合,发挥学术带头人和广大教师教学、科研的主动性、积极性和创造性,解放教学科研生产力;探索构建了以承担教学、科研的质和量为主要依据,考虑承担管理服务职责和工作当量。公平公正、公开的业绩考评机制,并以此为依据建立了以岗位、年功和绩效为依据的晋升和分配机制,从实际制度上落实了尊重知识、尊重人才、尊重教学、尊重创造、尊重劳动,促进了形成公平竞争、协力创新、敢于创造的校园氛围,有利于勤奋努力的青年人才、优秀人才脱颖而出,强化了激励教职工致力于培育人才、研究创新、服务社会的自觉动力。

三、科学研究

"科学技术是第一生产力",吹响了向新技术革命进军的号角。迎接新科技革命挑战,离不开教育事业的超前发展。我们必须坚持学校科研工作面向国民经济主战场,注重基础性、前沿性研究,坚持基础、应用、开发纵深布局,坚持科研与教育紧密结合,加速科技成果向现实生产力转化,发展科研规模,提高科研层次与水平。市场经济的挑战使科研体系面向世界,竞争是全球范围的,因而只能集中优势兵力抓创新,采用别人已有的理论认识,站在巨人的肩膀上向前看。路甬祥老校长提出了几种对策:科研课题要紧扣国民经济发展;科研工作狠抓梯队和基地建设;加强国际国内合作;完善知识产权保护体系;加强科技人才支撑服务等。

四、学科和人才队伍建设

考虑到 21 世纪世界科技发展与全球性经济竞争的大目标,学科建设要根据我国的资源特点、产业特点和现阶段的技术需要,明确优势发展的领域和阶段性的重点,必须要考虑培养面向 21 世纪的社会主义建设的高级人才和接班人的根本目标。

学科建设的运作机制要与我国市场经济体制改革相适应,要与学校的传统和基础相衔接。要处理好学科分类发展与综合交叉的关系;要处理好基础研究与应用开发之间的关系;要处理好学术带头人支撑体系及梯队结构之间的关系;要处理好学科稳定与发展的关系。

衡量学校办得好不好、水平高不高,主要是看能否培养出社会主义建设事业所需要的高层次高水平合格人才。这是考虑一切问题的出发点和归宿,学校各方面工作都必须服务于这个根本任务。而培养高层次高水平专门人才的关键是紧紧抓住提高教育质量这个核心,树立德智体美能全面质量观。

五、工程教育和继续教育

1983 年 5 月在德国汉堡举行的国际终身教育会议把终身教育归结为"当代社会的一种绝对必要,是使全体人民在未来得到和谐发展的唯一途径,是更新劳动力知识技术的战略投资"。根据这一教育理论,在职专业技术人员的继续教育是终身教育的主要组成部分,是使受过中等或高等教育的职业人员更好地适应不断发展和变化的社会需要而进行的再教育。其目的可归结为:更新知识、拓宽知识,提高知识水平和层次,为转换新职业而重新系统地学习新的专业知识。

工程教育作为继续教育的另一种形式,目标是为社会培养德才兼备的工程技术人才。工程教育与科研、生产的一体化,正在引起工科院校的社会职能形式、工程师形成途径,以及教师队伍的素质和构成的相应变革。许多国家的大学和企业携手建立了教育、科研、生产的多种联合体,改变了过去重理论轻实践、重研究轻应用的状况,丰富了学生的课堂学习经验,同时学校也从产业界得到了有力的支持。

在充满希望和挑战的 21 世纪,教育仍需要改革,作为教育工作者深感肩上担子和责任的重大。面对世界科技飞速发展的挑战,创新的精神、思维、体制和教育方法已成为教育改革的主题,这已成为世界教育发展的共识和潮流。路甬祥老校长对教育的理性思考和真知灼见,是浙江大学乃至当代中国高等教育领域宝贵的精神财富,非常值得我们在实践中深刻领会和学习借鉴。

作者信息

孙　坚:男,中国计量学院机电工程学院院长,教授。

习而学

——路甬祥工程教育思想初探

李海芬

　　2010 年 6 月 23 日,教育部启动"卓越工程师教育培养计划",该计划主要有三个特点:一是行业企业深度参与培养过程;二是学校按通用标准和行业标准培养工程人才;三是强化培养学生的工程能力和创新能力。

　　从以上"卓越工程师教育培养计划"的特点来看,不论是行业企业的深度参与、采用通用标准和行业标准,还是强化工程能力和创新能力,核心都是强调工程教育中的工程实践能力培养,只有通过充分的工程实践,才能改善我国"工程教育与工业界的联系不紧密,学生参与实践机会非常少"的现状,才能在高等工程人才培养中做到工程科学教育与工程技术教育的有机结合。在重视工程实践的工程教育思想方面,我国著名科学家、全国人大常委会副委员长、中国科学院和中国工程院院士路甬祥先生提出过"习而学"的工程教育思想,因此,在今天强调工程教育中的工程实践能力培养的背景下,研究路甬祥先生的工程教育思想有着切实的现实意义。

　　路甬祥是我国著名科学家,在浙大学习工作 35 年,担任浙大校长 7 年。路校长主持校政期间,是浙江大学百年发展史上非常重要的一个阶段。路校长坚持解放思想、实事求是的思想路线,领导实施了在全国具有示范意义的综合改革试点,在浙江大学发展史上写下了浓墨重彩的一笔,形成了丰富、宝贵的办学理念和思想。在长期的科学研究和教育中,路甬祥先生发现我国工程教育存在理论与实际脱节、通才与专才脱节、科学与生产脱节、招生标准偏重理论、对于学生毕业的条件偏重理论轻视实践等问题,并结合自己多年的工程实践和工程教育经验,提出了包括培养目标、教学计划、课程设置、培养模式等方面内容的工程教育思想,即"习而学"的工程教育思想。

　　在他的一系列有关工程教育的文章中,路甬祥讲到一个比较初步而笼统的工程教育培养目标"工程教育之最大目的在培植工程上之有为人才",就强调工程人才必须是在工程实践上是有为的。路甬祥提出"工程教育,应以完成工程任务为目的","新制的精神,是要训练见闻广博的熟练专家,而非造就'精通理论'的万能通才"。以及"新制造就出的人才是好的,因他们能结合理论与实际,而且他们的理论将是巩固的,他们的实际,将是深入的"。

　　将上面的论述进行综合,就可以得出路甬祥造就的工程人才就是以完成工程任务为目的,理论与实际相结合的见闻广博的熟练专家。而这样的培养目标与我们目前工程教育改革强调工程实践能力的背景是相适应的。

　　他的"习而学"的工程教学计划强调对学生工程实践能力的培养,能够使学生将科学理论与工程实践更好地结合,并具有较强的工程创新能力。符合我国现阶段高等工程教育改革的要求,是卓越工程师培养的一种思路。

作为受过西方完整工程教育并具有丰富工程实践经历和工程教育经验的科学家,路甬祥清醒地认识到当时我国工程教育中课程设置的问题,他批评我国大学工程教育中课程设置"将各种纯粹学科置于专门学科之前,而假定理论必先于实验","实有悖于教育之原则",认为最理想的办法是进行彻底的变革:"先授工程科目,次及理论科学,将现行程序完全倒置"。

路甬祥认为现代学校教学都是以学科为中心的,强调先学习前人总结的间接抽象经验(即理论),再将理论应用于实践,这样就容易造成理论与实践脱节,而习而学的教育制度在课程安排上都是先经工程实践获得感性认识,再学科学知识获得理性认识,由"知其然"达到"知其所以然",随后再进行相关工程实践,如此对科学理论的掌握就会更加透彻、巩固,而又因为随时有工程实践作背景,就能够明确如何以科学理论来贯通工程实践,以工程实践来应用科学理论。相配合的课程难度依据工作的展开顺序也是由简单到复杂,涉及范围由局部到整体,学习时间越久,理论与实践的结合越自如,综合职业能力越强。

为了使人们更好地理解这种工程教育本质,路甬祥强调工程教育以完成工程任务为目的。学生修完每一年的课程就能够担当某一阶段的任务。四年中,每年成一段落,学生可于每学年末决定升学或担任符合这一阶段学习程度的工程职务,或就业一段时期后,再回校进行深造。这样一来每一阶段输出的工程人才都能够将所学很好地运用在工程实践中,保持了人才分布结构的阶段性和层次性。此人才培养模式即是以每一学年为一阶段,每一阶段的课程设置都是以工程任务为中心,在按照教学计划完成每一阶段的课程后即具有了相对等的工程实践能力,就能够完成一定的工程任务,就能够担任对应的工程职务,这即是阶段性根据每一阶段工程任务的要求,学生在学校所修的课程,无论是进度还是难度都与之充分配合,不多不少。工程任务随阶段上升趋于复杂,课程也应随学年上升趋于高深。每进行一阶段的学习,学生的理论水平、基本技能、现场工作、技术表现、管理能力、训练能力和研究能力都相应提高,这样的人才培养模式"就像造塔一样,先造一座小塔,然后再把这座小塔逐渐扩大,每扩大一点便增加一点作用"。因此,这一人才培养模式所培养的工程人才在分布结构上是多层次的。

在今天高等工程教育改革和教育部"卓越工程师培养计划"强调重视工程人才工程能力培养和行业企业深度参与培养的时代背景下,路甬祥这种和行业企业的工程实践紧密相关、重视学生工程实践能力培养的工程教育思想是相当符合的,因此,路甬祥的"习而学"工程教育思想完全可以成为符合教育部"卓越工程师教育培养计划"规定的卓越工程师培养的一种思路和选择。

作者信息

李海芬:女,中国计量学院高等教育研究所所长,教授。

实践育人理念的理论架构

孙彩霞

[摘　要] 把实践育人作为开展新形势下大学生思想政治教育的有效途径,凸显了实践在大学生思想政治教育工作中的意义与地位。作为新时期大学生思想政治教育的有效途径,实践育人理念以马克思主义的实践观点为基石,以一切从实际出发为根本方法,以促进大学生的全面发展为价值追求,以尊重和发挥人的主体性为路径选择,勾勒出新时期大学生思想政治教育的美好图景。

[关键词] 思想政治教育　实践育人　实践

这些年来,党和国家关于把实践育人作为开展新形势下大学生思想教育的重要途径和成长成才的必由之路的政策方针,充分凸现了实践在大学生思想政治教育中的意义和地位,也是对以往大学培养人才经验的一次深刻的总结。我国老一辈科学家,无不经历了这一历程。其中路甬祥先生从联邦德国学成归来之后不久写的《西德科研组织和教育组织管见》一文中说:"理论联系实际,本来就是我们党的优良传统,但由于我们的教育,长期受封建教育思想的影响……当前的学风并不令人满意。"这里的"实际",就是我们今天说的"实践育人"。他一直强调办大学要抓好"两个中心"的一系列主张,到现在看来,都与党和国家的实践育人理论相符合。所谓实践育人,是指以学生在课堂上获得的理论知识和间接经验为基础,通过激发学生课外自我教育和相互教育的热情和兴趣,开展与学生的健康成长和成才密切相关的各种应用性、综合性、导向性的实践活动,加强对学生的思想政治教育并促进他们形成高尚品格、祖国观念、人民观念、创新精神、实践能力的新型育人方式。[1]新形势下,党和国家提出实践育人理念,不仅有着浓厚的哲学底蕴,而且有着强烈的现实关照和深层的价值追求,是马克思主义基本原理指导下的大学生思想政治教育的理念创新与实践尝试。实践育人理念以马克思主义的实践观点为基石,以一切从实际出发为根本方法,以促进大学生的全面发展为价值追求,以尊重和发挥人的主体性为路径选择,描绘出一幅新时期大学生思想政治教育的美好图景。

一、实践育人理念的哲学基础

马克思主义的实践观点是实践育人理念最根本的理论基础。实践的观点是马克思主义哲学首要的和基本的观点,是指人能动地改造物质世界的对象性活动。实践是感性的、对象性的物质活动,全部社会生活在本质上是实践的。[2]实践是人的存在方式,人借助实践活动与客观物质世界发生联系,不断改变客观物质世界;同时,人类还通过实践不断地改造自己的内心世界,发展着自己的本质特征。改造内心世界的实践,在很大程度上都属于教育和学习活动。一般认为,学校的教育活动以改变人的内在世界为特征,不具有客观物质活动的性质,因而教育活动的实践属性常常被忽视。[3]传统的教育观念过于强调了教师作为传授主体的作用及书本作为教育载体的作用,而忽视了学生作为学习主体的能动作用及教育的实践属性。而实践育人理念,把教育活动看作客观物质性活动,看作师生共同参与的一种互动式的实践,彰显了教育的实践属性。

马克思把实践的观点引入认识论,认为实践产生了认识的需要,实践为认识提供了可能,实践使得认识得以产生和发展,实践是检验认识真理性的唯一标准。路甬祥校长在2011年"中国现代化报告"会上也表示,现代化的科学理论要真正发挥引领社会经济发展的重要作用,关键还是要使研究源于实践、指导实践,并且接受实践的检验。作为主体的人总是在实践中认识,又在认识指导下实践。认识在实践中产生、发展和接受检验的过程,离开实践就没有认识。在社会生活中,人通过实践活动不仅能使自身的利益和需要得到满足,而且也检验着自己的目的、愿望、意图能否符合客观实际,检验着自己对事物的认识、判断是否正确。在思想政治教育工作之中,实践的磨炼和体验是思想政治课的理论灌输所无法替代的,学生可以借助实践检验自己的认识和判断,可以借助实践进行道德检省,可以借助实践锤炼人格品性,可以借助实践提升综合素质从而造就成才的潜质。因此,"实践育人"理念是建立在对马克思主义实践观点的深刻领会、准确把握与灵活运用之上的。开展实践育人,有利于让学生贴近生活、贴近实际,让大学生通过生动有效的实践活动开展自我教育和相互教育,有利于大学生养成自觉、自律、自强的优秀品格;开展实践育人,通过引导大学生从身边的事情做起,从具体小事做起,能够有效促进大学生塑造良好的思想道德情操和文明习惯,从而有效提升大学生思想政治教育的有效性和针对性。

二、实践育人理念的方法论根据

一切从实际出发是实践育人理念最重要的方法论依据。世界是客观存在的物质世界,物质运动具有客观规律性。坚持一切从实际出发,尊重和利用规律,是我们认识问题、解决问题的根本方法。中国共产党人以辩证唯物主义和历史唯物主义作为自己坚定的世界观,这种世界观决定了中国共产党人认识问题、分析问题、解决问题的根本方法:即一切从实际出发,理论联系实际,实事求是,在实践中检验真理和发展真理。我们党正是立足世情、国情、高等教育、高等学校的新变化,从促进学生综合能力提升实现顺利就业的现实性出发,才提出了实践育人理念。

当前,国际国内形势正在发生深刻而复杂的变化,世界多极化、经济全球化趋势的不断加强,国家之间日益频繁的交流导致多种多样的各类社会思潮(拜金主义、享乐主义、消费主义等等)涌入人们的思想领域,改革开放以来利益分化和价值观念多元化加速,改革收益分配的不公正带来了诸多社会不和谐因素。这些政治、经济、思想领域的深刻变化不仅给整个社会带来了重大影响,而且对被誉为象牙塔的大学校园形成了有力冲击,为大学生思想政治教育工作带来了前所未有的挑战。因此,必须立足新形势,重新思考大学生思想政治教育的有效模式。高等教育以人才培养为根本,以培养造就具有良好品德、健康心理、综合能力的人为基本目标。20世纪末,我国高等教育体制发生了重大变革,高等学校也纷纷开始扩招,高等教育体制改革让学生承担了部分教育改革的成本,高等学校扩招使学生"天之骄子"的自豪感不断丧失。这不仅容易使大学生的思想产生波动,也更容易诱发大学生的各种心理问题。因此,必须从现实问题出发寻求大学生思想政治教育的有效方法。此外,大学校园的日益开放让大学生走出象牙塔,进入世俗社会,社会领域里的各种不良思想、行为在潜移默化中影响着大学生。在大学校园,互联网、手机、微博等新兴媒体给大学生的学习、生活和思想观念带来的影响越来越广泛,大学生们在良莠不齐的媒体信息面前往往无所适从,对信息的接收和使用往往不加鉴别。大学生正处在世界观、人生观、价值观形成的重要阶段,容易接受各种新的思潮和行为方式,大学生如果不能很好地掌控自己的思想和心理,就容易走入歧途。面对新情况,传统的思想政治教育灌输模式已不能很好适应,改变大学生思想政治教育工作的被动局面,转变思想政治教育的方式方法成为新形势下大学生思想政治教育工作的重中之重。在新形势、新情况、新问题面前,在理论灌输之外大力推行实践育人的思想政治教育新模式已成为大学生思想政治教育的必然路径选择。可以说,实践育人理念是我们党坚持一切从实际出发、尊重高等教育发展规律和大学生成长成才规律的必然结果。

三、实践育人理念的价值追求

培养和造就全面发展的社会主义合格建设着和可靠接班人是实践育人理念最明确的价值指向。人的全面发展相对于人的片面发展而言,人的全面发展是个人劳动能力多方面的、充分的、和谐的、自由的发展。全面发展的人应该是"会做一切工作的人"、"具有尽可能广泛需求的人"、"高度文明的人"。[4]在马克思那里,人的全面发展包括人的体力和智力的充分发展,人的才能的多方发展,人的社会关系的高度丰富。实现人的全面发展的唯一途径就是教育和生产劳动结合,人只有通过全面的实践活动才能获得全面的发展。在教育工作中,实现人的全面发展是教育的目的,而教育要达到促进和实现人的全面发展的目的,就必须同生产劳动相结合,同实践相结合。实践育人理念,就是要让大学生进行理性的实践活动,在实践活动中促进大学生的全面发展。

大学生们可以带着问题走出象牙塔,走进社会,走进社会主义建设的伟大实践当中去亲身体验投身实践。实践体验可以让大学生意识到自己肩负的责任,从而产生紧迫感与危机感,珍惜学习的机会,更加坚定走有中国特色社会主义道路、全面建设小康社会的信念。这种思想政治教育的良好效果是不言而喻的。因此,开展实践育人,让学生在实践中检验旧有认识,形成新的认识,能够提高学生的思想认识水平;让学生在实践中发现问题并解决问题,能够提高学生辨别是非的本领和分清善恶的能力;让学生在艰苦的实践中锻炼体魄、锤炼意志,能够增强学生体质。当代大学生基本上是从中学直接考入大学的,这种线性成长经历使他们普遍缺乏实际生活经验,缺乏对现实的深刻理解,而在参与各种实践的过程中,他们亲自观察,亲自动手,用心思考,独立实践,无疑会增加社会知识,提高综合素质,获得全面发展。实践育人理念,把教育与实践结合,让学生除了学习书本之外还要投身实践,有利于更好促进学生的全面发展。

四、实践育人理念的实施路径

坚持发挥大学生的主体性是实施实践育人理念最合理的路径选择。主体性是人性中最集中地体现着人的本质的部分,是人性的精华所在,是从事具体现实活动的人所具有的根本特性。主体性是指人在主客体关系中的特性以及在实践活动中表现出来的能动性,即指人对活动客体的主导地位以及在此基础上的人的能动性,其基本的表现就是人在活动中的创造能力与实践能力。主体性具有自主性、能动性和创造性三个基本特征。[5] 人的主体性,不仅内在地包含了主体意识、主体能力,还包含了主体在实践活动中必须遵从的道德准则和伦理尺度,主体意识是主体性的意识自觉,主体能力是主体性的核心内容和根本表现,道德准则和伦理尺度是主体性的内在约束。人是实践的主体,在实践活动中人的主体性扮演着极其重要的角色,直接影响实践活动的成败。在教育活动中,教与学相互联系、不可分割,教育活动以老师为主导,以学生为主体。在实践育人工作中,学生党支部、共青团、学生会以及各学生社团都由大学生组成,对新时期大学生的特征、喜好有透彻了解和准确把握,能够起到连接高校管理层和广大同学的桥梁和纽带作用,能够最大限度地调动学生参与各类教育活动的积极性和主动性,能够自主发起一些为广大同学所喜闻乐见的实践活动。因此,实践育人工作必须发挥出这些学生组织的作用,让学生组织发动大学生积极投身实践。落实实践育人理念,开展实践育人工作,必须尊重学生的主体地位,充分发挥学生的主体性,让学生的聪明才智在实践活动中得到充分展现和运用。只有让大学生成为实践的主体并在实践中发挥出他们的主体性,实践育人工作才能真正发挥育人的功能,达到育人的理想效果。其中,实习是实践育人理念的重要实施路径。路甬祥校长在《继续抓紧抓好本科教育工作》一文中明确指出:"实习环节是高等教育工程教育中很重要的一个教育环节,是贯彻理论联系实际这一辩证唯物主义认识论在教学上的具体体现,是造就创新开拓型人才不可缺少的一环。"大力推动实践育人工作,必须积极创新学生的实践载体,引导大学生参与社会实践、志愿服务、道德体悟等活动,促进大学生在实践中增长才干、升华认识、提升素质。

参考文献

[1] 张文显.弘扬实践育人理念 构建实践育人格局[J].中国高等教育,2005,(1):7.

[2] 李秀林等.辩证唯物主义和历史唯物主义[M].北京:中国人民大学出版社,2004,P65.

[3] 吴亚玲.实践育人理念的哲学分析[J].现代大学教育,2010,(1):14.

[4] 邱伟光,张耀灿.思想政治教育学原理[M].北京:高等教育出版社,1999,31.

[5] 韩庆祥.马克思的主体性理论及其当代意义[J].天津行政学院学报,2002,(3):9.

作者信息

孙彩霞:女,汉族,山东荣成人,法学硕士,助理研究员,中国计量学院光学与电子科技学院党总支书记,主要研究方向为大学生思想政治教育。

浅谈路甬祥教授的管理创新思想

李元江

时光荏苒,从路甬祥教授进入浙江大学到他卸任浙江大学校长,已有三十多个年头了,但是他在浙江大学期间的教育成果,我们依然历历在目。他为浙江大学的建设、成长、发展作出了很大的贡献,把浙江大学带入了中国高校的前列,我们作为浙江大学的校友,既为此感到高兴和自豪,又表示衷心的感谢和敬仰。

接到《路甬祥教育文集》编辑部的撰稿要求,自己感到诚惶诚恐,对这位全国人大常委会副委员长、曾经的浙江大学校长的教育理念的理解和领会恐怕力所不及,不能全面地展示出他的渊博学识和管理才能。经过不断梳理,我对路甬祥教授的教育、教学管理创新方面,谈一点自己的认识和想法,不当之处,还望各位专家、学者批评指正。

一、教育体制创新

路校长任职期间,正好是 20 世纪向 21 世纪跨越的世纪之交,很多的教育体制、教学实践处于探索和摸索阶段。当时,改革开放、恢复高考十多年,高等教育还是以本科生的课堂教学为主,在这种情况下,路校长深思熟虑,提出了浙江大学要从教学型大学向教学研究型大学转变的思路,努力推进浙江大学的教育体制改革和创新,为浙大后续的发展明确定位,所以才有了今天位列全国高校前三甲的浙江大学。

现在来看,定位为教学研究型大学的学校比比皆是,但在当时情况下,人们的认识还没有到这个程度,对大学的认识就是教书育人的高等学府,要转型为研究型大学,甚至服务社会,一般人还很难理解。所以,正是有了路校长的教育体制创新,才有了教育理念的延伸和创新,才有了浙大的今天。

二、管理理念创新

对路校长的管理理念创新方面,我想谈两点,一是学校的管理体制创新,二是学校的学科专业创新。

从管理体制创新上看说,浙江大学为了更快更好地发展,向当时的国家教委提出了试行校长负责制,国家教委于 1988 年以(85)123 号文件的形式,正式同意浙江大学实行校长负责制,这在当时是很不容易的。我想,这点也说明,浙江大学能够与时俱进,校长全面负责学校的教学、科研及所有管理的重任,为浙大的大发展打下了坚实的基础。

另外,从学科专业上来看,我作为文科毕业的学生,想谈谈路校长对浙大文科学科发展的贡献。浙江大学是一所以工科为主的高校,但是,我们都清楚地看到,在路甬祥校长的主政下,对学科和专业进行了不断改革和推进,逐步建立起了以工为主,文、理、经综合发展的战略格局。在 1985 至 1995 年路甬祥任浙江大学副校长、校长期间,文科专业和学科得到了迅速发展,比如,1986 年浙大创办了《浙江大学学(报社会科学版)》;1987 年成立了经济系、哲学系、中文系、外国语言文学教研室,并举办了浙江大学首届文化节;1988 年开始招收首批思想政治教育专业硕士研究生;1989 年成立了浙江大学文科指导委员会,成立了浙江大学对外语言与文化交流中心;1990 年成立浙大工商管理学院和马克思主义理论与思想政治教育研究所;1991 年成立浙江大学党校;1993 年成立浙江大学对外经济贸易学院。凡此种种,我们看出,在这一时期,浙大的文科学科得到了长足的发展。

三、人才培养创新

路校长既是一位善于管理的好校长,也是一位教书育人的好导师。我有幸结识几位路校长的研究生,他们都对路教授严格严谨的治学态度表示敬佩。路教授对学生的培养,不是基于说教式的授课,而是有其独特的教学理念,我把它归纳为:目标要求高、学术环境好、注重实践性。他对学生目标起点比较高,要求理论与实践密切结合,要求有较强的应用性,所以作为他的研究生,看的书、做的实验往往明显要比其他学生要多,他们很少出来玩,有时我们在一起,时间一长他们就要回去了,说路老师布置的作业还没有完成,路老师要求比较严格的。同时,路教授经常带领自己的学生参加和出席一些学术会议,让学生们亲身感受做学问的氛围和专家学者们严谨的治学精神。经过路教授严格的培养,他的博士、硕士研究生都取得了优异的学业成绩,在各自的岗位上发挥了骨干作用,许多人都进一步出国深造,桃李满天下。

路校长在浙江大学的这些年,是浙大大发展的时期,这是有目共睹的,我作为浙大的一分子,凭自己的管窥之见,仅对路校长的管理创新谈些认识和想法,非常欢迎各位专家学者的批评指正。

作者信息

李元江:男,中国计量学院艺术与传播学院党总支书记,副教授。

时代在变，智慧不老

——读《求是与创新：路甬祥教育文集》有感

蔡晋辉

近几个月，工作之余一有闲暇，我就会端起《求是与创新：路甬祥教育文集》，感受"实事求是，严谨踏实，奋发进取，开拓创新"的精神内涵，领悟路校长的教育智慧和领导艺术。

作为一名求是学子，我在1993年踏入求是园，前后度过大学本科、硕博研究生、博士后三个阶段，合计11年光阴。由于入学时间较晚，加上专业差异较大等原因，非常遗憾没有多少机会接受路校长的当面教诲，但当时真切感受到了浙江大学在路校长领导下不断改革、充满活力的发展。时至今日，依然能感受到老校长对浙大学子潜移默化、无所不在的影响。

相比之后入学的学弟学妹，我们93届学子一直在说自己是幸运的，因为我们有幸在1993年11月路甬祥校长调任中国科学院之前进入浙江大学，在新生开学典礼上亲耳聆听校长讲话；更加有幸在得到教诲2年后，路校长才卸任校长之职；而我们也一直以1997年领到的学士学位证上依然是路校长的签名而自豪。

回顾往昔，回顾曾经的欣喜、欢笑和自豪，感叹当时自己作为一名懵懂学子，有幸学习在校内外公认浙大历史上提高最快的时期，见证浙大改革开放以后第一次跨越式发展阶段，而今日反复研读校长文集，才深刻体会到当年超常规的发展其实有着诸多支持因素，有天时、有地利、有人和，但其重要源头正在于路校长过人的智慧和卓越的才能。

二十年过去了，浙大已在建设世界一流大学的征途上大步前进，而曾经的学子也已经离开熟悉的求是园，来到中国计量学院成为一名高校教师。科研是我作为一名高校教师的重要工作组成，而科研管理则是我作为高校分院一名副院长的最重要工作职责，因此本人对文集中的科学研究篇更是有所偏重，感悟甚多、受益匪浅，每次掩卷之时，不禁叹服于路校长注重顶层设计的远大战略视野、对科研管理制度不拘一格的改革思路、不断完善科技创新体系的卓越领导智慧。

纵观文集全书，科学研究篇一共收集路校长不同时期的7篇文章，从1981年发表的《西德科研组织和教育体制管见》到成文于2011年的《实现机械工程技术和产业的新跨越》，时间跨度长达30年，思想博大精深，非我一时所能完全领会，在这里只能简单说说自己拜读中的几点感受：

一、思想发展连贯有序。路校长对科研管理工作思考，按照时间可以分为三个层次：总结国外先进经验，结合国内情况加以深刻反思；思考学校科研工作的改革措施，探索发展之路；战略统筹，团队的科研任务和国家重大科研需求。显然随路校长个人工作岗位的变化，思考层次在提升，广度深度不断得以扩展。

二、思想内容具有前瞻性。文中提出很多的想法、做法，体现了校长对科研改革不断的探索，而这些智慧对今日高校改革者的借鉴作用巨大。例如《西德科研组织和教育体制管见》中提到国内高校在人才结构、科研组织结构、经济结构等方面的缺陷，现在某些高校依稀存在；而校长在浙大所实施的一些具体改革措施，如加快科研成果转化、经济和科技结合、系所结构调整等，现在依然可作为多数高校改革的行动范本；而他在1993年提出能源、海洋等是我们所面临的严峻挑战，其相关学科应作为重点前沿方向，历经二十年后，这一观点已经成为国内外科技界的战略共识。

文集里的所有文章中，本人阅读次数最多、最仔细的一篇是《积极面对挑战》，该文来自1993年7月12日路校长在浙江大学科技工作研讨会上的讲话。对我而言共鸣最多，归其原因，不外有三：一、成文于自己进入浙大求学当年，对其中政策多有亲身体会，感受最真切；二、那是浙大历史上提高最快的时期，而我现属的中国计量学院计量测试工程学院也恰逢跨越发展阶段，攻坚克难多有类似，要保持快速发展，可供借鉴之处最多；三、中国计量学院的实力和浙江大学虽难以比拟，但和浙大在1993年的形势却有相近之处，例如当时浙大涌现了一批具有一定规模、年科研经费过350万的研究所，恰和中国计量学院现况类似。中国计量学院要破局发展，最有参考意义。

结合路校长在文中的六点对策，结合计量测试工程学院的特点，这里谈谈自己的几点想法：

一、"四紧扣"。科研课题要紧扣国民经济发展，紧扣学术发展主流，紧扣计量行业特点，紧扣浙江产业特色。围绕"四紧扣"战略，做好近期、中期和长期的部署，消减基础薄弱、力量单一、发展前途差的研究方向，加大重点投入，凝练成若干个研究主攻方向，改变一人从事多个研究方向的格局为多人主攻一个研究方向。

二、"团队化"。着力建设科研团队，计测学院目前在产学研方面已经形成了几支团队，在社会服务方面取得良好的成绩；但是基础研究方面的团队建设依然有待发展，因此应该在硬件条件建设、人员建设、项目申请等方面向科研团队倾斜，同时改进分配政策和奖励政策，避免各自为政、散兵游勇的格局。

三、"对外合作"。加强国际学术合作，吸取先进技术才能发展自己，和其他分院相比，计测学院的国际合作依然薄弱，只有少量合作，这已成为计测学院提高层次地位的瓶颈，因此在"引进来"有难度的情况下，先切实做好"送出去"，在具体措施上，对老师出国在资金、时间、机会等方面给予资助，尤其考虑用好重中之重的资金，做好教师出国培训。

四、"外引内培"。人才是发展根本，必须继续完善内部人才培养机制，如：实验教学评价机制、考评制度和激励机制、青年教师培训机制、校企人才交流互通机制、高校互访机制等，坚持"新进教师规范化，专业教师特色化，青年教师工程化"为核心的教师、计量师、工程师三位一体建设目标，帮助年轻老师迅速成长；同时以开放的心态，积极吸引优秀的学术人才。

研读路校长文集，我们读出了智慧，读出了能力，也读出了责任。计测学院作为学校的特色分院，对学校发展负有历史责任，因此要破除小打小闹的做法，确立以"大项目、大平台、大成果、大师"为攻坚核心的战略目标，探索完善科研方向引导、人才培养、结构体系、基地建设、国际合作等一系列政策措施，以时不待我的精神加快发展和建设，力争用10—15年左右的时间，形成以大项目为突破、大平台为支撑、大成果为体现、大师为领衔的发展格局。

特色:求生存谋发展之道

——读路甬祥教育文集有感

邬燕红

[摘 要]本研究通过对相关文献资料的梳理及多方访谈、调查,界定了高校教师个性化教学与特色项目建设概念,对二者以特色求生存、以特色促发展的理论依据和必要性进行了分析与阐述。并对高校教师个性化教学与特色项目建设几种主要类型和目前存在的主要问题进行归纳。

[关键词]特色 个性 个性化教学 特色项目建设

"凡是有利于学校'两个中心,一个根本'的、有利于师生生活、工作条件和办学条件改善的改革措施,都要大胆设想,大胆探索,敢于试验。"这是路甬祥院士在其教育文集《求是与创新》中《谈高校改革大趋势》一文中的一句话。[1]读原浙江大学校长、院士路甬祥的书,无时无刻不感受到这种教育思想的熏陶。

回顾20世纪80到90年代——那个浙大人思想解放、改革创新的岁月,路甬祥校长积极推动"求是创新"的贯彻实施,善于将浙江大学的发展放到世界科技革命和我国经济社会发展的大环境中去分析和思考。其他高校的同仁们也应该认真学习这一思想,并本着"求是"与"创新"的原则,认真思考和探索高校教学的发展之路。当今已经是21世纪,21世纪是一个张扬个性的时代,也是一个比以往任何世纪都更加注重教育、注重学生个性发展的时代。知识经济的发展呼唤富有个性和创造性的人才,只有丰富的个性才能激发丰富的创造性。

一、核心概念界定

丰富的个性在本文中可分为微观和宏观两个层面来理解。首先,在微观层面理解、"丰富的个性"可理解为教师的个性化教学;其次,在宏观层面理解、"丰富的个性"可理解为高校的特色教学与特色项目建设。

首先,"丰富的个性"在微观层面可理解为教师的个性化教学。关于教师个性化教学的概念涵义,不同的研究者各有其理解。结合相关文献资料,本研究中教师个性化教学是指教师在教学中将自己的思想、理论与技巧等融入教学过程中,运用个性化的教学方法、策略,形成教师个人独特的教学风格,形成学生乐于接受并有自己个性特征的教师的教学。之所以区别于其他的教学,是因为它有自己鲜明的个性特征。主要表现为独特性、创造性、稳定性与发展性。

其次,"丰富的个性"在宏观层面可理解为高校的特色教学与特色项目建设。回首建国以来的高校教学,传统教学内容经过历史传承与淘洗,具有很强的稳定性,已经成为国家课程的主要内容。但中国是一个多民族的国家,幅员辽阔,各地区经济发展不平衡,区域间、民族间在经济水平、文化背景、教育资源等方面存在着差异。[2]如果各个学校都实施相同的国家课程,完成相同的课程目标,势必造成课程开发与课程实施严重脱节的现象,制约高校教学改革的进程,影响学生终身学习意识的养成。回顾基础教育的改革,实践证明发展特色教育是增强学校活力、提高办学效益的途径之一,是将素质教育深入到学校的方法和载体。

关于特色项目概念,目前在我国尚无明确界定,研究者从不同的角度出发进行研究,对特色项目的理解各异,在相关研究文献中仅《高职院校创建特色体育项目的思考》一文对特色体育项目概念作了比较详细的界定[3],研究者同意其对体育特色项目的概念界定为:特色体育项目是学生普遍喜欢、广泛参与的"流行项目",拥有比其他项目更多的参与者和较高的水平,它不仅能在形式上把多数学生聚集在一起,而且能建立起心理沟通的渠道,有效地促进学生合作意识形成,提高学生的综合素质,增强和谐校园建设的文化底蕴。

在进行相关文献资料梳理的过程中,研究者发现有将"特色项目"与"优势项目"混为一谈的现象,这两个概念有联系也有区别,联系主要在于:建设特色教育学校,往往需要在学校已有的优势项目的基础上再进行合理选择和打造,长期坚持,进而形成特色。因为离开学校本身已有的优势项目的资源与基础,凭空选择的特色项目往往缺乏生命力,只是昙花一现,难以形成可持续发展。因而这个过程往往是"打造优势项目——创建特色学校——晋升名牌学校"这样一个过程。在这个意义上,学校的特色项目往往是在其优势项目的基础上形成和建设起来的。这是两者主要的联系所在,但是并不能因此就将两者混为一谈,其区别主要在于:学校的特色项目往往来自于优势项目、而其优势项目却不一定能够成为特色项目。在本文之后的论述中也将谈到,当今不少院校的体育教学从内容到形式都较为雷同,"我有人也有、大家差不多"的现象普遍存在。

二、必要性分析

目前,教育界普遍关注学生个性的发展,但是如果没有教师的个性化发展,只去谈学生个性的发展无疑是空中楼阁。教师的个性化教学既是学生发展的需要,也是教育规律的需要,更是社会对合格人才培养的需要。因此,教师的个性化教学的实施有其时代的重要性与必要性。

源于英国古典经济学家亚当·斯密的地域分工学说(绝对优势)和大卫·李嘉图的国际分工理论(相对优势)的区位优势理论认为,每一个地区具有生产某一特定产品的绝对有利或相对有利的条件,即区位优势。随着区位优势理论的完善与发展,该理论不仅仅在经济学中被得到充分的运用,同时也已被运用到教育学研究领域中来,将区位优势理论作为区域推进学校教学特色项目建设的理论基础,也可以理解为经济学上的区位优势理论,也必将对教育学上的学校特色项目建设具有理论指导意义[4]。基于此区位优势理论,各地区、各院校选择以特色项目教育为发展方向和办学模式,也将是一个必然的趋势。

三、高校教师个性化教学与特色项目建设现状

(一)高校教师个性化教学主要类型

根据对相关文献资料的梳理以及进行一些访谈与调查,研究者认为高校教师个性化教学主要分为以下几种类型:

1. 以教学内容为特色的教师个性化教学。这类教学以其独特新颖的教学内容及安排作为区别于其他同类的教学,而成为以教学内容为特色的教师个性化教学。

2. 以教学方式方法或组织形式为特色的教师个性化教学。这类教学以其富于个性化的教学方式方法与手段,或者因为其独特的教学组织形式而彰显其鲜明的个性化教学色彩。

3. 以教学语言为特色的教师个性化教学。在此教学语言包括了教师课堂上的口头与书面用语和肢体语言。因其独特的、极具个性特征的教学语言,而区别于其他同类的教学,成为以教学内容为特色的教师个性化教学。

(二)高校特色项目建设主要类型

根据对相关文献资料的梳理与研究,研究者认为高校体育特色项目建设主要分为以下几种类型:

1. 以内容为特色的高校特色项目建设。这类学校特色项目的建设主要是将学生特点、社会发展与自身办学条件及师资队伍特点有机结合。

2. 以民族和地域作为研究基点,构建高校特色项目的案例。这类研究认为高校特色项目的建设应结合民族和地域特点来进行。

3. 以传统优势项目作为特色项目进行建设。该类院校结合自身师资力量及办学条件,将传统的某一项或几项优势项目作为特色项目进行建设。

(三)目前存在的主要问题

通过整理相关研究文献可以看出,相关研究者们从时代发展需要、高校品牌建设、课程自身完善与发展、传承民族文化等多角度对高校教师个性化教学与特色项目建设的必要性作了分析与阐释。部分高校及教师结合自身特点、地域环境、专业特点及办学条件不断创新,在高校教师个性化教学与特色项目建设方面取得了一定的成绩;但由于高校教师个性化教学与特色项目建设尚处在发展的初级阶段,在建设过程中存在诸多问题,归纳起来主要有以下几点:

1. 教师个性化教学大多数停留在自然自发的状态,尚未形成从学校领导到教师个人的培养体系。

2. 高校特色项目建设往往急功近利,为特色而特色。高校特色项目建设应该为学生的学习、成长和将来的工作和生活服务;但部分高校特色项目建设过程中出于对名利的考虑,弄虚作假,根基不牢,为特色而特色。

3. 高校特色项目建设缺乏稳定性。学校特色项目的建设应该是在教育目标的指引下,由广大师生参与的有组织、有计划开展的连续性活动,但体育特色项目建设过程中往往受到

场地、经费、教育政策、学校工作重点等主客观原因影响,造成体育特色项目的建设缺乏稳定性。

综上所述,21 世纪是一个张扬个性的时代,也是一个比以往任何世纪都更加注重教育、注重学生个性发展的时代。时代发展呼唤丰富的个性,本文界定了高校教师个性化教学与特色项目建设相关核心概念,并对其必要性、主要类型与存在的问题进行了分析,而关于高校教师个性化教学与特色项目建设存在问题的原因及可操作性的分析、评价体系构建等,都是接下来的后续研究需要进一步努力的方向,需要在后续的相关研究中进一步深入地探索。

参考文献

[1] 求是与创新:路甬祥教育文集[M].杭州:浙江大学出版社,2012.

[2] 孙再玲.以人为本教育观对高校体育教学改革的启示[J].体育学刊,2003,(10).

[3] 胡公正.高职院校创建特色体育项目的思考[J].铜陵职业技术学院学报.2009,(4).

[4] 金淑丽,于可红.基于区位优势理论区域推进体育特色学校建设的设想——以宁波北仑区为例[J].浙江体育科学,2011.(1).

作者信息

邬燕红:女,中国计量学院体育军事部副主任,教授。

"求是"与"创新"

——大学改革与发展的核心之道

杨 璐 潘 岚

《求是与创新：路甬祥教育文集》一书主要收录了路甬祥 1985—1995 年在任浙江大学副校长、校长时期的讲话、发表的文章，以及当时新闻媒体对浙江大学改革与发展的一些重要报道。资料的来源非常广泛，涉及学校教育教学体制改革、人才培养、高校科研改革、学科与师资建设、工程教育与继续教育等方面，既包括了当时学校改革的具体措施，也有路校长对当时浙江大学改革的一些前瞻性思考。时隔二十余年，现在高校教育改革的政策背景、社会背景已发生了巨大的变化，但高等教育改革的大方向没变，教育的本质没变，因此路甬祥的教育思想对我们现在的教学工作仍然具有重要的指导意义。

读罢此书，让我们印象最深的关键词莫过于"改革"二字。路甬祥校长任职时期，正是我国改革开放进程深入发展的时期。经过前面十年"摸着石头过河"的经验探索，改革开始深入社会的方方面面。1985 年，《中共中央关于科学技术体制改革的决定》和《中共中央关于教育体制改革的决定》相继公布，党的十三大明确地把发展科学技术和教育事业放在经济发展战略的首要位置，把教育作为立国的百年大计。高校教育改革有了一个良好的政策环境。如何进行改革？每个学校的底蕴不同，学科侧重点不同，发展方向也不尽相同。路甬祥既有西德留学的经验，也有浙江大学工作、科研的实践，他将两者结合，各采所长，摸索出了一条"求是与创新"的改革发展之路。

一、"求是"就是探求真理

科学方法可以随时随地改换，科学目标、蕲求真理也就是科学的精神，是永远不改变的[1]。不盲从、不附和、虚怀若谷、专心一致、实事求是，是探索真理的基本精神和基本方法，也是改革创新的基本要求。求是创新是路甬祥教育思想的根本。

高校改革如何求是？即从本校的实际情况出发，发挥学校优势，适应社会需求，提高办学水平，办出学校特色，不断增强学校办学的活力和动力，实现学校教育质量的稳步提升。

浙江大学的"求是"之路，就是在明确学校定位的基础上，从教学型大学逐步转变成教学研究型大学；从以工科为主的大学，转变成理工结合、兼有文管的多学科大学，不断发展新兴交叉学科；在保证本科教育的同时，积极发展研究生教育。[2]

二、"创新",即在求是的基础上,充分吸收国内外同行的先进经验,突破自身限制,深化学校改革之路

浙江大学根据学校自身的定位,进行了一系列有效的、与学校定位和发展目标一致的管理体制机制改革。书中这样的例子随处可见。例如在毕业生就业分配制度上,路甬祥提出以分配制度改革为龙头,正确引入竞争机制,深化教育改革,自觉适应商品经济和社会科技发展的需要[3];在人事改革问题上,提出"按需设岗,按岗定编,择优聘任"为原则的教师职务聘任制,合理分流,优化组合教师队伍,设立"流动编制",建设好以年轻教师为主体的教学科研流动梯队[4];在教学改革问题上,贯彻因材施教的基本原则,创办由优秀学生组成的"混合班",并在此基础上创办"基础教育提高班",在总结经验的基础上,以"混合班"和"提高班"的经验指导全校的本科教育改革,从强化基础训练入手,大面积提高教学质量[5];在科研改革问题上,借鉴西德的科研经验,大力提倡教研合一、科研与实践紧密结合的科研体制,抓好科研基地,加速科技成果转化。以上种种举措,均是从浙江大学当时的办学实际出发,进行有针对性的政策创新。浙江大学后来的发展也证明,这些举措对提高办学质量、扩大学校影响力是行之有效的。

三、"求是创新"对我校改革与发展的借鉴意义

以史鉴今,浙江大学在上个世纪八九十年代中期的发展历程是我国理工科特色大学发展的缩影。它遇到的那些障碍、瓶颈是理工类大学在发展过程中普遍存在的问题,因此它在当时实行的改革措施对现在的理工类大学具有很好的参考、借鉴价值。

中国计量学院在1985年由国家教委批准建立,从2000年开始实行"省部共建,省管为主"的管理体制。多年来,学校践行"精思国计,细量民生"的校训,以人才培养为根本,以学科建设为龙头,以改革创新为动力,努力提高学校教学质量,强化办学特色。

本着实事求是的原则,认清我校在教育思想观念、教学基本建设、师资队伍建设、创新人才培养方面的不足[6]。学校从实际发展水平出发,多方征求意见,明确了我校创建特色鲜明、国内知名的教学研究型大学的目标定位;以本科教育为主,大力发展研究生教育的层次定位;以工学、理学、管理学为主干学科,工、理、管、法、文、经、医(药)、哲等多学科协调发展,强化质检领域相关学科的特色和优势的学科定位;立足浙江,依托行业,面向全国,成为浙江经济发展和国家质检事业进步的高素质人才培养基地,质检领域和浙江经济发展的科学研究和社会服务基地,国际质检高等教育交流与合作的重要平台的服务定位。[7]

学校各级领导和广大教职工从学校基本定位出发,认真学习贯彻国家、省关于提高高等教育质量的政策和措施,秉承"精思国计、细量民生"的校训,坚持"计量立校、标准立人、质量立业"的办学理念,倡导"严格严谨、求实求新"校风,践行"尚德乐业、博学善教"教风,弘扬"励志笃学、求真诚行"学风,朝着"努力争取更名大学,努力争取获得博士学位授权单位立项建设,办学综合实力显著增强,基本建成特色鲜明、国内知名的教学研究型大学"的目标不断努力。

改革和创新人才培养模式。完善弹性学制、学分制、双学位(双专业)制、三学期制和分

段集中教学制度；采用校企结合的应用型人才培养模式与本硕结合的研究型人才培养模式；实行量新学院试点班导师制；鼓励高年级学生参与教师科研；试办了海克斯康班、广电质量班等面向工程教育的"3＋1"校企联合培养模式；组织开展"卓越工程师教育培养计划"，并成立专门领导小组；加大国际教育合作力度，通过交换生、合作办学、双语及全外语教学等形式加强学生的国际意识、拓宽学生的国际视野。

稳步推进专业综合改革工程。以社会需求为导向，进一步优化专业结构与布局；利用现有优势学科专业，不断完善"大质检"学科专业体系；进一步落实专业建设责任制，加强专业负责人队伍建设，强化对专业建设的质量管理和控制；以工程教育专业认证为契机，进一步完善工科类专业培养方案。

大学的改革与发展是一项长期、系统、浩大的工程，找到一条真正可行的、能持之以恒的道路十分重要，浙江大学的求是与创新之路给了我们一个很好的前驱和示范。中国计量学院与浙大相比还有一定的差距，我们要实事求是，认真总结，找准自己的特色与定位，不断改革创新，朝着"努力争取更名大学，努力争取获得博士学位授权单位立项建设，办学综合实力显著增强，基本建成特色鲜明、国内知名的教学研究型大学"的目标努力奋斗。

参考文献

[1] 竺可桢.科学之方法与精神[J].思想与时代,1941.

[2] 求是与创新：路甬祥教育文集[M].杭州：浙江大学出版社,2012,序一,5-6.

[3][4][5] 路甬祥.浙江大学实施综合改革的初步做法和设想.求是与创新：路甬祥教育文集[M].杭州：浙江大学出版社,2012,89-94.

[6] 林建忠.在中国计量学院2011年教学工作会议上的报告.

[7] 中国计量学院"十二五"期间本科教学质量与教学改革工程实施意见,量院〔2012〕43号.

作者信息

杨　璐：女，中国计量学院教务处，助理研究员；

潘　岚：女，中国计量学院教务处处长，教授。

"求是"精神的传承

——读路甬祥院士教育文集有感

贺　强

　　回首百年,从 1897 年"求是书院"创办至今,浙江大学已有 115 年历史了。其老校长竺可桢将从 1937 年至 1945 年在贵州遵义湄潭办学 7 年的经验与期望凝练为"求是"。如今看来,"求是"不仅是竺校长其教育思想的总结和浙大办学方针、优良学风的概括,更是我国高等教育事业,甚至教育事业应该遵从的准则。

　　"求是"是浙江大学前身"求是书院"的院名,亦是古往今来中国知识分子的一贯治学态度,竺可桢将之持守为自己一生为之奋斗的准则,当其主掌浙大后,更是高举"求是"这面旗帜,继承和发扬了"求是"的内涵。1938 年 11 月浙大西迁,"求是"正式被定为校训。在《求是精神与牺牲精神》一文中,竺可桢将"求是"精神的涵义、方法、途径阐释为:"所谓求是,不仅限为埋头读书或是实验室做实验。求是的路径,《中庸》说得最好,就是'博学之、审问之、慎思之、明辨之、笃行之'。单是博学审问还不够,必须审思熟虑,自出心裁,独著只眼,来研辨是非得失。"在《科学之方法与精神》一文中,综合了自己的思考,竺可桢将"求是"系统地概括并向学生提出了成为科学家所应具备的基本条件与素质,即不盲从,不附和,一切以理智为依据,只问是非,不计利害;虚怀若谷,不专横;实事求是,严谨朴实,毫不苟且。这三条成为竺可桢在教育事业中所倡导的"求是"精神的精髓与核心。

　　竺可桢深知:"若一个大学,单从事零星专门知识的传授,既缺乏学术研究的空气,又无科学方法的训练,则其学生之思想即难收到融会贯通之效。"浙江大学之所以能取得今天的教育成就,就在于形成了"求是"学风,并将之贯彻到了当代教育改革与创新之中。在当代教育改革与创新的实践中,路甬祥这个名字是不容忽视的。他在 1988—1995 年主持浙大工作的 7 年中,发扬着竺可桢的"求是"精神,将我国 90 年代初期的深化教育、科技体制的"改革"精神融入到"求是"精神中,并为新中国的高等教育理念与事业增加了新的生命力。这是时代的契机,也是"求是"精神的发展,因为在"求是"中本就蕴含着"创新"的元素,就像"创新"必须以"求是"为基础一样。

　　一方面,结合着"创新"的时代文化要求,路甬祥把握住了"改革"的时代主题,赋予"求是"的教育事业以"改革"的涵义,这是"求是"精神在教育理念上的新发展。他在《中国高等教育与教育改革》一文中说:"'改革',是一个富有魅力的词汇。一切希冀生存与发展的事物,都会不断地选择合适的改革道路,使自身不断地更新与完善。中国的高等教育既古老又年轻,为了早日走向现代化、走向世界、走向未来,我们需要改革也必须改革。"秉承着这样的理念,在办学理念中,他积极探索教育类型从"封闭型"向"开放型"的转变,强调"三个结合",即教师主导与学生能动的结合、理论教学与社会实践的结合和课堂教学与课外自学的结合的办学理论。因为只有这样,才能在中国"改革开放"的目标中,即在发展生产力与全面经济建设中,发挥出教育与实践、教育与科技、教育与国家建设之间的互动功能,使得它们相互影响、制约与促进。在这样的背景中,路甬祥强调的是高等院校应该成为教育与科技的结合点,既成为教育中心,又成为科技中心,从而为国家建设输送营养与动力,发挥教育的社会功能。这种教育功能与社会功能并重的理念,现在已经几乎成为当代中国高等教育事业的通则。

另一方面,结合"创新"的时代实践要求,路甬祥把握住了"改革"的行动主题,积极探索"求是"的教育事业的新路子,这是"求是"精神在教育实践中的新探索。路甬祥以浙江大学为平台,开展了一系列的"综合改革"。他说,"综合改革所要达到的总目标是:根据'四化'建设的实际需要和现代科技发展的趋势,以及我国现阶段的社会、经济状况,探索全面提高教育质量,提高科技水平,提高学校管理水平,提高办学整体效益的新路子"。秉承这样的实践要求,浙大在教学改革、毕业生分配改革、人才培养改革、教职工队伍改革等方面进行了全新的尝试。在这一系列探索中,浙江大学从1897年"求是书院"这个仅能容纳30人读书的古寺宇,到今天中国最大的教育航母,即成为具有中国自身特色的,以工为主,理工结合,设有文管,教育质量和科学水平稳定全面地居于国内同类大学前列,在国际上有影响的综合性理工科大学,20多年来的这些实践为中国高等教育实践积累下了许多宝贵的经验。

回望历史,在"求是"精神的传承中,每一帧记忆都在向世人诉说着中国教育事业的艰辛与成就。一批批莘莘学子从高等教育殿堂走进走出,日后默默地在各自岗位上工作与奉献。他们身上应该共同具有"求是"精神。这精神既是属于浙大的,更是属于每个教育人与受教育人的精神财富。林启、蒋梦麟、邵裴子、竺可桢、胡刚复、谈家桢、贝时璋、王淦昌、陈建功、苏步青、罗宗洛、夏衍、夏承焘、陈立、路甬祥这一串串闪光的名字化为无形的力量,它不仅仅在作用着每一个浙大人,而且作用着每一个秉承"求是"的后人。

参考文献

[1] 求是与创新:路甬祥教育文集[M].杭州:浙江大学出版社,2012.

作者信息

贺　强:女,中国计量学院人文社科学院,讲师。

二、教改研究

JIAOGAIYANJIU

关于高校人才培养质量提升的思考
——基于路甬祥教学思想的启示

冯时林　周立军

[摘　要]路甬祥对大学的历史使命、责任、教学改革等方面均有深刻思考和独到见解。本文从素质教育和创新人才培养两个方面探讨了路甬祥教育思想的要旨,从不断提升高校人才培养质量的目标出发,分析了高等教育中存在的问题并给出了一些建议。

[关键词]素质教育　教学改革　创新人才

一、引言

"我想世界上的任何事物都是发展的。"路甬祥一直用唯物主义视角,思考着高等教育改革、发展与质量提升。他认为"大学教育必须牢固树立以德育为先、全面发展、教学相长的思想","求是系治学之本,创新乃科技之源",指出应试教育现象尚未根本改变、教育的自主权没有得到足够的尊重、大学教育与科研和社会实践脱节的现象比较严重……路甬祥对大学的历史使命、政治责任、治校方略等重大问题的理性思考和真知灼见,值得我们在实践中深刻领会和学习借鉴。

二、路甬祥关于素质教育和创新人才培养的思想

(一)路甬祥的素质教育思想

路甬祥多次强调,要"更新教育思想观念,全面实施素质教育",认为"从学前教育到研究生教育的各个阶段,都不同程度存在着一些值得注意的问题,如教育思想与方法落后,片面注重知识灌输,片面注重考试和考分,忽视对学生求知欲的启迪与引导,忽视对学生自学能力、实践能力、合作能力和创造能力的培养等。这些偏向,造成部分学生负担过重,缺乏学习兴趣,缺乏主动精神,缺乏创新意识"。

如何提升素质教育?路甬祥认为应更新教学观念,改革教学方法与考试制度,提升师资素质,加强学校教育与社会教育的融合。

(二)路甬祥创新人才培养思想

路甬祥认为"造就创新人才是时代的需要","科技竞争说到底是科技人才的竞争,特别

是高层次科技人才的竞争"。提出,"要进一步确立人才在推进科技创新中的重要地位并充分发挥其作用,立足创新实践,凝聚与造就创新创业人才"。

如何培养创新人才? 路甬祥的观点包括:

第一,更新教育观念。认为"培养创新人才要注重学生创新精神和创新能力的培养,创新精神就是独立思考、理性质疑精神,创新能力就是探索未知、勇于创造的能力"。因此,"我们的教育要由只重视同一性和规范性向同时鼓励多样性和创造性转变,由只重视指导学生被动适应性学习向鼓励学生主动求索、学习、创新转变,由对学生的灌输式教学向启发式教学转变,由重视知识单向传授向重视师生研讨、重视创造知识转变"。

第二,重视学生个性发展。提出要以生为本,"要充分考虑学生的个性差异,因材施教,注重个性教育和个性化的教学,充分调动学生求知的主动性和创造性,激发和培养学生的学习兴趣,使学生充分发展专长"。

第三,改革教学方法。提出应"将知识灌输为主的教学方法转变为以启发科学思维和提高发现与解决实际问题能力为核心的教学方法";要"开设带有探索性、研究性的实验课、实习课、设计策划、综合性作业等,培养学生的科学态度和方法、合作精神和创新能力;将科学实践、社会实践和科学思维与大学教学过程紧密结合起来";要增加学生的实践环节、加强学校与企业、社会的合作。

实际上,素质教育与创新人才培养关系密切。素质教育的重要目的就是要培养适应社会发展需要的各类有用人才;而创新人才培养的实现离不开素质教育的实施。

(三)高等教育存在的问题

谈及应试教育的弊端、素质教育的推行和创新人才的培养,社会各界较多会更关注基础教育,而实际上,应试教育导致的学习功利主义问题已根植到学生对知识的认识中,并延伸到高等教育。

高校教育存在的问题涉及多个方面,本文仅从教学现状进行分析。

1. 从教学方法、手段的实施现状看,今天的课堂教学,依然以"满堂灌"的形式为主。当代信息获取渠道的多元化和便捷化,教师单纯的咀嚼式的教授,已不能满足学生的需求,听课大多已成为形式。目前占学生学习时间超过 80% 的课堂教学,并未带给学生相应的知识增长和能力提高。可以说,课堂教学的效率不尽如人意。

2. 从教学设计角度看,教学体系的整体设计,尽管有模式、有体系,但设计的科学性不够,落实的到位度不佳,可以说培养计划往往是"看上去很美"的文件,而"形"与"实"有一定差距。课程内容的交叉重复、课程之间的先后衔接、理论教学与实践教学的合理配置、课内教学与课外教育的有机结合、教学计划的执行效果衡量等均存在问题。

3. 从学生的角度看,我国学生从小就被潜移默化赋予了"以考试论英雄"的学习效果衡量标准。而大学学习中,"考试"的激励作用明显下降,学生从之前的"考大学,考好大学"的高目标,转化为"混合格,拿绩点"的低目标,学习大多是"记笔记、找重点、答考卷"的过程,这种功利性的学习必然导致"走出考场,还给老师"的结果。学生主动参与、主动探究的精神和创新能力培养明显不足。

4. 从教师责任与能力角度看,一方面目前高校的主力师资力量已是 70 后甚至 80 后,本身在成长过程中缺乏全面素质教育和创新能力受训的体验,可以说自身能力有待提高。

另一方面,目前高校的考核机制更多地将教师的精力引向科研和社会服务,教学已是"上山的石头",推动乏力。

三、建议

探讨以上问题的解决途径,视角很多。如教育体制改革、评价机制驱动、教学方法创新等。但根本性的改革需要机遇、魄力、资源等多种条件的融合,真正的实施困难重重。那么在既定的现状和外部条件下,围绕提升学生学习的主体意识、参与意识,进行教学体系和方法的优化与改革,以及提升教师素质和能力,是现实并可行的途径。

(一)给予高校制定培养计划的更大自由度

大多普通高校的培养计划中,根据有关上级规定必须有的"刚性"学时占30%左右,减负的工作难以推进。而事实上,学生在把大量时间放在课堂教学的同时,却没有真正忙起来,有效学习的时间不足。

大学的学习,不应再延续中小学以掌握知识为核心的,从详解到练习到考试的路径,而应把主体从教师转到学生身上。要鼓励实践国外先进教学模式,针对不同专业的特点,减少教的份额,增加学的比例。

应降低一些基础课程的课内学时要求,鼓励由课内转向课外,减少理论教学学时,增加实践教学学时。而对于当代大学生而言,英语、体育、思想教育甚至计算机运用技能,更应重实践,"做到"比"明白"更重要。应鼓励重组课程,按课程群(组)进行课程设置,避免课程之间的交叉和重复。从制度设计上促使教师不再以知识精讲为主,而是以指导和解惑为主。

(二)把促进"再学习"作为课程体系设计的标准

学习可以分为单循环学习、双循环学习和再学习三种境界。单循环学习,是掌握知识和技能的过程;双循环学习是通过实践整理和优化知识的过程;而再学习是获得学习的能力和解决问题的能力的过程。大学阶段的重点是再学习,即帮助学生主动式学习。

其一,教师定位的改变。尤其是在专业学习阶段,教师更多的应是一个学习路径的设计者、知识学习的帮助者,而不要再扮演教导、监督的角色,应真正做到以学生为主体。

其二,设计适合当代学生的教学方法,与时俱进。一味埋怨学生素养每况愈下是没有意义的,教师应因材施教、与时俱进。应根据教学规律、学生特性,针对性的设计教学方法,提高学生的参与度和主动性。

其三,课堂教学与课外学习的融合。从现实来看,课堂教学日益变得被动和低效。"再学习"意味着围绕知识的理解和技能的训练,让学生在课外动起来、忙起来,应系统地研究多种形式的课外学习项目的设计、校企合作项目的开发、课外实践活动的设计、社会学习资源的利用等,形成良性的学习循环。

(四)改进教学改革项目的支持重点和管理方式

教学改革的投入在不断增加,但教学改革的实际成效却甚微。缘何?本人认为,大多数教学改革项目,尤其是省级以上教改项目存在两大问题:第一,项目求大、求新甚至求快,而不够求实。但教学效果的体现需要较长的时间才能得到验证,盲目追求项目的覆盖面和创新性、时效性,最终结果往往就是设计重于实施。第二,"拿"项目重于"做"项目,教学项目科研化趋势加重。一方面,为了在竞争中有更多的胜出机会,教改项目的主持者大多是系主任、院长甚至行政机关领导、校领导,真正在一线从事教学工作的实践者获得立项的机会不多,教改项目的"官气"较重;另一方面,项目申报书重理论,重方法,重形式,"科研气"也较重。

教改项目应该重实践,重效果;要把教改项目立在教学一线上。一方面增加教学改革项目的数量,提高教学改革项目的地位。另一方面优化教学改革项目分类设置,在一定时期可以更侧重对微观项目的支持。鼓励一线教师把好的教学方法扎实地应用于教学实践,评价的重点方案设计的细致化程度,以及应用的深度与效果。

(五)提升教师素质和创新能力

没有教师的全面素质和创新能力,单纯强调学生的素质教育和创新教育必然是乏力的。首先,从社会文化、激励机制等多种角度让更优秀的人才愿意从事教育事业,并倾心履行工作职责。第二,目前新入职教师,大多是从校门到校门,缺乏对社会的了解和认识,更缺乏建立在经历基础上的深刻感悟,体现在教学中则不得不照本宣科。因此要逐步形成教师入职的实践教育方案,鼓励新入职教师通过挂职、兼职等方式增强实践能力。第三,充分利用社会师资力量。吸引有素养、用经验的政府职能部门专家、企业专家在高校担任兼职教师,作为师资力量的有效补充。

参考文献

[1] 求是与创新:路甬祥教育文集[M].杭州:浙江大学出版社,2012.

[2] 路甬祥.造就创新人才是建设创新型国家的关键[J].上海教育,2006,(10).

[3] 路甬祥.更新教育思想观念,全面实施素质教育[J].中国教育报,2005,(12).

作者信息

冯时林:男,中国计量学院副校长,研究员;

周立军:女,中国计量学院经济与管理学院,教授、博士。

弘扬路甬祥教育思想,提升经管类
专业教学质量

易荣华

[摘　要]本文以路甬祥教育思想为引领,从大质量观、学科属性以及时代发展特征的视角,分析了经管类人才培养的质量内涵和现阶段人才培养模式存在的主要问题,结合中国计量学院经济与管理学院多年来的专业综合改革探索实践,总结了提升经管类专业教学质量和内涵发展的理论思考与实践探索经验。

[关键词]路甬祥教育思想　经管类专业　教学质量　教学改革

一、引言

路甬祥先生在浙江大学任校长期间(1988—1995),正值浙江大学被国家教委确定为综合改革试点院校,他创造性地提出了"两个中心,一个根本"和"两个并重"的办学思想,组织实施了一系列具有重大历史意义的改革,使浙江大学的办学水平和综合实力快速上升。路甬祥先生在1989年即提出了"树立全面质量观,深化教学过程改革,努力提高教育质量"的教育思想,并围绕教学全过程质量控制,实施了"淘汰制"、"学分制"、"因材施教"等系列教学改革[1]。这些改革措施对当时中国高等教育发展,尤其是浙江省高校的教育教学改革产生了很好的示范引领作用。

我国高等教育大众化以来的人才培养质量,尤其是偏软的经管类专业人才培养的质量被广为诟病,争议的焦点是人才培养的规格难以满足时代发展的要求。尽管教育行政部门和高校尝试了多方面的探索,但限于体制性因素、人才培养和教育质量观念以及习惯势力等多方面因素的影响,高校人才培养模式总体上表现为"继承有余,创新不足"[2]。如何破解新时期高校人才培养质量难题,这是一个全社会共同关注的问题。作为中国高等教育改革的先行者和"全面质量观"的倡导者,在实践中形成的路甬祥教育思想对于破解当今高校人才培养质量难题仍然具有很好的指导作用。

本文以路甬祥教育思想为引领,从大质量观、学科属性以及时代发展特征的视角,分析了经管类人才培养的质量内涵和现阶段人才培养模式存在的主要问题,结合中国计量学院经济与管理学院多年来的专业综合改革探索实践,总结了经管类专业教学质量和内涵发展的理论思考与实践探索经验。

二、大质量观与经管类专业人才培养的质量内涵

美国著名质量学家朱兰博士在其告别演说中指出："将要过去的 20 世纪是生产率的世纪，将要到来的 21 世纪是质量的世纪"。他所说的质量世纪，其基点是市场经济，而市场经济的本质是竞争，竞争的核心是质量，即着眼于质量和所产生的效益，人类发展将从 20 世纪的粗放型转变到 21 世纪的集约型。朱兰博士所讲的质量是大质量概念，就其内涵而言，不仅包括产品自身的固有特性（品质特征），而且包括随着时间、环境变化的动态赋予特性（如价格、服务等）；不仅包括达到产品标准的符合性质量，而且包括满足各相关方要求的体系质量和经营质量[3]。

高校的根本任务是培养人，让每一个学生健康成长成才，德智体美全面发展，成为社会主义的建设者和接班人。这一根本任务决定了高等教育应该按照大质量观的要求，使学生全体、全面、全程、和谐发展，也就是说，必须本着人人成才、全面发展、全程可持续发展的质量观[4]。可见，高等教育的大质量观应该是一种具有多样性、整体性、相对性与动态性特征的质量观，其质量内涵既包括学生通过大学四年培养所表现出的人才质量的固有特性，即知识、素质和能力符合人才培养标准的程度；也应包括学生走向社会后所表现出的动态赋予特性满足用人单位事业发展以及学生个人职业发展需求的程度，如敬业精神、社会责任感、环境认知能力、组织协作能力、持续学习能力等质量特性。此外，高等教育还应该致力于培养学生满足质量世纪要求的质量意识和质量管理能力。

经济学和管理学的研究对象是以人为主体的复杂社会经济系统，其学科属性包括自然属性和社会属性，既是科学，又是艺术。在这样一个领域里，科学问题和理论均来源于实践，理论应用的有效性与环境密切相关，人的经验、直觉等非智力因素以及环境认知能力在经济管理实践中有着举足轻重的地位。"看得懂，不会用"、"入门容易，修行难"是经管专业学生面临的普遍问题，能力培养成为经管类人才培养中的难题，也使得其人才质量标准比一般理工科更加难以确定。此外，由于经管类人才是社会资源配置、质量战略制定与实施职能的主要承担者，他们的质量意识和质量管理能力对一个组织乃至整个社会的集约发展影响很大，因此，经管类人才培养应该更加注重这方面的教育。

总体上看，当今经管类专业人才培养普遍采用的是围绕学科知识体系展开的理论灌输式的教育模式，人才质量标准主要表现为学科知识标准，没有很好地体现经管学科属性、实践工作技能和时代发展特征的要求，经管类专业综合改革必须在调整人才培养质量标准的基础上，全面改革教育教学内容和方法。我们认为，在经济全球化和经济管理实务信息化的背景下，经管类人才培养质量标准应该更好地体现其学科属性和时代要求，适当降低学科知识标准，强化素质和能力考量。具体而言，经过四年的专业培养，使学生掌握必需的学科基础理论知识及其应用情境，具备国际化视野、大质量意识、社会责任感等职业素养，具有较强的信息技术应用能力、环境认知能力、组织协作能力、持续学习能力。

三、经管类专业人才培养模式存在的主要问题

信息化是当今世界发展的典型特征，信息化对经济管理实务及人才培养均提出了变革

的要求,一方面,经济管理实务基本实现了计算机化,即经济管理的常规工作以及决策所依赖的信息获取、加工与分析提炼、模型构建与算法实现均可以借助计算机系统来完成,如ERP软件。这就使得经管类人才的核心竞争力不再仅仅体现在专业基本技能上,而是复杂环境下的半结构化、非结构化经济管理问题的环境认知、决策和组织协调能力上[5]。另一方面,经管类人才培养的传统教学重点和难点——理论原理和基本应用技能教学,由于转变为各类应用软件的教学而变得更加简单有效,这也为经管类专业教学内容的拓展以及重点转移提供了条件。

然而,遗憾的是,现行经管类专业的人才培养模式仍然是"继承有余、创新不足",信息技术似乎更多地成为了教与学双方"偷懒"的工具和借口,使教学效果大打折扣。信息化背景下的经管类专业的改革任重道远,主要表现在:

1)在理论教学内容选择上,教师和教材编著者乐于低风险和低投入的"继承",不愿高风险和高投入的"创新",强调完整的学科知识体系,理论教学注重"是什么、为什么",忽视更加重要的"怎么样";

2)在教学组织方式及理论与实践的选择上,教师乐于低投入的普适性理论灌输,不愿高投入的个性化实践应用教学;

3)在教学方法的选择上,教师乐于以我为主的"满堂灌"和利于教与学双方"偷懒"的PPT,不愿采用可能引致更多提问和精力投入、有利于启发学生思考和教师与学生同步思维的探究式教学;

4)在实践教学方式的选择上,教师乐于低投入的实验室验证式教学,不愿高投入的现场教学和案例教学;

5)在教学环节的设置上,乐于采用低投入的校内课程教学,将知识整合和能力提升的任务交给学生自己,不愿采取高投入的外出实习教学,并尽可能减少对教师能力要求高的知识集成教学环节(如体现多学科知识整合的综合性设计等)。

综合而言,现阶段经管类专业办学存在两个深层次问题:一是人才培养方案和质量标准与学科属性和时代要求不符,这与人们对经管类人才培养的特殊性以及时代变化所带来的影响认知不足有关;二是教师和学生两个主体的精力投入不足,教学改革的压力和动力不足,这与目前经济社会大环境及现行教育制度背景等深层原因有关。

四、基于大质量观和信息化背景的经管类专业综合改革探索

按照大质量观和以生为本的理念,顺应时代要求的经管类专业综合改革是一项复杂的系统工程。从我们的实践探索来看,就高校自身而言,以下六个方面是有必要和有能力深化改革的,这是提升质量和实现内涵发展的必然路径。

1)教育理念和质量标准更新

高等教育大众化背景下,必须树立学生人人成才和全面发展的教育理念,全程可持续发展的质量观。就经管类专业而言,除了学科的自然属性要求的学科知识教育外,其社会属性则对社会情境、社会责任感和职业精神教育提出了更高的要求。而其实践性和艺术性特征则要求在教学过程中,强化理论与实践的结合和应用创新教育,此外,经济管理理论因其权变性和时效性强而要求从业者具有更强的应用情境分析能力和持续学习能力。因此,相比

理工科专业,其符合性质量标准具有更明显的多样性、全面性、应用性、相对性、动态变化性特征,这就要求人才培养不能片面追求学科知识的考量,而要构建一个更加灵活多样的人才培养质量考核指标体系。

2)专业特色培育

在庞大的中国高校体系中,特色是教学型高校和行业高校的生存和内涵发展之本,特色专业的成长历程是一个伴随着学科实力不断增强,办学模式从模仿到创新、办学经验不断积淀,专业特色不断强化并最终被社会充分认可的过程。一般而言,特色专业需要以对应的优势学科为支撑,并融入学校的办学特色要素,特色专业的形成需要漫长的过程。加快新办专业、通用专业特色形成的途径,显然不能从头开始,必须以继承为基础,设法将学校业已形成的办学特色融入其中,通过注入核心要素,形成专业特色,逐步强化,最终形成特色专业。如我院的"工商管理"专业尽管起步较晚,但通过注入学校办学特色要素——标准、计量、质量,很快形成了有别于通用专业的"质检"特色,成为了浙江省优势专业。

3)人才培养方案优化

目前,高校经管类专业普遍采取按照学科性人才培养规格和过程要求,构建由"平台+模块"的理论课程体系、"校内实验+校外实习"的实践教学体系以及"学科竞赛+技能证书"的素质拓展体系三部分组成的人才培养方案。这类人才培养方案的基本特征是强调理论体系的完整性和课程之间的关联性,课程知识的集成与应用能力的提升主要通过综合实习(如生产实习、毕业实习等)和综合设计(毕业设计或论文)等方式,在教师的指导下由学生自身完成。但是,由于众所周知的原因,综合实习和综合设计环节被大量删减或流于形式,导致学生缺乏对实体经济的感性认识,加大了理解的难度,课程知识的集成与应用能力提升更加困难。我们着重从以下六个方面入手进一步优化了人才培养方案:一是根据时代背景尤其是信息化条件下信息处理和知识获取便利的优势,精简和调整理论教学内容,如适当精简"是什么和为什么"的理论教学,加强"怎么样"的理论应用情景教学;二是强化有助于学生增强对实体经济的感性认识、集成课程知识以及提升理论应用能力的教学环节,如认知实习、生产实习、毕业实习和综合设计、毕业设计等实践环节,增设以问题导向的知识串联和集成课程;三是加强信息技术应用、信息资源开发和持续学习能力的教学,如经济管理软件与数据库、数据挖掘理论与工具、各类方法论等课程教学;四是以课外科技竞赛为载体强化创新创业教育,如学科竞赛、社会调研、论文、专利、创业等;五是立足学校和学科优势推进专业特色培育(这既是增强学生核心竞争力的需要,也是不同学校同类专业错位竞争的要求)[6];六是健全教学大纲持续更新的机制,解决教学内容重复、陈旧的问题,增强知识体系的系统性和前沿性。

4)教学方法改革

教学方法陈旧和多媒体教学手段使用不当是当前制约教学质量提升的两大因素。这方面的改革重点应该是摒弃"填鸭式"教学方法,根据经管类课程实践性强的特点,引入探究式教学、案例教学、项目教学等教学方法,加强教与学的互动,引导学生有效思维;丰富课程考核方式,减少理论考试所占比重;适当减少具有标准答案的模仿训练式作业,增加面向实际情境的调查或案例分析报告及课程论文训练;加强对教师运用多媒体教学手段的指导,必要时应对青年教师使用多媒体教学进行限制,着力解决由于多媒体教学导致的教师与学生思维不同步的问题。

5) 制度建设

当前,致力于保障教学中心地位和改善教与学两个主体精力投入不足的宏观政策与制度环境正在积极推进,但与培养高质量人才所要求的制度环境还有很大差距。作为人才培养的基层单位,根据我们的实践体会,二级学院和专业可以从以下几方面改善微观制度环境:一是针对教师不愿创新的现状,出台鼓励教学创新的激励政策,包括:明确适时更新教学内容的具体要求;给予教学创新的教师以利益补偿或解除其后顾之忧(创新意味着更多的投入和风险);以专项教改项目的形式推进课程教学创新等。二是针对教师"不敢管、不愿管"和教与学双方精力投入不足的问题,完善教学过程监管制度,包括:建立"教师—教管—学工"互动机制(教学管理人员每五周一次汇总统计课堂考勤记录表,将结果及时反馈给学工系统和教师,对缺课严重的学生由学工系统进行教育);推进"教考分离",压缩教与学双方的投机空间;给予部分优秀教师以"免检"资格或降低"生评教"对优秀教师教学效果评价的权重。三是针对教师教学科研"两张皮"的状况,完善教师将科研转化为教学的制度,包括:鼓励将科研成果引入课堂;鼓励将教师科研项目分解或拓展为学生课外科技项目和毕业设计项目;加大对指导学生课外科技过程和结果的奖励等。四是针对多数教师从校园到校园的成长经历以及普遍存在的"遥控"指导学生实习的现状,完善鼓励教师"走出去"的制度,并给予经费保障。

6) 实践教学条件保障

经济学与管理学是社会实践性很强的学科,这就决定了经管类专业人才培养过程中,校外实践教学具有更重要的地位。在当前的大环境下,校内实验室建设(计算机及商务软件、沙盘模拟等)相对比较容易,校外实习基地建设的难度更大,经管类专业应该把实践教学条件保障的重点转移到校外实习基地的建设上来,但要建设一批能满足专业认知实习、生产实习和毕业实习需要的校外实习基地,目前的主要难点是企业的积极性不高。因此,如何完善互惠互利的机制至关重要,主要是校方如何给予企业以实际利益来确保校企双方的长期合作。我们的做法是通过为其提供管理咨询服务(如卓越绩效模式导入、企业诊断)、员工培训、教师挂职、联合科研等方式密切双方联系,构建利益纽带,并以长期战略合作协议的形式固定下来。

参考文献

[1] 求是与创新:路甬祥教育文集[M].杭州:浙江大学出版社,2012.

[2] 浩歌.期待高等教育改革新突破[J].中国高教研究,2011,(1):1.

[3] 郎志正.大质量观之我见[J].监督与选择,2002,(11):4-5.

[4] 陈磊,肖静.高等教育质量观的理性思考与多元化构建[J].中国高教研究,2005,(3):35-37.

[5] 李俊.经管类本科应用型人才培养探究[J].中国大学教学,2011,(8):40-41.

[6] 易荣华,潘岚.特色专业建设的理念与实践——以中国计量学院为例[J].中国大学教学,2007(10):57-59.

作者信息

易荣华:男,中国计量学院经济与管理学院院长,教授。

路甬祥教育思想的启示

——探索中国计量学院工商管理专业改革与发展之路

马万里

拿到《求是与创新：路甬祥教育文集》，感到非常的亲切，路甬祥院士是浙大的老校长，20世纪80—90年代在浙大任职近10年，那个年代也是我曾经在浙大求学的年代。路甬祥院士以虔诚深挚的热情追求科学真理，也以同样的热情关心我国科教事业的改革和发展，他对教育有自己独到的见解，他的有关高等教育的精辟论述，是指导我们工作的指南，是高等教育的宝贵财富。研究他的教育思想，对今天的教育改革仍然有着重要的启迪作用。

中国计量学院工商管理专业是浙江省重点建设专业，在学校"计量立校、标准立人、质量立业"的办学理念指导下，树立坚持面向质量监督检验行业，培育工商管理（标准化和质量管理）特色精品专业的指导思想；以深化产、学、研结合的人才培养模式为突破口，以内涵建设为重点；着重进行特色课程体系、课程内容、特色教材、实习基地及师资队伍建设；打造我国"标准化和质量管理"应用人才的培养基地，为国家质量振兴事业发展服务。作为工商管理专业的一名教师，有必要思考在新形势下，专业如何更好地发展，为专业的发展添砖加瓦。在学习了《路甬祥教育文集》之后，从路甬祥院士的教育思想与教育观念中，得到如下几点启示。

一、在人才培养模式上，路甬祥院士认为，"中国大学的教育应培养基础宽厚的专门人才，以适应就职和未来提高的双重需要。专业划分过细，学生知识面窄，适应性差"。这对于本科的专业定位很有指导意义。

本校工商管理专业（本科）的定位是"厚基础、宽口径、强特色"的人才培养模式，这与路甬祥院士的思想是一致的。"厚基础、宽口径"突出一个"通"字，即培养的学生具有扎实的经济与管理基础理论知识；"强特色"突出一个"专"字，也就是强化计量管理、质量管理、标准化特色课程。从区域经济和行业发展的需要出发着力培养既掌握扎实的经济、管理的基础知识，又具有丰富的标准化与质量管理知识的复合型、应用性经济管理人才。

二、在课程体系建设上，路甬祥院士提出，在专业定位明确后，应对一个专业的所有课程作系统的思考，优化课程结构，对一些核心课程逐步实行分层次设置，即分为基本部分、扩展部分和提高部分，限修其中的部分或全部；同时将实验作系列化的统筹安排，对于实验课着重考虑在专业人才的完整的知识能力结构中，应当开出哪些实验，使之成为连贯的有层次的实验系列组成；选修课在分清层次、门类的基础上，进行调整、精选和补充，使选修课系统化、科学化。这些思想对于完善本校工商管理专业"标准化与质量管理"的专业特色课程体系具体指导意义。作为高校教师，应当用发展的眼光研究并精通"教什么"和"如何教"的问题。"教什么"即人才的知识能力结构，就要了解掌握新时期对于"标准化与质量管理"人才的新的要求；只有这样，我们的专业改革就会有的放矢，就能取得事半功倍的效果。在学校运行机制上,路甬祥院士认为"加快高校改革,关键是要解放思想,转变观念。高校在内部机制上,应当加快教学管理和科研管理机制的转换,建立起适应改革开放和社会主义市场经济环境的,同时又符合教育规律、科学规律的校内管理机制,建立起更完善的以提高教学质量和教育水平为主旨的内部激励机制。在外部机制上,学校也加强同社会各界的联系,这要求学校要不断挖掘内部潜力,开展适应地方经济发展需求的教育。"路甬祥院士的思想带给我们的启示是要顺应外部环境的一些新的变化,适当调整质量管理与标准化系运行的内、外部机制,积极发挥教师团队的专业特长,广泛开展科学研究和社会服务;扩大产、教、研结合范围,提高教师的科研能力和实践水平;做好咨询服务、技能培训等工作,积极服务社会,同时实现专业的良性发展。

三、在办学模式上,路甬祥院士提倡,"要由封闭性转变为开放型。校内外都要开放。校内各系、各学科要相互联系、沟通、渗透;对外也要进行广泛的国内外校际交流和合作。还有,教学、科研、生产的结合,要加强学校与社会的联系,主动为国民经济建设服务"。

结合这些思想,负责工商管理专业的质量管理与标准化系在校内可以考虑与质量与安全工程学院和标准化学院的联合,多进行信息和人才的交流以及教学实验设施的共享,让学校有限的人才、设备设施等资源充分发挥作用,专业间互为补充,互为促进,共同发展。

对外交流工作中也要坚持独立自主、为我所用的方针,要有选择地消化吸收国内外有益的教育和管理经验。而且除了与国外大学和研究机构的交流之外,还要注意跟国内的企业界、兄弟院校、研究机构之间开展交流。

对外交流应该包括对国内一些好的单位。如负责工商管理专业的质量管理与标准化系可以与中国标准化研究院、中国计量科学研究院、浙江省标准化研究院等单位,以及部分荣获国家质量奖的企业建立师资培训基地,完善校内专任教师到相关领域一线学习交流、相关领域人员到学校兼职授课的"交叉任职"制度和机制;建立一支具有教育观念新、师德高尚、教学水平高、行业能力强、具有开拓创新精神,职称、学历、学缘、年龄结构合理,专兼职结合,有丰富实际工作经验的具有"质量管理与标准化"特色的专业教师队伍和教学骨干。

四、在知识传授与能力培养相结合的问题上,路甬祥院士认为,"知识传授与能力培养要结合起来。我们的教育方式长期存在重知识传授、忽视能力培养的弊端,师生参加科研、生产实践,将有利于他们锻炼能力,提高素质,增强创新和独立工作能力"。结合路甬祥院士的思想,专业可以探索以培养专业核心技能为目标的实践实习长效机制,以培养学生应用能力为主线,以专业核心技能培养为目标,建立和完善具有专业特色的校内、外实践实习教学基地;通过"自建、共建、捐建"等方式,在原实验室基础上,建设标准化与质量工程技术实训中心;加快实践教学教材、仿真软件、教学课件、网络资源等软件开发;在原有基础上,继续扩大校外实习基地建设,更好地满足广大学生专业实习和教师实践能力锻炼的要求。

总之,通过明确专业定位,加强特色课程体系建设,调整办学模式,优化运行机制,建立主动适应社会经济发展需要的反馈机制和调节机制,将工商管理专业建设好,力争在全国同类本科专业建设和改革中处于领先水平。

作者信息

马万里:女,中国计量学院中国计量学院经管学院,教授。

光纤通信技术课程课堂教学改革研究与探索

金永兴

[摘　要]在学习了《求是与创新：路甬祥教育文集》基础上，结合自己的教学，介绍了独立学院光纤通信技术课程教学，提出了一些改革措施：充分运用多媒体技术，发挥多媒体的视听优势，增加教学的信息量；构建课前、课堂、课后三位一体的课程教学平台；调动学生主动参与课程的学习，增加课堂的分组讨论；改革课程考核方法等。充分提高学生的积极性，达到较好的教学效果。

[关键词]光纤通信　课堂教学　改革

一、引言

今年暑假，我有幸得到浙江大学老校长路甬祥先生的教育思想研究论文集，老校长在浙大任职近十年，提出的求是创新的教育思想，实施的一系列改革创新的举措，使得浙大的社会地位、综合实力有了很大的提升和突破。其中有一篇《端正教育思想是提高教育质量的前提》给我印象特别深刻。这几年，大多数本科高校的扩招的速度很快，质量问题开始浮出水面，如何在教育教学质量方面让社会满意，让家长放心，使学生成才等问题，摆在了相关高校面前。虽然路先生在80年代提出了转变教育思想，树立新时期的人才观；加快改革步伐，提高人才培养质量；重视学分建设等教育思想，在现在看来，还是值得我们很好地学习。

光纤通信技术作为新一代信息技术革命的重要标志之一，已经成为当今社会中各种信息的主要传输介质，并深刻地、广泛地影响着人们的生活方式，展现了其美好的发展前景。光纤通信技术作为一种重要的现代信息传输技术，在现在的信息社会得到了普遍的应用，在通信领域及相关行业处于发展比较低迷的时候，光纤通信技术仍然得到发展，所以必定成为未来通信领域的主流技术。

《光纤通信技术》是我校独立学院信息工程系电子科学与技术专业开设的一门专业选修课，总学时为42学时。主要讲授光纤通信基本概念；几何光学方法分析光纤的传输原理；光纤色散、光纤损耗；光缆结构和类型；通信用光器件；光端机；数字光纤通信系统；模拟光纤通信系统；光纤通信新技术（光纤放大器、光波分复用、光交换技术、光孤子通信及相干光通信技术等）；光纤通信网络。笔者结合老校长的教育思想，谈一下课程的教学过程中的一些体会。

二、充分利用多媒体教学的优势

路先生指出,要转变教育思想,教师"教什么"和"怎么教"是需要我们教师经常考虑的问题。教育方式上,多媒体优势在于,作为一种载体,其具有除文字外,还有声音、图像与图形、动画与视频等多种媒体。在课程教学中引入多媒体教学,可有效弥补传统教学方式中的信息量不足、学生难理解等缺陷。特别是讲到本课程的重点光纤的时候,因为学生初次接触到光纤,对这种细如头发丝的东西既感到新奇,又感到困惑,觉得难以理解。除了给予学生光纤实物上的认识,还需要充分网站等网上资源制作 flash 课件,使以往教学过程中枯燥无味的各种知识生动清晰地展示在学生面前,以极大提高学生的学习光纤通信技术的兴趣。教师发挥多媒体的视觉优势,通过动静的配合、色彩的和谐调配、突出概念的特征等方法,可使枯燥的内容变得生动、活泼,吸引学生的注意力,从而提高教学效果。

同时为了很好地运用多媒体这个新的教学手段,课件的设计和应用需要注意几个问题。

(一)多媒体课件要紧扣教学大纲。课件制作的目的主要用于教学,因此,课件的设计应该紧扣教学大纲,选题恰当,做到突出重点、分散难点、深入浅出,使学生易于接受。

(二)多媒体课件设计要科学规范。首先应该内容正确,术语标准,概念清楚。语言文字运用要简洁、规范。对问题的阐述应该准确,逻辑严谨,具有科学性。

(三)多媒体课件的版面设计要简洁大方。尽可能多一些图片等内容,少一些文字之类的东西。

(四)课件内容要有层次,哪些需要同学们重点掌握,哪些是带一下就可以了。重点的内容使学生在课堂上边看、边听、边记,节奏不能太快,太快影响教学效果。

三、引入讨论式的教学方法

路先生指出,当代科学技术的特点,是各学科间的相互渗透,学科的交叉。随着新技术的大量出现,新知识迅速增长。"光纤通信技术"一门多学科的综合课程,涉及的知识面很宽,物理、数学、半导体光电子学、激光原理等紧密联系。课程教学过程中涉及光纤技术内容推导比较多,内容较为抽象,不易理解,它涉及多方面的知识,尤其在用电磁场理论来解释光在光纤的传输原理时涉及较多的电磁场理论知识,致使学生感到该课程难学,学习积极性不高。

"光纤通信技术"这门课,教师自身的讲授,学生被动地接受,传统课堂教学的教学效果不是很理想。讨论式教学法是一种基于互动教学理论,注重发挥学生的主体精神,教师引导学生主动学习、分析和讨论,进行知识建构的教学模式,符合大学生主动获取知识、注重掌握方法,具有很强的科学性和实践性,符合现代教育发展方向。把学生作为教育的中心,在学习的过程中,培养学生获取知识、探索问题的能力,对学生今后的发展具有重要的意义。

目前这种方法,主要用在本课程的重点部分光纤。老师通过对光纤的讲解,使学生对细如发丝的这种光的传输介质产生浓厚的兴趣,激发学生对光纤产生好奇,使学生深刻了解光纤这种传输介质,增加学习热情,为后面的讨论式教学打下良好的基础。要使该方法能够很好地实行,首先教师要引导好学生,让学生产生比较大的兴趣和好奇心,其次要制定一个包括讨论选题、参考书目、时间分配等内容的教学计划。

具体的实现过程：（1）前期准备，确定若干个讨论题目。讨论题目的确定比较重要，必须比较具体，同时又有一定的吸引力，能够激发学生讨论的积极性。（2）分成若干小组，主要以班级和寝室为单位，5－8人为一组，每个小组推选组长负责该课题组的组织、分工、协调等工作。（3）安排小组一定时间的讨论，各小组成员在组内对独立探索的知识和心得展开讨论，将大家共同认可和补充的内容进行汇总，小组研讨结束后，推荐1－2名同学汇总研究成果，并代表本组在全班进行交流。（4）班上小组之间的交流。各个小组推荐的代表上讲台作10分钟左右的交流发言，讲解本小组的讨论情况，当然同组成员可以补充发言，以便于充分阐述本组的研究成果。讨论结束后，教师进行总结点评。这个讨论环节作为重要的成绩的一部分，记入每个同学的平时成绩。

四、构建课前、课堂、课后三位一体的课程教学平台

利用现在互联网的技术，建立一种开放性课程的教学平台，使得学生能够实现课前预习、自主探究。"课前＋课内＋课外"课程教学模式中，核心的东西就是利用网络，利用网络环境和现代信息技术，是构建课前、课堂、课后三位一体模式的背景和基础。课前，指利用网络课程教学平台，实现对课程知识的预习；课堂，指课堂教学充分运用网络和现代信息技术，使之为课程的教与学服务；课后，指利用网络环境，课堂教学以外的课程的教与学的活动。课前、课堂、课后三位一体的课程教学平台，是一种延伸力课堂，一种课前、课内、课后有机结合的模式。

实现这种三位一体的课程教学平台，主要是基于学校网络环境的成熟，目前各个学校基本上都有网络课程平台。网络课程在自主学习、合作学习、研究性学习等方面有着天然的优势。与此同时，教师能够充分运用网络，一手抓课堂教学，另一手抓课外教学，为学生提供更大的学习平台。

五、结论

在学习《路甬祥教育文集》的基础上，结合自己《光纤通信技术》课程教学，我们提出了一些教学改革措施。提出了多媒体教学、讨论式教学方法和构建课前、课堂、课后三位一体的课程教学平台。这三种教学手段其实是相互关联的，都需要充分利用现代信息技术。这几种方法提出和实施，不仅仅是教学手段、方法的改革与创新，更为重要的是它体现了现代教学理念的基本精神。通过方法实施，可以使学生处于教学主体地位，提高其综合素质和能力，充分发挥其进行研究与实践的能动性，同时能够促使任课教师不断加强自身修养，提高教学与科研水平，促进教学相长，提高课程的教学效果。

作者信息

金永兴：男，中国计量学院光学与电子科技学院，教授。

《光电电路综合设计》教学改革探讨

余向东　　沈为民　　徐苏楠　　王育红　　冯桂兰

[摘　要] 从课程体系、教学理念、教学内容、教学手段四个方面入手,总结了《光电电路综合设计》课程的改革经验。论述了建立规范层次化的课程体系的重要性,提出了以综合设计的形式设置实践课程的教学理念,丰富和完善了具有专业特色的设计内容,采用了以提高学生应用能力、协作精神、创造力为目的,教师和学生互动、既"抓"又"放"的教学手段,并建立课程网站以进一步改善教学效果。在实践中得到了较大的改善。

[关键词] 课程设计　综合设计　光电电路　教学改革

一、引言

课程设计或大型综合设计是大学教育中十分重要的实践教育环节,它具有承上启下的重要作用,使学生能把所学理论知识和实际运用结合起来,不仅能巩固已学的理论知识、提高动手能力,而且还能培养独立思考、分析问题、解决问题的能力,从而进一步开拓学生的创造力,为下一步的毕业设计和将来工作打好扎实的基础。

传统的课程设计一般隶属于某门课程,设计内容范围较狭窄,缺少各门课程间的互动。我们原先开设的《光电电路设计》是按传统课程设计的模式进行的,出一两个题目就让学生做,教师没有很好地组织和引导,学生对设计工作缺少整体认识,许多同学不知如何下手,最后学生设计的方案雷同,学生的积极性和创造性没有充分发挥。再加上教学目标比较模糊,没有制订详细的规范和标准,所以教学质量会因带课教师的不同而有较大的起伏。这些问题的存在,究其原因,是我们对"是"的狭隘认识。路校长说:"求是系治学之本,创新乃科学之源。"这就要求我们从先贤们的传统观念中走出来,用逻辑演绎的方法,来探知未来,才能有"创新"的根基。有了这一认识的升华,学院组织教师充分讨论,研究如何提高《光电电路设计》的教学质量,带课教师在进一步统一思想认识、明确教学目标的基础上,丰富和完善设计课题,改进教学手段,建立课程网站并不断更新内容,为学生进行方案设计提供了丰富的素材。学生感到思路打开了,气氛活跃了,兴趣增强了,收获更多了,教学改革取得了明显成效。

二、层次化、规范化的课程体系

我校光学与电子科技学院光电信息工程专业的实践教学包括基础课实验、专业课实验、集中实践环节、社会实践活动、科技创新活动等。集中实践环节又有实习(金工实习、电子实习和生产实习)、课程设计、毕业设计等。进入专业学习后安排两门课程设计:《光电电路设计》为第六学期开始三周,《光电智能仪器设计》为第七学期。在不同的时间设置两门不同的课程设计的本意是为了使学生能对所学的理论课程有一个阶段性的巩固和总结,让学生有一个从简单到复杂、从局部到系统的学习过程。因此,两门课程设计的着重点是有所不同的,《光电电路设计》强调的是基础和局部,主要目的是让学生掌握光电子学和电子学的基本应用和设计,让学生能设计出一些具有一定功能的电路,主要以硬件为主,可以鼓励学生设计一些简单的软件,而不必涉及整个系统。《光电智能仪器设计》开课的下学期面临毕业设计,在教学形式上要特别注意和毕业设计的衔接,内容上要突出智能化、系统化,软件设计应是重点,学生应掌握较全面的系统设计知识。但在实际教学当中,因对课程体系的规范化重视不足,加上各位带课教师的教学理念不同,使得这两门课程相互间缺少连贯性,层次不够分明,定位不够准确,难易程度不明确,有时甚至出现了较相似的设计题目。可见,建立规范化的课程体系是十分必要的,否则很容易造成教学次序的混乱,学生在学习这门课程时要么感到太难,要么感到太易,要么是重复学习,难以达到培养人的目的。

《光电电路设计》设在三年级上半学期的开始,学生已完成物理光学、模电、数电、光电检测技术、电子电路 CAD、单片机原理及应用等课程的学习。学生对光学、光电子学、电子学的基本原理有所掌握,但在具体应用及设计上缺少应有的经验,难以进行较复杂系统的设计,因此在开展本门课程时应适当注意基础知识的巩固,应注意学生基本技能的培养,设计的题目应合适,不宜过大、过于复杂,以便让学生有一个循序渐进的学习过程。

综上所述,我们可以对《光电电路设计》这门课作如下的定义:它是光电信息工程专业学生在经过模电、数电、光电检测技术、电子电路 CAD 等课程的学习后所进行的综合性设计课程,是该专业重要的实验教学环节。通过该课程的学习,能使学生了解光电电路设计及制作的一般过程,学会正确使用基本的光电子、电子器件,掌握使用电脑辅助软件进行功能电路设计的技能,进一步熟悉仪器的操作,使学生能把所学的理论知识和实际运用结合起来,提高动手能力,培养独立思考、分析问题、解决问题的能力,为下一步更高层次的设计课程以及毕业设计打好扎实的基础。

三、以综合设计的形式设置课程

综合是工程师和工科学生必备的能力。工程师必须擅长开发产品、设计工艺、提高产量、创造效益,这些都需要综合运用多个学科的知识、技术、经验。综合是工程活动最主要的特点,工程的本质就在于综合[1]。光电信息工程专业是以培养工程应用人才为主要目的的,光电信息工程专业又是学科交叉度较大的专业,学生所需学习的课程较广,既要学习《物理光学》、《应用光学》等光学类的课程,还要学习《电路分析基础》、《模拟电路》、《数字电路》等电学类的课程,不同学科的知识体系之间产生的鸿沟使学生在综合实践中感到困难,应用能力的提高也受到影响。早在十多年前,我们在"光电子技术"专业的教学中就发现,学生虽然学过许多电子电路和光学技术方面的课程,但光电电路的应用能力很弱,表现在毕业设计中很少有同学能独立解决光电电路问题。当时,经教师们研究讨论,认为有必要在教学计划中安排一门实践课程,对学生进行光电电路设计与制作方面的综合训练。集中 3 周时间,设计制作一套含有光电发射电路和光电接收电路的电路板,实现特定的功能。学生须用电脑辅助设计软件设计出详细的电子线路图和印刷电路图,安装调试电路板,对装置的性能进行测试并作评估分析,写出总结报告。

《光电电路设计》是按大综合的思想设置的课程。首先是知识的综合,学生必须综合数电、模电等电子电路知识和光发射、光传输、光接收以及电与光的相互转换等光学与光电知识,才能完成课题设计任务;其次是技术的综合,包括光电变换技术、信号检测处理技术、调制解调技术、调光技术等;最后是手段的综合,包括软件辅助设计手段如电路图、印刷电路的设计和硬件手段如使用多种电子的、光学的设备或工具完成制作和调试等。因此,这门课程是建立在诸多课程基础上的综合设计性课程,它并不隶属于哪一门课程,实际上它已超越了"课程设计"这一名称范畴,我们将课程名改为更合适的《光电电路综合设计》。

经观察,通过《光电电路综合设计》这门课程的学习,学生加深了课程间的联系,特别是弥合了不同学科知识体系的缝隙,掌握了如何将不同课程所学知识相互渗透与融合,提高了综合多门学科知识和各种实验原理进行设计、制作、调试的能力。

四、结合专业特色选择设计内容

在《光电电路综合设计》中,学生是根据教师布置的设计课题开展工作的,所以设计课题的选择很重要。我校以计量测试为特色,而光电传感技术在测量中具有重要地位。所以,以光电传感器中的测试电路为课题是合适的,光电专业又是一个较新、技术发展很快的专业,涉及的应用领域越来越广、产业越来越多,如光纤通信、自由光通信、光电控制等。在选题上应考虑到与当前应用领域和产业的充分结合[2-3]。此外,不同的学生也会有不同的兴趣面,因此设计题目不应是单一的,它应具备多样性和一定的应用覆盖面供学生进行选择[4-5],这样不但能激发学生的学习主动性、积极性,而且还因为题目与专业特色、应用领域相一致,为以后工作实践中的应用打下基础。

综合考虑上述因素,决定将设计题目划分成:光电传感检测电路专题、光电测速计数电路专题、光电控制专题、光波通信设计专题共四个专题。在每个专题下再设多个可供选择的设计题目。例如在光电传感专题中,一个题目采用锁相信号检测技术,另一个题目采用带通滤波检测技术。在光波通信专题中设红外无线音频通信和光纤音频通信两个设计题目。在光电测速计数电路专题中设光电流动人数统计电路、光电直流电机测速电路两个题目,在光电控制专题中设红外遥控风扇、红外遥控灯两个题目。为了便于评估,每个设计题目上都规定了具体的设计指标,并提供了参考的设计建议。学生可在上述四个专题中任意选择其中的一个题目完成设计,提供用电脑辅助软件设计的电路原理图、印刷电路图,并根据设计结果制作实物作品,上交设计报告。为了能更好地激发学生的创造性,也鼓励学生在不偏离专业方向的前提下,按自己设想的题目进行设计。

经观察,采用上述方法后,学生参与设计的主动性和积极性有了较大的提高,并且有效地防止了因设计题目的单一而造成的互相抄袭现象。

五、科学、灵活的教学手段

一位西方教育学家对教育的看法是:(1)教会你今后能继续学习;(2)教会你能运用所学知识解决实际问题;(3)教会你在不同环境工作;(4)学会和不同人一起工作[6]。前两点和我国人才培养思想相同,但后两点却没有引起足够的重视。在我国,大学生很少有集体合作完成教学环节的机会,因此十分有必要借鉴国外的教学经验,在教学中对培养学生的团队合作精神进行尝试。

在《光电电路综合设计》的设计题目中我们有意增加了一些较大、较难的题目,鼓励学生组成设计团队[7],人数大约限制在 3—4 人,每个团队成员分别承担题目中的部分任务,但有些部分需成员共同协作完成,在每个团队中设一名负责人以协调各组员间的工作。在设计完成后,各个团体间进行互相评比,对设计效果好、合作成功的团体加以表扬。团体协作制可有效调动各团员们使命感、责任感、协作感,因为个别团员的不积极,会影响到整个团队的设计任务,其余团员会对他进行监督、促进和帮助。这样在整个设计过程中有效地锻炼了学生的组织能力和协作精神。

《光电电路综合设计》开设在大学第六个学期的开始三周,学生在前几个学期已学了不少课程,具备了较多的理论基础和一定的动手能力,但毕竟理论基础还不扎实,缺少实际应用的能力。《光电电路综合设计》后面还有《光电智能仪器综合设计》以及毕业设计等更深一层次的综合设计实验环节,《光电电路综合设计》这门课起到的是承上启下的功能,一方面,作为学生第一次遇到的较大型的综合设计课程,应该认识到学生的基础还较薄弱、经验还不够丰富,另一方面,这又是一门综合设计课程,培养学生的独立思考、创新能力是其重要的目的。因此在进行具体的教学工作时教师要注重"抓"和"放"的结合,"抓"是指教师在实施教学过程中要有一套完善的教学管理机制,要教书育人,发挥教师的主导作用[8]。"放"不是"放羊",是要注重发挥学生的主动性和创造性,激发学生的认知主体作用。教师在严以励人的同时要注意对学生的启发和引导,不能"放"之过度,又不能"抓"之过严。

针对既"抓"又"放"的原则,我们建立了一套对应的教学管理体制,对三周的时间作了合理的安排,分为:集中上课、上机设计、制作验收三个阶段。在集中上课过程中,教师结合指导书讲解设计的方法,对一些设计实例、经典的电路进行分析,介绍一些辅助软件设计的技巧,以加强学生的基础知识。在上机设计和制作过程中,教师在现场指导并和学生互动,及时解决学生的一些难点和疑点。在日常管理上,建立严格的考勤制度,学生在规定要到的时间必须在场。对学生的设计结果,建立了一套严格的评估体系,每个可供选择的或自主设想的题目都指定应完成的设计指标,学生必须按设计指标完成实物制作、提供用电脑辅助软件设计的电路原理图和印刷电路图,并上交规范的设计报告。在"抓"的基础上,也给学生提供了许多自由发挥空间。学生可自由选择设计题目,可以选择教师提供的题目,也可以选择自主设想的题目(但需经过评审);可以选择独立设计,也可以选择组团设计。学生除规定必到的时间外有一定的自由活动时间,以便于进一步的调研和交流。鼓励学生在设计报告上提出一些大胆的设想。上述方法的实行做到了"求是"与"创新"之间的有机内在联系,一方面有利于巩固基础,明确方向,增强学习的信心,使学生学有所依,消除了初涉设计时的茫然感、恐惧感,另一方面又充分地调动了学习积极性和主动性,有利于激发学生的创造性。

当今,网络技术已高度地发展和普及,网络技术因其特有的便利性和交互性已越来越多地应用在教学当中。为了提高教学效果,适应时代潮流,我们在学校的 BB 网络教育平台上开通了《光电电路综合设计》教学网站,在网站上上传了许多有关课程的学习资料、辅助设件软件、教学视频以及其他相关网站的链接,以方便学生的学习;开通了作业提交区供学生上传电子版的设计报告以及电脑辅助软件设计结果,教师在网上批改后及时反馈给学生。为了便于教师和学生的交流,即时解决学生提出的疑问并开展有关的讨论,在网站上还开通了专题讨论专区。教学网站的开设极大地提高了学生的学习便利性,增强了教师和学生的互动交流,有效地改善了教学效果。

六、总结

《光电电路综合设计》经上述几个方面的改革,收到了良好的教学效果。通过这两年的观察,学生经该课程的学习,在动手能力、自主设计能力和协作能力方面都有了显著的提高,较好地适应了下面更深层次的设计课程和毕业设计。当然,教学改革是一个任重道远的课题,需要在今后的教学实践中不断摸索、不断改进。本文将本校光电专业的教学经验加以总结,以求抛砖引玉,供各位同行老师共同学习、探讨。

参考文献

[1] 柳宏志,孔寒冰,邹晓东.综合就是创造——综合工程教育模式的探索[J].高等工程教育研究,2008,(6):13-18.

[2] 曲金泽,沈允中.新型电子系统设计课程的改革[J].实验室研究与探索,2010,29(6):140-143.

[3] 王德嘉.模拟电子技术课程设计教学改革研究与实践[J].理工高教研究,2004,23(4):115-117.

[4] 孟偲,李曲恒,曹晓光.浅谈兴趣教学法在专业课程设计中的应用[J].科技创新导报,2010,(32):133-134.

[5] 许干,胡涛.课程设计教学改革的思考[J].科技信息,2007,(18):140 转 190.

[6] 刘晓燕,刘立君,宫克勤.课程设计教学模式改革探讨[J].黑龙江教育,2007,(7):94-95.

[7] 陈忠华,李红.电子技术课程设计教学改革探讨[J].黑龙江教育学院学报,2007,29(4):63-65.

[8] 朱斌,谭勇."电子技术课程设计"教学改革研究与实践[J].电脑知识与技术,2009,5(5):1275.

作者信息

余向东:男,中国计量学院光学与电子科技学院,教授。

中国计量学院课外创新实践教学改革

徐文龙

[摘　要] 创新人才培养是高等学校的基本使命,学生实践能力是人才培养的基本要求,也是创新型人才培养的必由之路,更是高等学校内涵式建设的重要途径。学习路甬祥先生教育文集有感,中国计量学院本着培养学生创新习惯的教育理念,从营造学生课外创新氛围、加强创新制度和条件建设,形成学生人人想创新、创新有条件、创新有结果的学生创新实践教育局面,学生创新实践积极性和主动性得到激发,创新能力显著提高,为课内实践教学改革提供了借鉴。

[关键词] 创新实践教学　课外教育　教学管理

一、创新实践教育的意义

适应现代化建设需要,主动为地方和国家经济发展服务是高校办学的基本思路之一。高校服务社会的最基本方式就是为社会输送创新人才。创新实践具有直观性、实践性、综合性和创新性的特点,在培养学生专业知识综合运用,知识、能力和素质综合培养中具有独特作用,是培养学生创新意识、实践能力和创新精神的基本途径。然而在教育实践中,高校普遍受到"学生创新热情激发难"、"创新入门难"和"创新持续发展难"等共性问题的约束和困扰,创新人才培养不尽如人意。

本着"人人可创新,人人能创新,让每个创新意识苗壮成长"的教育思维,我校以专利发明为引领,构建了创新文化、创新平台、创新制度相互融合的递进式创新教育体系。该体系由针对低—中—高年级学生不同创新能力、创新要求逐步提高的三个阶段创新教育活动构成,具有贯穿整个本科生培养过程、以专利发明为主线全程引领的特征,也是在新形势下贯彻路甬祥先生"理论联系实际"教学理念的结果。为确保创新教育的有效实施,通过设立"专利墙"、"大学生创新成果展示中心"和"实践育人节"等营造校园创新文化氛围;结合创新类课程开设,教材、教学团队、实践基地建设等方式,搭建创新教育平台;通过对二级学院的学生创新指标考核、对学生的创新学分要求,特别是对专利申请和其他学生创新实践提供师资指导、专项经费和奖励的制度,建立了学生创新"有要求、有条件、有激励"的制度环境,形成了"人人想创新,人人有创新"的校园创新文化。

二、创新实践教育思路

(一)提出"专利发明引领"的创新教育新方法

基于专利发明的多层次性,授权审核标准的客观性和唯一性,我校提出以专利发明为引领的学生创新教育的新方法。相对于其他创新活动,来自于生活的小发明,在教师的指导下以外观专利或实用新型专利呈现,适合激发低年级学生的创新热情。此外,专利不像学科竞赛等其他创新活动有获奖比例的限制,适合最大多数的学生培养;专利内容来源广,适合各专业和各教育层次的学生。实践证明,以专利发明作为创新教育的切入点,解决了"入门难"的问题。

(二)构建激发学生创新热情的校园创新文化

环境影响人的思想和行为,什么样的环境培养什么样的人,在学生创新培养中也一样。我校着力营造校园创新文化,首先让学生知道学校要求创新,形成一点点"要我创新"的压力;然后让学生看到周边同学都在创新,并且都取得一定成果,鼓励学生形成"我也能创新"的信心;最后,通过学业评价机制向学生表明:只有创新优秀才是真正优秀,激发学生进发"我一定要创新"的强烈欲望。"人人想创新,人人有创新"的校园创新氛围的形成,有效激发了学生参与创新活动的主动性,解决了"激发难"的问题。

(三)建立促进创新能力持续发展的递进式创新教育体系

学生创新热情初次得到激发并参与创新实践后,如何保持参与创新的热情,并在创新能力上得到持续发展,是学生创新教育的关键。我校构建的递进式教育体系是在研究学生专业教育和专业能力培养进程的情况下,根据不同实践活动对创新能力要求的差异,系统设计了从易到难三个阶段的创新教育活动。学生普遍能在活动中找到与自己创新能力相匹配的实践,并且能够获得专利授权、学生科研项目、学科竞赛获奖、学术论文发表等各类显性成果,这些成果再次激发学生继续创新实践的热情,通过螺旋上升式发展不断提高学生创新能力,解决了"发展难"的问题。

三、创新实践教学组织实施方案

学校以"从帮助大学生迈出创新第一步到养成创新习惯"为目标,以专利为创新教育切入点,构建了创新教育体系(见图1)。其出发点是:专利固有的实用性、新颖性和创造性特点完全契合创新人才培养要求,且审核标准客观、明确,满足青年学生喜欢挑战自我的特点。该体系以递进式创新教育活动为核心,通过配套的文化营造、条件和制度建设来确保实施效果。具体措施如下:

(一)以专利为引领,递进推动创新教育

根据学生专业教育进展和创新能力发展规律,系统设计了从易到难三个阶段的创新教

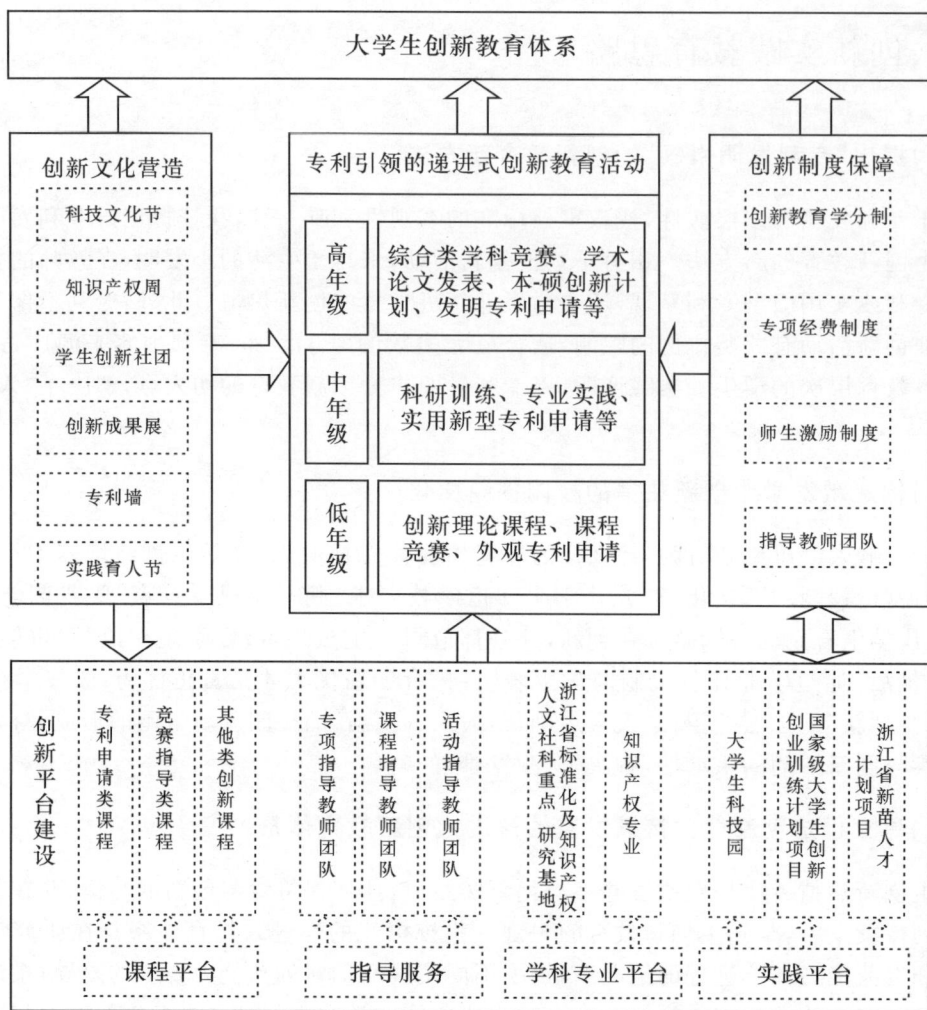

图 1　大学生创新教育体系图

育活动。即面向低—中—高年级学生,由创新理论课程、课程竞赛和以生活来源为主要内容的简单专利发明申请等构成的创新入门阶段;由专业实践、科研项目训练、以课外科技中学术性成果为主的专利申请等活动构成的创新能力初步发展阶段;由综合性学科竞赛、学术论文发表、本—硕创新计划、发明专利和面向社会需求的专利申请等活动构成的创新能力持续发展阶段,三个阶段全程以专利申请为引领。通过专利与学科竞赛、学生科研训练项目结合,实现创新思维与创新实践的螺旋上升式发展,学生创新思维不断强化,创新实践能力不断提高,最终养成创新习惯。

(二)营造创新文化,唤醒学生创新意识

除了利用科技文化节、学生创新社团、知识产权文化周、专题报告会等形式营造校园创新氛围,学校还专门设置了"专利墙"展示学生专利,建立了"大学生创新成果展示中心"集中展示学生创新优秀成果,设立年度"实践育人节"展示如何进行创新实践,达到了利用身边同学的创新过程、创新成果激发学生创新热情的目的。目前学校组织参与各类年度学科竞赛

66 项,立项校级以上学生科研训练项目 524 项,各类学生创新社团 23 个,创新实践活动覆盖了全校所有专业学生,已经形成人人参与创新的局面。

(三)搭建创新平台,形成创新实践支撑体系

通过创新类课程的教材开发,开设发明与专利申请、创新思维、创新设计、学科竞赛指导等课程,设立学生科研训练项目,组建专利发明指导、学科竞赛指导、创新创业指导等指导教师教学团队,依托知识产权专业、国家创新人才培养基地等资源,全方位构建了创新教育实施必要的软、硬件条件支撑平台,确保学生创新"有条件"。

(1)构建旨在加强学生创新实践能力的课程体系。学校自 1998 年开设"发明与专利申请"校设选修课程,经多年建设该课程已成为学校为数不多的每学期都爆满的校设选修课之一。此外,学校还先后开设了《大学机械设计竞赛》等 18 门培养学生创新实践能力的课程,每年有数千学生选修该类课程,为学生的创新活动提供了基础保证。

(2)大力支持基于教师创新成果的创新教育教材建设。近年来先后立项、公开出版的创新类教材 10 部,包括我校梁嘉麟教授以自己的 20 多项发明专利为基础编著的公开出版教材《质检系统设计概论(方法)》、赵明岩副教授的以 100 多项学生参赛的获奖项目创新内容为基础的省重点建设教材《大学生机械设计竞赛指导》。这些来自于师生的很贴近学生创新思维方式的获奖项目,为现有在校学生的学识水平易于接受的创新教学内容,保证了创新教育的持续性。

(3)构建完善的创新指导服务体系。加强指导教师队伍建设,设立了专利发明指导教师团队、学科竞赛教师团队、活动开发教师团队。其中专利发明指导团队有包含 7 位正高职称领衔的 50 余位教师,指导教师中,梁嘉麟教授自 21 世纪以来以独立发明人身份获准发明专利的已超过 100 项,是中国高校教师中获准发明专利最多的教师之一。

(4)依托知识产权专业、国家和省的创新人才培养基地,构建大学生创新实践活动基地平台。学校于 2005 年在浙江省首批设立知识产权专业,2008 年获批浙江省标准化与知识产权管理人文社科重点研究基地,2009 年获批浙江省知识产权人才培养基地,2011 年设立知识产权学院,2012 年获批"国家知识产权培训基地",这些实践活动基地平台为学生创新活动的开展提供了良好的支撑。

(四)完善制度建设,保障创新教育有效实施

制定了学生创新教育活动管理制度,实现了创新教育"有要求、有激励"的制度环境。通过对学生设置创新学分要求、设立创新活动教师指导制、对二级学院设立创新指标考核,使学生、教师、二级学院都明确各自在创新活动中的角色;通过对学生的创新奖励可兑换学分、对指导教师给予经费资助并按成果计工作量、对二级学院实行"以奖代拨"等激励政策,进一步激发学生、教师、二级学院的创新积极性,2013 年度学校投入学生创新教育的直接经费达562 万元。

(1)对所有在校生提出创新学分要求。2006 年学校即出台了《课外教育教学环学分管理细则》,对学生创新学分提出了明确要求;2012 年又出台了《本科实践教学活动学分认定细则(试行)》,提出创新活动中所获得的学分可用于培养方案中毕业设计、生产实习等其他教学环节学分的替代。

（2）设立专项经费。学校设立学生科技创新实践活动专项经费，用于提供学生创新条件、资助及奖励，学生获得专利后学校给予专利所需费用 3—5 倍的奖励。

（3）对学生实行学分奖励、评优优先政策。学校出台把创新学分的获取也纳入奖学金等各类学生荣誉的评价体系，有力地激发了学生参加创新实践的积极性。

（4）出台鼓励教师参与学生创新活动指导的一系列政策。学校加大对教师的奖励力度，指导学生创新实践成果给予学时奖励。在职称评定时与相应的科研成果等效，如指导学生获得 A 类学科竞赛一等奖等同于教师本人的一篇核心中文期刊论文，指导本科生以第一作者获得的专利、发表的论文视同教师本人获得专利和发表的论文等。这些政策极大地调动了教师积极性。

四、课外创新实践教学改革成效

（1）形成了"人人参与"的创新氛围

在校生创新实践参与人次数从 2006 年的 3691 提高到 2013 年的 11612，达当年在校生数的 82.9%，近年来参与创新实践活动人次数逐年增长。将参观学校"专利墙"和"大学生创新成果展示中心"列入新生入学教育。2013 年选修"发明与专利申请"等创新类课程的学生人次数达 3266，组织参与各类学科竞赛 66 项，立项校级以上学生科研训练项目 524 项。2011 年学校获得全国校园文化建设优秀成果一等奖。

（2）学生获得 2852 项专利授权，148 项被企业采用

在广泛参与的基础上，学生创新意识显著增强，学生专利授权取得丰硕成果。学生以独立发明人身份获得专利授权数量逐年上升，从 2006 年的 2 项，提高到 2013 年的 814 项，平均 14 位工科专业学生就有 1 项专利授权。全校累计 955 位学生获得 2852 项专利，学生专利数居浙江省高校第一，国内高校前列。如 08 机械 1 班 39 位同学共获得 70 项专利，喻文武同学获得的 11 项专利，其中 3 项发明专利完成转让。2010 级安全工程专业大四学生李陈获得含发明专利在内的专利 15 项、电子设计竞赛省一等奖和国家奖学金，已入围浙江大学研究生入学复试。09 届测控专业饶先成毕业前、后分别获得 10 项和 20 项专利授权，现任外资企业专利工程师。

我校拥有专利学生的专业分布非常广泛，全校 46 个有毕业生的专业中，有 42 个专业的学生有专利授权，除工科专业外，还有工商、国贸、法学等文科类专业。专利发明转让成绩突出。部分学生已根据企业产品研发需要进行创新和专利申请，多项专利由于创意好、实用性强、技术先进获得企业的青睐，有 148 项学生专利（其中发明专利 8 项）转让（许可）给天堂伞业、苏泊尔、顾家工艺、鸿雁电气、虎牌控股等十多家知名企业。

（3）学生学科竞赛成绩突出，创新能力获得好评

学生积极参加各类学科竞赛，主要竞赛累计获省级以上奖项 2996 项，其中全国、国际奖 249 项（一等奖 43 项），省级奖 2747 项（一等 300 项）。学校"大学生创新创业园"被评为国家级高校学生科技创业实习基地。在学生数偏少的情况下，学生创新能力名列省属高校前茅。

（4）创新课程建设成效明显

经过多年的建设发展，我校学生创新教育课程由初期的 2 门发展到现在的 19 门，涵盖

了发明与专利指导、创新思维培养、创新实践、学科竞赛以及创新成果显示等课程,年修读学生达 3266 人。共立项、出版国家"十一五"规划教材《产品设计》、省重点教材《技术创业与知识管理》、《质检系统设计概论(方法)》、《大学生机械设计竞赛指导》等创新教育教材 10 部。

(5)社会广泛关注

中央电视台新闻频道《朝闻天下》栏目中播报了我校以鼓励学生申请专利培养学生创新精神和创新能力的新闻;《光明日报》头版头条以"中国计量学院鼓励学生创造发明——在专利申请中培养学生创造发明"为标题的报道,并配有评论员发表的"培养好奇心,激发创造力"的专题评论;中央电视台《新闻 60 分》栏目报道了"中国计量学院大学生发明全自动杀鱼机";《光明日报》报道我校梁嘉麟老师"一个老师和两百项专利";《中国教育报》、《浙江日报》等在主要版面发表题为《让学生创新活力竞相迸发　中国计量学院形成多层次专利教育模式》、《中国计量学院有群"大学生发明家"》等文章,报道我校开展专利创新教育教学成效及多层次的专利教育模式;浙江电视台《创新故事》栏目播放了浙江省科技厅录制的我校师生涉及专利发明故事的 15 分钟专题片。国际、国家、省级等媒体对我校创新教育进行了 100 多次重点报道。

(6)为课内实践教学改革提供了宝贵经验

由于课外学生实践教学属于培养方案中创新学分要求,对于学生来说,无论是时间、内容上都有很大的选择性。因此,学生可以选在自己擅长的领域、喜欢的项目来参加。相比而言,课内实践教学更加量大面广,对学生更具有约束性,对管理者来说管理难度也更大。从课外实践教学中已经形成的对实践教学在学生成才和创新能力培养上的重要作用的共识,对于学校进一步提高课内实践教学的质量和管理具有重要参考价值。

参考文献

[1] 求是与创新:路甬祥教育文集[M].杭州:浙江大学出版社,2012.

[2] 胡和平.对高校人才培养中若干关系的思考[J].中国高等教育,2011,(23).

[3] 叶信治.从美国大学教学特点看我国大学教学盲点[J].高等教育研究,2011,(11).

[4] 曾永卫,刘国荣."卓越计划"背景下科学构建实践教学体系探析[J].中国大学教学,2011,(7).

[5] 龚晓林.学生课外科技活动与创新人才培养[J].中国高校科技,2011,(8).

作者信息

徐文龙:男,中国计量学院教务处副处长,教授。

基于学生自我定位教学模式的探讨

王航平

[摘　要] 随着高校的扩招,如何调动学生的学习积极性,成了目前我国高校教学中的一个主要问题之一。本文探索了通过一些基于学生自我定位的教学模式来调动学生学习的积极性,并实施了一些试点,取得了一些效果。当然,这些模式尚有待完善。

[关键词] 自我定位　教学模式　高校扩招

1999 年 5 月,教育部宣布将大幅度扩大该年度的高等教育招生规模,并且在今后几年将继续扩大。自此我国高校进入了高校扩招阶段。我国的高等教育从精英教育转向了大众化教育,经过几年的发展,我国的毛入学率情况迅速得到提高:1978 年 1.55%、1988 年 3.7%、1998 年 9.76%、2002 年 15%、2007 年 23%、2010 年 26.5%、2011 年 26.9%,并计划于 2015 年达到 36%,2020 年达到 40%。有些经济发达省份,高等教育毛入学率更高:北京市 2010 年达 59%,上海市 2012 年接近 70%,浙江省 2012 年达 45%,江苏省 2012 年达 42%。从上述数据可知,我国高等教育这 10 多年时间得到了突飞猛进的发展。

创新是高等教育永恒的主题。路甬祥校长就要求,"让创新设计成为一种思维方式"。事实上,从高等教育的角度来看,目前的高等教育再也不能采取像 1999 年之前的精英教育,无论是从学生角度,还是从教师的角度,都需要采用一种新的教学模式。对这种新的教学模式的探索,我国的高等教育工作者一直都没有停止过。

目前我国的高等教育,采用的是严进宽出的模式。学生一旦进入大学以后,显示出学习动力不足的问题。我们目前解决这一问题的常用方式,大多采用的是利益驱动,如某某专业如何如何好,就业率如何如何高,这门课程多少多少有用等,而不是兴趣驱动。正是这一原因,导致目前学生中盛行功利主义,如热衷于热门专业、获奖率高的竞赛等,每学习一门课程,都会问,学这门课有什么用? 对我以后就业有帮助吗? 更有甚者,我们部分高等教育官员与教师,一味地迎合学生的这种行为,不是根据学科的性质调整课程,而是为迎合学生要求调整课程设置,美其名曰:教学改革。

由于学生学习的积极性不高,所以许多高校、专业给学生安排大量的课,以求学生能安心学习。给学生安排课,使学生有事可忙,以此来求得稳定。所以目前高校的教学状态有:

大班教育:目前我国高校大多采用大班教学,尤其是基础课,数学物理类课程教学班规模会达到 160 人左右,其他基础课程教学班的规模有时会更大。大班教学会带来诸多问题:学生层次不一;目标不同:有的学生准备考研,要求将考研有关的课程学得深一点,有些学生定位于毕业后就业,想把更多的精力用于专业,不愿在基础课投入过多的精力;更有学生把精力投入与自己专业无关的兴趣上,对这些课程的追求是 60 分万岁。这给我们的任课教师带来了许多困惑,不管怎么上课,都会有部分学生有意见。最后形成了学生与教师对教学都不满意的结果。

被动学习:目前我国高校的培养计划大多把低年级的课程排得满满的。必修课多,选修课少,甚至有些专业的周课时达 30 课时左右,加上一些社团活动,一些学生都找不到自学的时间。即使是选修课,一些因为选修学生少而被取消,一些因学分问题变成了名为选修实为必修的课程。这些都造成了目前大学生的被动学习状态。

注重课堂教学,忽视自学能力的培养:目前大学生中最不喜欢上的课便是那些自己都能看懂的课。这些课程有些学生以前就已经学过,有些即使以前没有学过现在也很容易看懂。有些课程自学只需要一个星期就可以学会,上课的话却需要一个学期。这种课学生不想上,教师又不得不上,这种上课的情景,谁都能想象得出来。如《计算机文化基础》,大部分学生都已经会操作了,却为了获得该课程的学分,不得不再上。又如一些重修班,要重修、又不想参加上课的学生大有人在,因为他们认为完全可以靠自学解决。

针对上述提出的问题,我们提出基于学生自主定位的教学模式。

专业在制定培养计划的时候,尽可能减少必修课的总课时,多开设一些选修课。把选择权交给学生。

部分课程可采用开放式教学:对于部分学生已学的课程或容易学习的课程,可以采用开放式的教学方式。学校每年组织两次考试,可以自由参加,其中自觉学习有困难的学生,则可以申请参加某种类型的有专门教师进行教学的班级学习或平时参加一些教师固定时间安排的答疑活动。变要求学生学习为学生自己要求学习,这样可以改变目前到课率低,或学生为学分而应付点名表现出来的出勤不出力的状态.

有些课程可以采取分级教学的方式,如48学时的线性代数课,我们可以分成两门课程进行教学,第一门为初级形式,可以以工具的方式进行教学,让学生通过学习,掌握专业学习中需要用到的线性代数知识,以便能顺利地进行专业学习;第二门为高级形式,可以在第一门课程的基础上,强调系统性与理论性,以便学生掌握课程的思维方式与相关的理论,为进一步灵活应用线性代数知识或为以后专业的进一步提升打好基础。

也可采用课程的 A、B 班教学方式。对同一课程的学生,设立 A 班与 B 班,B 班只完成教学大纲的教学内容,A 班除完成教学大纲的任务外,要求适当提高,以满足部分学生对理论系统及思维方法上的要求,但期末考试试卷相同。学生在开班前自己选报班级。让学生自己选择适合自己学习的方式学习,以提高学生学习的积极性,对教师的教学而言,学生的层次相对集中,也便于组织教学。

我们学校在学生自我定位教学模式上进行了一些尝试,如同一课程的教学,安排多名教师进行教学,学生可以根据自己喜欢的教学风格,选择相应教师的教学班;鼓励学生进行免修考试,以便一些优秀的学生能有更多的方式选择自己喜欢的学习内容与方式,而不是仅仅接受课程教学方式。我们认为,课堂教学方式是学习的方式之一,而不是唯一的学习方式。我们这几年也多次采用了 A、B 班教学方式,结果显示学生的积极性得到了显著的提高。

下面是我们试点 A、B 班教学的一次调查情况,从中可以看出这种基于学生自我定位的教学模式试点的情况:

《线性代数 B》课程学生自我定位选课教学情况反馈表:

1. 目前采用的课程学生自我定位的听课方式,你觉得:

A. 很好,能满足我的需求; B. 好,至少多一种选择;

C. 一般,无所谓; D. 不好,没有这个必要。

2. 你的自我定位是:

A. 准备考研; B. 掌握基础知识,为专业课程学习服务;

C. 只为应付期末考试,掌握简单基础知识。

3. 你认为自我定位的听课中班级划分的依据最好是:

A. 教学内容划分; B. 教学难易程度;

C. 侧重证明计算与侧重基础计算的划分形式。

4. 这学期线性代数分班情况你是否满意?你是被动还是主动?

A. 满意; B. 不满意;

C. 主动; D. 被动。

5. 你对下面哪一种课堂教学模式更偏好:

A. 传统黑板板书教学; B. 完全多媒体教学;

C. 两者结合,更侧重传统教学; D. 两者结合,更侧重多媒体教学。

6. 线性代数课程有很多理论证明,你觉得应该

A. 理论太难,只上计算就行了;

B. 要讲一点证明,以便以后的专业学习;

C. 要讲一点证明,毕竟数学需要理论与思想方法;

D. 要多讲证明,以便我们以后考研。

7. 目前安排每周一次的固定答疑与平时的预约答疑,你觉得:

A. 有问题我能自己解决,我不需要;

B. 我没有太多的问题,只要课前、课后与课间问一下老师就行了;

C. 需要每周的固定答疑时间;

D. 每周一次的答疑时间不够。

8. 一学期来,我问线性代数老师问题的次数:

A. 0 次; B. 1—2 次;

C. 3—4 次; D. 5 次以上。

9. 你觉得自己在线性代数学习中,是属于:

A. 因为对线性代数感兴趣而主动学习;

B. 因为有个人的学习目标而主动学习;

C. 因为专业学习需要而学习;

D. 没有兴趣,也不想学。

10. 你在线性代数学习过程中:

A. 做完教材题目,还做一些教材外的题目;

B. 仅完成教材中的题目;

C. 仅完成作业;

D. 作业也不是独立完成的。

统计结果汇总:

题号\选项	A	B	C	D
1	8.6%	87.8%	2.9%	1.7%
2	41.3	52.2%	6.5%	0%
3	37%	57%	6.1%	0%
4	95.7%	4.3%	89.1%	10.9%
5	2..2%	2.6%	43%	92.3%
6	0%	10.9%	86.2	3.9%
7	6.5%	56.5%	21.7%	15.2%
8	39.1%	28.3%	20.9%	11.7%
9	2.2%	34.8%	56.5%	6.5%
10	6.5%	14.3%	79.1%	0%

　　从上述统计数据可以看出,采取一些基于学生自我定位的教学模式,会更好地调动学生的学习积极性,也可从利益驱动转为兴趣驱动。一开始我们有些教师担心学生自我定位会定得过低,但从试点情况看,学生的自我定位并不低,因为这些学生中的大部分都是原来中学的优生,对自己的能力仍是相当自信的。所以我们认为,相信学生,给学生更多的学习选择权,是调动高校学生学习积极性的一种有效方法。

基于 ISO9000 的高校教育质量成本管理初探

杨文培　　　张竹静

[摘　要] 本文将 ISO9000 族系列标准与高校教育质量成本两者有机结合,以 ISO9000 族标准作为控制手段,探讨如何科学、有效、合理地对高校教育质量成本进行管理,提高高校的办学效益。

[关键词] ISO9000　高校教育质量成本　办学效益

质量是教育的生命线,但质量不是免费的,质量意味着成本。在质量管理专著中提出的世界流行的质量口号是:高质量,低成本,快速反应(high quality,low cost,fast action),这一句口号把"质量—成本"紧密地联系了起来。高校在进行教育质量提高的各项活动中,必然产生耗费。而这些耗费也就是教育质量成本的体现。在这方面,路甬祥校长在谈及深化高校改革时,有过很好的阐述,这就是他说的"关键是观念的转换,要从科技型向科技经管型转变",而以往教育质量管理几乎都是技术性的,有关质量管理的经济性很少研究。

一、开展高校办学质量成本管理的重要性分析

20 世纪 50 年代,工业发达国家的质量管理有了较大的发展和进步,一些组织的经营和管理者逐步认识到,产品质量的好坏将直接影响到组织经营效果,加强质量管理不仅有助于改进产品质量,而且能改善经营成本,提高经营效益,从而提出质量成本的概念。半个世纪的理论研究和实践探索取得了丰硕的成果,先后形成了美、英、法等一些国家标准,1998 年又制定了 ISO/TR 10014《质量经济性管理指南》作为 ISO9000 族标准中的一个标准,使质量管理体系的经济性评价有了一个国际通用的标准。

高校教育质量成本是指学校为确保满意的质量所发生的费用以及当质量发生不满意时所遭受的损失之和。质量成本管理在企业界的成功运用,也为其能够为高校教育教学管理所应用奠定了重要的理论基础。为高校教育教学运行与企业生产经营一样,同样存在着"投入—产出"的经济活动,高校教育教学活动离不开质量和成本的问题,从某种意义上说,培养人才的过程也是产品"加工制造"的过程,不仅要受到教育教学质量的检验,同时也受客观经济规律的制约。过去,在封闭式和福利化办学下,高校在管理上成了一味注重追求内部质量目标,忽视成本考核,在办学经费上依赖财政拨款,造成了许多高校办学效益低下的局面。但在现代市场经济条件下,学校已成为面向社会自主办学的法人实体,如何多渠道筹措资金和高绩效地利用教育教学资源,就成为当前高校十分紧迫而重要的课题。因此开展质量成本管理对改进教学质量、降低成本等具有重要的现实意义。(1)开展高校办学的质量成本管

理,有助于促进学校对教育质量的重视和校内经济责任制的贯彻实施,可以提升学校的竞争力。(2)开展高校办学的质量成本管理,有利于提高全员的质量成本意识。(3)开展高校办学的质量成本管理,可以提高高校经费的使用效率。(4)开展高校办学的质量成本管理,有利于提高学校的管理水平。[6]

总而言之,开展高校办学的质量成本管理,将在一定程度上改变以往学校质量管理只限于质量检查、不计效益的僵化局面,通过将高校教育教学质量评价转化为价值形态的经济指标,可以增强高校教职员工的质量成本意识,进一步提高教育教学经费的投入—产出绩效,从而拓开质量管理的新领域;而且,也可以明确教育质量成本管理是研究高校教育教学管理过程中合理质量水平的一种经济分析方法,有利于高校各项改革措施的推行和实施,使教育教学质量管理水平不断提高,从而体现了教育质量管理的经济性。

二、明确高等院校的产品、顾客与质量,建立基于过程的高校教育服务质量管理体系

近几年来,风靡全球的质量管理趋势是,所有类型的企业,都在寻求通过国际标准化组织的 ISO9000 族系列的质量体系标准认证。教育界也不例外,即如何将 ISO9000 族系列标准认证引入到教育服务业,利用 ISO9000 族系列标准认证作为有效的控制手段,科学合理地对高校教育质量成本进行管理。

高等院校在人才培养中应始终坚持全面管理、全程管理、全员管理的理念,建立全员追求质量的价值观,保持"学生优先和教师优先"的价值取向,依靠优质的教育服务质量来求生存、求发展。在高等院校教育服务质量管理体系运行的四大过程中,教育管理职责是整个教育服务质量管理体系的灵魂和指挥系统,教育服务实现是教育服务质量管理体系的中心过程,资源管理是教育服务质量管理体系的物质保障,监控、分析和改进是保证教育服务质量管理体系持续前进的动力。

随着教育质量观的不断扩充,教育的质量已不仅仅是所培养的学生的学习成绩或认知水平,还应包括学生通过学校教育所获得的作为一个社会形态的人应具备的各种其他素质的合格程度,尤其是他们的工作态度、合作和竞争意识、敬业精神、道德修养、环境适应能力和心理承受能力的提高。英国标准协会(BSI)在为高等教育申请 ISO9000 国际标准体系资格认证的指南中,要求学校必须坚持以追求教育质量为目标,强调教育质量的持续提高,强调教育的不断"增值"(value-added)。

(一)产品

ISO9000:2000《质量管理体系:基础和术语》中指出:产品是过程的结果。产品有四种通用的类别:服务、软件、硬件及流程性材料。高等院校的产品是向学生、家长和社会提供的教育服务。高等院校的终端产品是教育服务,过程产品是合格的学生、优质的专业、教学服务、教学保障与支持服务。

(二)顾客

ISO9000:2000《质量管理体系:基础和术语》中指出:顾客是接受产品的组织和个人。

高等院校的顾客是一个群体。其间接顾客是从高等院校接受教育服务（产品），并为此交纳学杂费的学生；其直接顾客是为学生提供学费和日常生活来源的家长；其最终顾客是为学生提供就业岗位的用人单位。

（三）质量

ISO9000:2000《质量管理体系：基础和术语》中指出：质量是一组固有特性满足要求的产品的合格程度。对于高等院校来讲，质量是指高等院校教育服务的固有特性满足顾客要求的程度。"固有特性"是指某事物中本来就有的特性，它是通过产品设计、开发以及其后的实现过程所形成的属性。教育服务的特性可表现为功能性（如教育、教学、食宿、推荐就业等）、知识性（传播知识与技能，有独特的知识结构、能力结构等）、可接受性（教育教学的内容、方式等能被学生接受并转化为人才素质）、安全性（如教育、教学、食宿等方面的安全保证）等方面。教育质量的实质就是这些固有特性满足顾客要求的程度。[1]

三、以 ISO9000 族标准作为控制手段，四大基本过程为基础，构建高校教育服务质量管理体系，控制高校办学的质量成本

按照 ISO9000 族标准，建立高校教育服务质量管理体系，分析和确认体系的基本框架是建立这一体系的基础。ISO9000 族标准的基本思想之一是控制所有过程的质量，从而保证产品的质量。同时，它认为产品质量又取决于过程质量，而过程质量取决于质量管理体系的质量。ISO9000 标准提出了过程方法，要求以"过程方法模式"进行质量管理体系的组成分析，并将其划分为四大基本过程，即管理职责、资源管理、产品实现及测量、分析和改进。[2]参照 ISO9000 标准，高校教育服务质量管理体系的四大基本过程是教育管理职责、资源管理、教育服务实现及监控、分析和改进。这就是基于过程的高职教育服务质量管理体系。如下图所示：

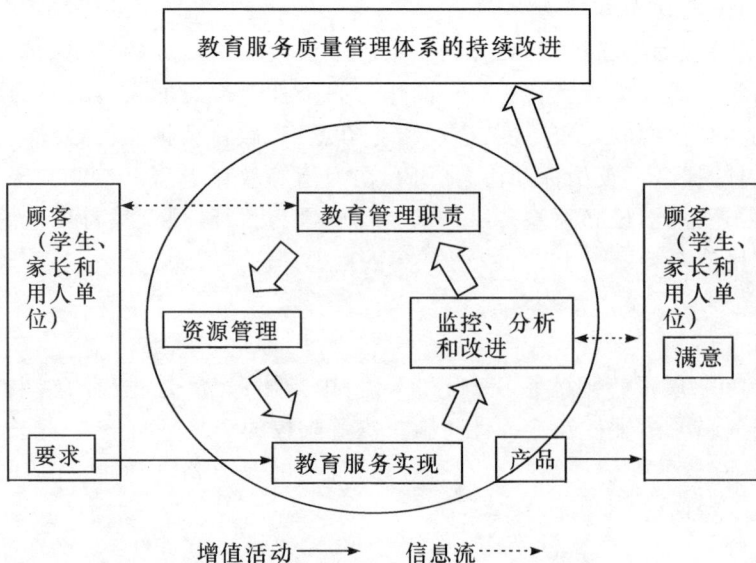

图 1　基于过程的高校教育服务质量管理体系

四、以 ISO9000 族标准作为高校办学质量成本的控制手段

质量成本管理的基本知识告诉我们,以最经济的手段生产出用户最满意的产品,适当地增加预防成本是必需的,这是为了从根本上保证产品质量。同时,由于预防成本的增加(即预防的措施增多),产品质量得以改善和提高,使得内、外部损失成本大幅度下降,其最终结果,既降低了高校办学质量成本,又增加了办学效益。

以 ISO9000 族标准作为高校办学质量成本控制手段,四大基本过程为基础的高校教育服务质量管理体系,在内容上包括:

(一)有效的组织保障

高等院校的组织结构设置、教学过程的组织、各部门的质量职责、任务等都应划分清楚,分工明确,责、权、利统一。有效的组织保障应确定战略目标、层次定位、学科定位、服务面向定位等,学校应有自己的个性专业,注重培育学科特色。特色就是战斗力,特色就是竞争力。高校在办学过程中,不能搞"闭门造车",要面向社会,开门办学,要研究社会所需要的人才的类型、层次、结构和规格。尤其在专业设置上要密切关注经济发展战略、产业结构调整和社会各项事业发展状况及发展趋势,适时调整专业设置,优化专业结构。高校本科教育要拓宽基础,扩大专业适应面,增强适应性。为此,应开发新专业及新课程,包括开发创新教育服务、改进教育质量、缩短新专业课程开设时间、开发特色教育/科研服务等。

(二)合理的资源配置

高等院校的人(师资队伍、管理队伍、后勤服务队伍)、财(教育经费、科研经费)、物(仪器、设备、场地)、信息(图书、通信、IT)等均必须为保障和提高教育质量进行配置。有限的教育资源应重点保证那些对教育质量有决定性影响的方面。人力资源是高校最重要的资源,是办学的关键。要提高办学效益,就人力投入来讲,就是要建设一支数量适当,结构合理,素质优良的教学的科研队伍和管理队伍。

(三)科学的教育服务项目设计与开发

高等院校应在国家规定的基础上,按照 ISO9000 族标准要求,根据顾客(学生、家长和用人单位)的需要,结合学校的实际,进行教育服务项目的设计和开发。设计和开发的项目应包括教育服务的所有内容。高等院校要对教育服务项目的设计和开发的全过程进行监控,确保教育服务项目的适用性和有效性。

好的教育质量首先应该依靠优质的设计,如果由于设计原因造成劣等品,将使高校付出极大的成本。因此,必须将质量成本控制的重点放在教育质量的设计、预防、鉴定等环节上,特别是设计环节,应作为重中之重。不能因为一味地强调教育的高质量而制订出远高于顾客要求的质量标准,这必然会增加教育的质量成本和总成本;也不能为了降低难度或费用而降低质量标准,或想减少费用而节省在教育的质量预防、检验等方面所必需的投入,这些做法不仅使教育的内、外部损失成本增加,提高生产成本,而且也会因教育质量问题而丧失生源,增加了高校的机会成本。

（四）完善的教育教学过程管理与质量评价体系

高等院校应对所有对教育质量起决定性影响的过程制定控制程序,建立完善的质量评价和考核体系,用于测量和评估高职教育服务质量管理体系的有效性及其适用性,确保教育服务质量不断提高,质量管理体系不断改进。

所有的质量工作都是通过过程来完成的。为了更有效地获取期望的结果,必须识别、确认、监视、测量、分析质量管理体系所需的过程。具体的措施有:第一,识别办学过程及其相关的活动,明确这些活动过程所需要的资源及其接口;第二,确定其关键过程,如招生、备课、课堂教学、实验或实践、考试、毕业设计等,并明确规定这些过程运行和控制所需的准则和方法;第三,确定这些过程运行所需获取的资源(包括人力资源和物力资源),如教师、教材、教学设备、实践基地等;第四,认真监视、测量和分析这些过程,以进一步改进这些过程,获得更大的效益。

可见,运用各种改进方式整合基于质量成本的高等教育质量提升,并把它看作一种文化变革、业绩测评和解决职能交叉问题的有利方法。同时,向管理层提供一种工具,以加强和规范高校教育质量规划活动和质量改进工作。

总而言之,基于 ISO9000 的高校教育质量成本管理研究的关键就在于,用 ISO9000 族系列标准作为控制手段,建立高校教育质量成本管理模式,提高服务质量,降低高校教育质量成本,追求最佳经济效益和社会效益。本文就这一问题进行了初步的探讨。

参考文献

[1] 程凤春.教育质量管理的历史演化和趋势[J].教育学研究,2003,(10):81-84.

[2] 舒能逸.ISO9000 质量管理体系中学校的产品、顾客及其相关问题[J].中国职业技术教育,2007,(276):20-23.

[3] 姚忠亮,庄炎.ISO9000 管理理念在高校教学质量管理中的应用[J].福建师范大学福清分校学报,2007,(5):72-74.

[4] 杨文培.现代质量成本管理[M].杭州:中国计量出版社,2006,195-214.

[5] 李娜,郑爱华.高校教育质量成本管理模式研究[J].煤炭高等教育,2006,24(4):55-56.

[6] 杨文培,徐碧红,霍增辉.试论高校办学的质量成本理念[J].教育教学论坛,2013,(1).

作者信息

杨文培:男,中国计量学院经济与管理学院,教授;

张竹静:女,中国计量学院经济与管理学院学生。

"求是·创新"理念在竞赛管理
体系改革中的应用

——以我校大学生电子设计竞赛管理体系改革为例

毛锡锋

路甬祥院士常说，衡量一所大学办得好不好，水平高不高，主要是看能否培养出社会主义建设事业所需要的高层次、高水平的合格人才，这是作为考虑一切问题的出发点和归宿。

"实事求是、严谨踏实、奋发进取、开拓创新"简述为"求是、创新"。路甬祥院士于1959年考入浙江大学机械工程学系，开始了求是学子生涯。竺可桢校长创导的"求是"校训，学养深厚、敬业爱生的师长，良好的教学实验设施，丰富的图书馆馆藏资源，严谨规范的教学计划和当时实行的"少而精，学到手，因材施教"的教学理念，使年少的这位浙大学子受益良多，当时浙大老师放手鼓励学生自主创新，使得他经历了"设计—制造—试验"完整的工程训练，提升了自身的工程实践、创新的自信心和能力。1979年，路甬祥院士获得洪堡研究奖学金，飞赴德国亚琛工业大学从事研究工作，在两年多时间里，秉承"求是创新"理念，先后完成5项技术发明和5项德国专利，完成了博士学位。1985年路甬祥院士被任命为浙江大学副校长，并分管本科教学，为了尽快进入角色，他认真研读学校校史，分析研究国内外著名大学的高等教育发展历史和现状，推出了浙大本科教学改革方案，推动了学分制、双学位、"三学期"、"混合班"等有利于学科交叉，有利于发挥学生学习的自主性，有利于加强实践环节，有利于创新人才培养的教学改革试验，取得了很好的成效。路甬祥院士在浙大担任校长期间，作了一些改革探索，其中第一条就是进一步明确学校定位，推进浙大从教学型大学转变为教学研究型大学，培养创新人才。

中国计量学院是我国质量监督检验检疫行业唯一的本科院校，具有鲜明特色，学校秉承"精思国计、细量民生"的校训，坚持"计量立校、标准立人、质量立业"的办学理念，全面深入推进"实践育人"模式，着力培养学生的创新精神和实践能力，近年来学生在各级各类课外科技活动和学科竞赛中获得国家奖60余项。而工程训练中心作为在校大学生创新活动基地，构建以学生科技创新活动组织指导和创新实践能力培养为目标的创新训练平台，涵盖全国（省）大学生电子设计竞赛、全国（省）大学生工程训练综合能力竞赛、全国（省）大学生机械设计竞赛和全国航模科技竞赛，通过各级各类竞赛活动的开展，有利于学生创新实践能力的培养。本文以大学生电子设计竞赛为例来阐述"求是创新"在竞赛管理体系改革中的应用。

大学生电子设计竞赛的目的在于培养大学生的实践创新意识、电子设计能力和团队协作精神，为优秀人才的脱颖而出创造条件。就国内高校情况而言，创新与实践动手能力培养始终是个弱项，在实践教学体系上仍沿用"求同"式教学：（1）教学内容和知识体系更新缓慢，实验实践项目大多还停留在仿真和验证为主，无法提升学生的创新设计能力；（2）由于受到课程安排平稳有序的影响，专业实践课程往往排在大学的后半阶段，无法使学生一进入大学校门就接触到实践环节和专业知识；（3）教学的方法和手段比较单一，缺乏灵活性，不能很好地培养学生创新意识和团队合作精神；(4)教学的日常管理全部是以老师为主的教育管理方式，缺乏锻炼学生自我管理、自我服务的能力。上述问题的存在会让学生感觉到学习机械单调和枯燥乏味，制约了他们的积极性、主动性，特别是对于有意愿、有想法、有能力的学生，无法提供给他们创新实践的环境和空间，从而束缚了他们的创新创造能动性。

由于传统的学生培养方案课程内容体系涉及的学生量大面广，因此需要跳出传统的课程结构思维，在传统教学之外给有意愿、有想法、有能力的学生额外构造一个全新的培养模式空间：(1)传统教学之外重新架构一个电子创新设计学生创新实践能力培养体系，分层次、分对象扩展以实践能力培养为核心的教学内容；(2)建立电子创新设计训练班的模式，改革学生的进口和出口两大关，学员从低年级(一年级新生)招募，实行学习过程动态监管和每学期淘汰制，保证学生学习质量；(3)改革教学内容和教学方法，结合相关专业教学计划和培养要求，针对电子信息技术侧重实践以及专业技术、仪器设备更新快的特点，不断进行项目训练内容和方式方法的改革；(4)改革原有实践教学指导师资管理使用模式，充分利用二级学院和工训中心师资优势，合理互补，提高实践教学与创新能力培养的水平；(5)改革管理模式，依托训练班学员建立学生科技协会，负责学员招募、学业管理、文档资料、活动组织、宣传策划、网站文化建设以及学生成长轨迹追踪和分析，让学生来管理和服务学生，从而提升学生的综合素质。

通过两年连贯的教学与实践，专业课程前置学习、学生自主管理模式，依托竞赛而又超越竞赛的人才培养模式，既满足了有意愿、有想法、有能力的学生超前学习的愿望，又在组织参加的各级竞赛中取得了不错的成绩：自 2011 年 10 月开始电子设计竞赛管理改革探索工作以来，经过两轮的实践检验，在 2012 年浙江省第四届大学生电子设计竞赛中我校学生获得了 6 项省一等奖、10 项省二等奖、7 项省三等奖，获奖成绩位居全省第一，取得了我校历史最好成绩；在 2013 年全国大学生电子设计竞赛中，我校学生获得了 1 项全国一等奖、2 项全国二等奖、2 项省一等奖、11 项省二等奖和 9 项省三等奖，再次刷新了我校在该项赛事上的纪录。

作者信息

毛锡锋：男，中国计量学院工训中心副主任，经济师。

提高人才培养质量　实施教学改革

——学习路甬祥"求是与创新"教育文集体会

钱晓耀

在近一周时间里,我有幸拜读了路甬祥"求是与创新"教育文集,其文中流露出对中国教育事业的热爱和关怀,在高等教育改革实践中的思想、理念和方法值得我们从事教育工作的人认真体会和深思。通过阅读"求是与创新"教育文集,让我感受到了自己对教育和教学方面认识的浅肤,需要学习和改进。下面我谈一下我对学习的几点体会。

一、探索教育的本质问题

路甬祥"求是与创新"教育文集,从宏观到微观论述了其教学和教育管理生涯中的主要思想。教育理念:教学与科研并重,人才培养多元化,以适应社会发展需求;思路:教育综合改革;队伍建设:对外开放。教学的过程不是仅仅传授科学知识,更重要的是引导学生对科学本质的认识,培养探索科学和技术的兴趣和能力。认知过程要有科学的方法去实现,知识的传授很重要,但形式可以多样,通过书本、通过课堂、通过许多有趣的实验,来引导学生获取知识,单纯的课堂灌输不利于培养学生分析归纳的能力,不能形成对事物的独立看法,进行有根据、有条理的思考。有的同学考试成绩不错,但不会做实验或实践活动,缺乏独立分析与解决问题的能力。

路院士以教学、人才培养、国家发展高度结合起来的视野,提出高等教育要与社会需要相结合,满足社会发展对人才的需要。他从大量的国内外研究来展开,如提到了20世纪80年代中期,美国、欧洲国家有一个强调科学教育的高潮。他们认为当时的教育制度不适应科学技术的迅猛发展,仅以学科教育为主,不能培养学生积极主动的探索精神,于是提出改革科学教育。1996年美国国家科学院推出《国家科学教育标准》,规定了科学教育的内容、方法和原则,要求学校的科学课程"把学科学作为一种过程",并强调"学科学的中心环节是探究"。认为科学教育还应该多做一些国内外的交流,吸取他们的经验教训,结合我国国情与发展阶段,进行积极的、脚踏实地的改革。

二、端正教育思想,提高教育质量

高等学校担负着培养高级人才和发展科学技术与文化的任务,教育体制改革首先是教育思想的转变,在教育方式上,要由以教师为中心、书本为中心、课堂为中心的"三中心"转变为"三结合"——课堂教学与自学、课外教学相结合,教学与科研、生产相结合,理论与实践相结合。在人才培养目标上,要由培养传统的工程技术专门人才转变为培养适应社会当前和长远需要的,具有较高政治觉悟、宽广扎实的学科基础和科技实践能力的,并有开拓精神和创造精神的现代科学技术人才。剖析了社会对人才的实际需求,大致可分三个层次:一个是维持社会系统正常运转的面对现实的基本需要,这是低层次的;另一个是在具备较为完整的专业知识基础上,掌握一定的职业技能,能在较复杂的技术岗位上得心应手工作的高级专门人才;第三个是面向未来的,具有现代科学技术的深厚基础,能从事研究、开发、创新、组织的高层次人才,这类人才既能深入客观地认识世界,又能高度主动地改造世界,除系统的专业知识外,在素质、智能、学识诸方面均有较高的要求。为适应上述不同层次人才所需的结构和能力结构,作为一个教育工作者,作为高等学校的教师,须用发展眼光研究并精通"教什么"和"如何教"的问题。

三、加强工程教育,满足社会发展对人才的需要

鉴于中国经济高速发展的国情,高等教育从数量、规模的发展方式要转向于内涵发展,要适应今后一段时间社会对工程专门人才大量的迫切的需求。从德国工程教育的近距离研究,把握工程教育的思想,要从管理体制、结构上进行改革。管理体制教育观念的转变、教育结构的调整、教育内容和方法的改进、培养目标的优化,高等教育的层次、科类结构要适应现阶段产业结构和技术结构。提出了工程教育结构需调整优化,主要包括层次结构、专业结构和课程结构三个方面。从层次结构上中国高等教育有 4 个层次:专科、本科、硕士研究生、博士研究生,是否满足社会对不同层次的需求;专业类别上有十几大门类,中国经济高速发展、产业结构的调整,现延续下来的专业门类的数量是否还适应社会需求;课程结构方面,分层次设置,优化设计课程体系,注重基础课与能力培养课程关系,注重"终身教育"。进一步提出了解决问题的方法论:形势解读,总结、分析,提出改进措施。高校如何适应这一社会需求,在浙江大学有了很好的实践。

要以科学发展观的观点来指导当前的教学改革和发展,须探索教学改革,提高内涵建设,教学中注重素质教育与教学过程的融合,高等学校的改革要坚持以学生为本,落实科学发展观,提升发展内涵;要时刻以提高教学质量为第一要务,加强管理,努力办出特色,促进科学发展、协调发展、和谐发展,办让学生满意、让家长满意、让社会满意的教育。

作者信息

钱晓耀:男,中国计量学院质量与安全工程学院副院长,副教授。

路甬祥教育思想的启示
——对中国计量学院思想政治理论课改革的思考

黄彩霞

[摘　要] 路甬祥院士主张加强思想政治工作,重视思政理论课教学,提倡学生参与社会实践,重视思政课教师队伍的建设,这些教育思想和理念为我们进一步实行思政课改革提供了借鉴与思考。

路甬祥院士是浙大的老校长,20世纪80—90年代在浙大任职近10年,《路甬祥教育文集》汇集了他关于高等教育的精辟论述和独到见解,是高等教育的宝贵财富,是指导我们工作的指南。研究他的教育思想,对今天的教育改革仍然有着重要的启迪作用。大学生是十分宝贵的人才资源,是我们民族的希望,祖国的未来。加强大学生思想政治素质教育是学校育人工作的中心环节。新的形势下,随着市场经济的冲击,大学生面临了很多的困惑与迷惘,做好大学生的思想政治工作尤显重要。作为一名思想政治理论课教师,有必要思考在新形势下,如何更好地发展引导学生做人做事,成为有益于国家民族的栋梁。在学习了《路甬祥教育文集》之后,从路甬祥院士的教育思想与教育观念中,得到如下几点启示。

一、要高度重视思想政治理论课程教学

路甬祥院士认为"要加强对学生进行马克思基础理论、思想品德教育",这对于思政理论课教学改革很有指导意义。思想政治理论课是高校社会主义办学方向的重要体现,是党的路线、方针、政策的宣传窗口,担负着捍卫社会主义政权的使命。学校十分重视思想政治理论课教学,从组织和经费上给予了大力支持。我校于2011年成立马克思主义学院,下设思想道德修养与法律基础、中国近现代史纲要、马克思主义基本原理、毛泽东思想和中国特色社会主义理论体系概论四个教研室,管理机制的组建、层级管理的定位,在宏观上为更好地开展思政课教学工作提供了保障。在经费上确保了常规经费和专项经费的投入,充足的经费保证了教师开展课程建设,外出学术交流,带领学生参与社会实践。

具体到思政理论课教学上,学校领导可以深入到思政理论课的课堂,帮助思政理论课教师寻找教学中的差距,提高教学能力。学院应该在课程设计、过程学习到考试方法等方面推行课程改革,全体教师也需要积极思考如何让学生爱听课,让学生真正从课程中有所收获。目前学院已将考试方式从传统的纸质开卷考试变成题库机考,将学生的平时成绩比重提高,在课堂上教师可以开展各类课堂内的教学实践,让学生走上讲台,让学生充分发言,让学生自己去实践,充分尊重学生主体地位,提高他们学习的积极性。在课后学生通过自学将一些知识点掌握,为机考做准备。考试方式的改革大大提高了思政课教学的实效性。

二、要广泛开展实践教学

路甬祥院士提出,"要重视和组织学生参加社会实践,开展各种有利学生身心健康成长的有益活动。要发挥广大教职工教书育人、服务育人的重要作用,建立良好的校园文化生活环境"。不承认、不尊重学生主体地位的思想政治教育是难以取得良好效果的,不被学生接受、认同、悦纳、内化和践行的思想政治教育是难以产生价值的,缺少学生积极参与的思想政治教育是无法具有强大生命力的。传统的思想政治理论课教学存在着重理论灌输轻实践探索、重知识掌握轻知识创新等倾向,而思想政治理论课实践教学则强调教学实践,特别是学生的实践在教学活动中的地位与作用,突出素质和创新能力的培养,所以思想政治理论课实践教学越来越受到人们的关注。

实践教学是思想政治理论课培养人才的新机制,按照教育部要求,我校加大实践教学经费投入,积极推进实践教学创新。学校提出了"实践育人为理念、生活化为切入点"的思想政治工作思路,将实践育人分为大思政的联动实践,即校团委、学生处、宣传部和马克思主义学院互相配合,以各类校园文化活动为载体的全方位、立体的学生实践。

如果思想政治教育不服从、服务于学生的全面发展、健康成长,肯定是徒有虚名的,而要取得实实在在的成效,则必须坚持以人为本、以学生为中心,千方百计调动学生主体参与的积极性;在思政课程教学中,如何高效开展实践教学是四门课程改革的重点。在课堂内的实践教学中,各位老师可以积极探索教学方法的创新,在课堂教学设计中专门设置版块让学生实践,比如思想道德修养与法律基础课程试点了"大班教学、小班讨论"教学模式,中国近现代史纲要课程中可推广"历史剧表演",毛泽东思想和中国特色社会主义理论概论亦可尝试"时事开讲"教学模式等。学生的表演、主题的讨论、学生的讲解诸多实践形式最根本的出发点就是让学生动起来,参与到教学中,让他们在参与中学习、收获、成长。

思政课程还可以专门设置课外实践环节,每门课程拿出 4 至 6 节课程,让学生走到社会去调研,去感受祖国改革开放以来的变化;让学生走到纪念馆去参观,回顾艰苦卓绝的革命历史,珍惜今日生活的幸福;让学生与亲历者近距离交流,在思考中理解只有共产党才能救中国,只有社会主义才能发展中国。通过学生课堂外的实践开阔学生眼界,历练学生心智,有益于他们树立正确的人生观、价值观和世界观。

三、抓好思政课人才建设工作

路甬祥院士提出,"我们要努力探索,逐步建立适应校长负责制的党政齐抓共管的思想政治工作的新体制。建设好一支精干的、有力的、专职兼职相结合的思想政治工作队伍"。未来的高校思想政治教育工作者的基本素质要求是专兼结合、功能互补、政治坚定、业务精湛,最理想的是专家化、学者化。高校党委书记、院校长应当是热爱、熟悉、会做思想政治工作的教育家,专职政工人员(副书记、总支书记……)应该有自己的、称职的、货真价实的、高水平的专家教授,"两课"老师应该有自己的知名学者,兼职政工人员要热心、乐于从事思想政治教育并有相应的思想政治素质和工作能力。

学校要想办法引进思政课学科带头人和高水平的人才,同时对于在职教师的培养,学院可出台政策减轻青年教师压力,积极鼓励年轻教师读博和进修。对于新进教师可采取青年教师导师制,让经验丰富的老教师帮带青年教师,在教学、科研上帮助青年教师尽快适应新岗位。

总之,思想政治教育主要是为了学生而存在,为了学生的全面发展、健康成长而存在,是为学生谋利益的。说来说去这项工作要报效祖国、奉献社会、发展教育、服务学生、成全自己。因此,我们要加快思政理论课程的改革,使正确的"三观"能进学生的头脑,真正内化成学生成长成才的需要。

作者信息

黄彩霞:女,中国计量学院马克思主义学院,讲师。

三、人才培养

RENCAIPEIYANG

路甬祥创新教育思想的实践

冯时林　张　勇

[摘　要] 路甬祥先生教育思想中创新思想尤为重要。创新对于经济社会发展的强大推动作用，又超过了以往任何时代。大力提高民族的创新素质，已经是摆在每个人面前的一项重大而紧迫的任务。培养具有团队合作精神的创新性人才始终是大学教育的重要主题，教育工作者义不容辞地要担负起培养创新精神、发展创新能力的责任。作为工科院校如何发挥自己的办学特色，搞好创新教育，培养出创造性的人才，已是我们必须面对和亟待解决的问题。要从培养模式、目标、方法和课程设置等方面实行改革，才能在一定程度上扬长补短，发挥工科院校人才培养的优势。

[关键词] 创新能力　创新教育　教学改革　团队合作

一、路甬祥创新教育思想

路甬祥先生创新教育是行动的教育，体现在"三结合"，即"教师的主导作用与发挥学生的主观能动作用相结合、理论教学与社会实践相结合、课堂教学与课外自学相结合"，"三结合"表现在对知识的获取中的师生互动，学校与社会实践的有机结合，是创新型人才培养中内在的本质要求。路甬祥先生成功地将这种创新教育思想在浙江大学得以实践，著名的教育家陶行知先生认为教学是"教、学、做的统一体，是一件事，而不是三件事"。因为"有行动才能得到知识，有知识才能创造，有创造才有热烈的兴趣"。"'行动'是中国教育的开始，'创造'是中国教育的完成"。路甬祥先生在其《端正教育思想是提高教育质量的前提》一文中强调，就本科教学而言，他提出"改革课程结构，加强基础理论"、"增强实践环节，注重能力培养"、"贯彻因材施教，让优秀人才脱颖而出"，探索建立"混合班"和"提高班"，为大批优秀人才的涌现提供了重要的保障。他的教育思想还体现在其一贯倡导的"大学教育必须牢固树立以德为先、全面发展、教学相长的思想"、"求是系治学之本，创新乃科技之源"等教育理念上，这些思想为浙江大学人才培养持续走在全国前列奠定了坚实的基础。

路甬祥先生指出，"在发展生产力，面向经济建设的总目标下，科技与教育的功能相互影响、互相制约、互相促进，两者是辩证统一的关系，而科技与教育应当在重点高校找到统一的外在形式，重点高校应当成为科技与教育的结合点——既是教育中心又是科研中心"。在这里，路甬祥先生讲明了教育与科技的辩证关系，又点明了创新教育在高等院校的历史重任和使命。其实，任何一种高度发达的现代物质文明都是几代人努力奋斗的结果，创造物质文明自然更需要实际行动。作为知识的创造基地——高等院校更是需要为此付出不懈的努力，路甬祥先生曾多次在不同的场合谈到这一问题,"根据知识经济时代的特征,世界科学技术发展的态势和我国经济与社会跨世纪发展的需求,我国高等教育必须改革并要有大的发展,面对全球化市场化知识经济的挑战,未来大学教育必然更加基础化、综合化、社会化、网络化和国际化"。他在回顾中国高等教育和教育改革时指出,"传统的一劳永逸的一次性教育观念已经受到动摇",终身教育的理念对高等教育提出更高的要求,要通过教育"使众人养成一种继续不断的共同求进的决心",所谓的"活到老,做到老,学到老"。因为时代在继续不断地前进,我们必须参与到现代生活里面,才能与时代俱进,才能做一个长久的现代人。否则,再过几年又要成为落伍者了。因此,我们必须拿着现代文明的钥匙,才能继续不断地去开发现代文明的宝库,保证生生不息的现代化。路甬祥先生的上述思想含有十分深远的意义。这也是党的十六大提出的科学发展观和十七大提出的生态文明建设的重要见证。

二、工科院校特色创新人才培养的基本模式

(一)培养特色方向缺乏创新

工科院校培养的人才应以运用型、实用型人才为主,培养纯理论研究人才的条件不具备,而目前很多工科院校专业人才培养偏向于理论型,不注重从市场的实际需求来培养人才,不从"实践"中培养人才,而且课程特色定位很难突破教育行政部门所规定的基本框架,结果造成有些工科院校专业的毕业生出现了"高不成、低不就"的尴尬局面,培养方向不明确。专业课程门数开设较多,但专业方向并不明确,教学计划中专业核心课程体现不出来,有的核心课程只是1～2门课,没有形成一定的课程群作为支撑;有的从教学计划来看有着可供学生选择的不同方向,但是仔细推断发现其实质是一个方向,虽然学生毕业后找到了工作,但是实际动手操作能力却显得较弱,缺乏真正的创新能力。没有"创新的教育"是培养不出具有创新精神的人才的,而且扩招后的先就业再择业的观念使得许多大学生不考虑自己的专业而慌乱择业。从用人单位对大学生的反映了解到,他们不喜欢自己通过重点培养的大学生很随意的就走掉。而且由于专业新(大多10—15年之间),尚未形成大家普遍认同的专业特色与学科水平,这使得相当一部分工科院校专业面临着规模与水平的矛盾。

(二)为特色创新人才培养而准备的师资不足

路甬祥先生在讲到"学科与师资队伍建设"中曾指出:"要努力建设一支政治坚定、业务精良的教师队伍。"著名的教育家陶行知曾经对教师作过这样的描述:"一个好先生不是教书,不是教学生,乃是教学生学习:教学生学习解决问题的能力和方法。"而我国大部分工科院校面向本科教学的教师队伍中高级职称的老师严重不足,教授给本科生上课在一定程度上成了一句空话,有的研究生一毕业就登讲台,教学质量以及对创新人才的培养质量可想而知。而且,大部分工科院校在扩规模招生,现有的实验设备不足以支撑快速扩张的招生规模,结果造成师资队伍缺乏与规模扩张之间的矛盾,而这种矛盾的直接受害者是学生和以学生为纽带的社会用人单位。由于教学任务繁重,教师没有时间和精力进行进修和深造,结果造成教师讲课与学生逃课的矛盾,严重浪费了稀缺的教育资源。

(三)特色创新性人才培养的实践环节薄弱

一般来说,工科院校在传统上都比较注重实践环节,但是与国外工科院校的差距较大。路甬祥先生在其"工业创新与高等工程教育"文章中就我国工程教育的目标、模式以及核心问题作了较为详细的阐述,他认为,"长期以来,工程教育由于技术上狭窄,结果造成声誉不佳"。有的学校与企业或者社会其他组织建立了教育实习基地,但是为数较多的是为了应付教育行政部门的指标考核而设置的,对学生的创造性的培养以及"行动教育"却起不到真正的作用。

(四)创新能力较弱,团队合作精神缺乏

由于大多数是通过课堂教学来对学生进行培养的,学生很少有合作共事的机会,多数实验设计也是预设性的,起不到锻炼大多数学生的目的,学生四年的大学生活是传统的"三点一线",参与较大型的讨论或者是创新性主题活动的机会较少。由于学生在大学教育中没有得到充分的创新思维和团队合作精神的训练,让这些年轻人一进入社会就具备合作精神谈何容易。这当然不能全怪学生,著名的教育家陶行知先生说过一句较为经典的话,"教师的成功是创造出值得自己崇拜的人",如果按现有的方式进行培养则多数是"只会做重复试验的机器人",这些人没有创新思想,而且,我们的教科书限制了学生博览相关知识的自由,因为考试要从这本教材出题,没有指定教材的老师将会承担"生评教"不合格的风险(因为造成许多学生不及格,而给老师打低分)。有些课程的教育是教师讨好学生,学生为所欲为的课程,致使老师的主观创新思维由于课本的约束得不到充分的发挥,教师与学生处于一种不合作状态,何来创新。

三、工科院校特色创新人才培养方式的改革

工科院校培养具有创新性的人才必须进行大胆的改革,要从培养模式、培养目标、课程设置和培养方法等方面实行改革,才能在一定程度上扬长补短,发挥工科院校培养特色创新性人才的优势。

(一)特色创新教学培养模式和目标,体现"厚基础、强实践、重结合"的理念

"厚基础、强实践、重结合"是中国计量学院本科专业为了确保创新人才的培养质量,在经过广泛的专业调研和市场需求调研的基础上而制定出来的。所谓"厚基础",是在教育部关于工科类专业培养的基础上,遴选出一定的专业共同学科基础课构成平台,同时,根据中国计量学院在行业中的地位和特色增设学校级的特色平台课,使学生具备了较为深厚的学科基础知识和行业特色基础知识。按照路甬祥先生"三结合教育"的思想,在实践教学环节中除了工科类专业基本的实践环节(课内试验、集中实践、课外实践等)以外,还根据市场的需求调整试验和实践的内容。通过各种大赛锻炼学生的实践能力,有各专业的实践技能比赛、创业比赛等。而且充分利用暑期的社会实践到企业调研,到贫困山区支教。通过实践使学生感受到企业人才竞争的压力和贫困地区人们要求脱贫的渴望心理,从而让他们体会到大学学习价值所在,比教师在课堂上说教要管用得多。这也充分体现出陶行知先生的生活

教育理论灵魂所在。"重结合"是指按照中国计量学院"计量立校、标准立人、质量立业"的办学理念,将计量、标准化、质量管理、质量认证等相关课程结合于工科类各专业中,使之形成有别于国内相关工科专业的特色课程,增强了学生就业竞争力的核心内涵。

(二)特色创新课程设置,实现"三化"

即学科基础平台化,专业基础精优化,选修课程宽泛化。学科基础课程由二级学院组成平台课,为下一步实行教师挂牌上课作好前期准备,专业基础课由"多而杂"的必修课转向优化必修课程,增加选修课程教学计划,在具有规范性的同时也应具有一定的灵活性。因此,理论课分为两部分:一部分为培养学生扎实的功底而设置的必修课程,可基本保持不变,且一般可安排在大学一年级或二年级内开设完;另一部分是选修课程,应具有灵活多变特征。鼓励学生选修其他学科和其人他专业,同时允许学生根据各自爱好及学生自身对市场的预测分析自由选课,为实现学科交叉,以及学生的自主学习、个体发展和因材施教,提供了更广阔的空间。学校也可根据市场人才需求动态及时调整部分课程设置,这可以改变现有经管类专业方向不明确、对市场需求的适应性差的状况。

(三)教学方法上注重特色创新式教学

国内最早主张把"教授法"改为"教学法"的人是著名教育家陶行知先生,他反对以"教"为中心,主张"教学做合一"。路甬祥先生也特别注重教与学的结合,教与学的结合是他的"三结合教育"教育思想的主要体现。根据这个基本思想,路甬祥先生在其工程教育中提出三个重要核心:第一,强调"创新设计"。他强调,设计不是单纯的技术工具,也不是教学计划中的一般实践环节,应该是人类创造未来的主动思维和创新行为。为此,老师不要把现成的解决问题的方法传授给学生,而是要把解决问题的过程和思想告诉他。通俗地说,不要把现成的小鱼给小猫,而是要"授之以渔",教会小猫钓鱼。不要把现成的金子给学生,而是要把点石成金的手指头交给学生。第二,"工艺技术"。工艺是创新设计得以经济、清洁、高效实现的创造性艺术,是创新设计物化的过程。因此,教给学生怎样学,怎样提高设计理念。也就是说,教师的教学方法的使用要建立在学生的知识水平、个性、学习特点的基础上,教给学生工艺设计的理念。第三,"管理和经营"。教育不是单纯的科学技术教育,更应该是满足现代产业发展特征需要的工程活动,这些活动离不开管理和经营,因此,教师努力教给或者给学生提供学习现代经营管理的平台,提高学生这些方面的能力。在教学过程中要善于提出问题,尽量诱导学生开动脑筋,由被动思考变为主动思考,使其注意力集中,思维活跃,对所提的问题作出适当的判断和决策。采用启发式教学,改变填鸭式的教学方法,强调双向交流,可使学生的思维与教师的思维同步,要善于制造"悬念",改变学生依赖教师获得知识的不良习惯,激发学生的自主学习意识和探索创新精神。

(四)要在整个社会营造出创新教学、创新理念的学习氛围

学校存在的一个重要目的就是为社会培养出有用的人才。路甬祥先生重视学校与社会的结合,认为应把整个社会作为学校,教育的材料、教育的方法、教育的工具、教育的环境都可以大大增加。用这样的办法,不论校内校外的人,都可以做师生。创造人才成长与创新思维的形成,有赖于长期的综合性的陶冶与熏染,而民主、自由、和谐、安全的精神环境,是创新

素质成长不可或缺的养料与气候。只有在民主的氛围当中,才会有人才的自由与发展,才会有思维的活跃与激荡,进而才有创新潜能的迸发。从某种意义上说,民主的精神氛围不仅是创新教育的必要背景条件,而且其本身就是最有力量的创新教育。用与时俱进、开拓创新的精神指导学习和工作,将创新运用于实践,鼓励学生参与学校、院系、班级组织的各种活动,使创新意识、创新思维有所施展,提高工科类大学生的综合素质。对实践教学环节进行整合和改造,尽可能给学生提供一个综合解决实际问题的背景和环境,从而实现整个社会的创新。

(五)注重青年教师的培养,为教育的可持续发展注入活力

要有计划、有重点地制订方案,明确要求,为教师提供学习机会,对教师传导学习的压力,采用激励机制,增加教师学习的内驱力。教师必须具有广博的文化知识与创造能力。要更新自己的知识结构,不断充实自己,完善自己,提高自己。青年教师更是实现可持续教育发展的重要源泉和动力。克服论资排辈的传统观念,为青年教师创造平等竞争的氛围,激发他们参与竞争的意识;实行青年教师导师制,让有经验的老教师指导他们成长,加强对青年教师教学技能的培养,以"教学科研两手抓"的模式培养青年教师,鼓励他们在教学科研、教书育人上多作贡献,充分施展聪明才智;完善培训制度,发挥政策和经济杠杆的作用,调动青年教师接受继续教育的积极性,全面提高素质。

参考文献

[1] 求是与创新:路甬祥教育文集[M].杭州:浙江大学出版社,2012.
[2] 陶行知.陶行知全集[M].成都:四川教育出版社,1991.

作者信息

冯时林:男,中国计量学院副校长,研究员;
张　勇:男,中国计量学院发展规划处处长,教授。

以"大质量观"培育经管类复合型人才

——路甬祥人才培养模式思想在经管学院的实践

冯时林　乐　为

[摘　要]路甬祥先生关于人才培养模式方面的论述对于今天的中国高等教育改革仍具有现实指导意义。人才培养模式的变革要由"三中心"转变为"三结合",要对一个学科、一个专业的所有课程体系作系统的考虑,优化设计总体的课程结构。中国计量学院经管学院将路甬祥先生对于人才培养模式的教育思想应用于教学改革之中,顺应"质量世纪"对管理人才的新要求,秉承"大质量观"全程培养理念,面向国家质量发展事业,将学科优势转化为人才培养优势,整合、优化校内外优质教学资源,将质量科学全面融入经管类专业人才培养体系,培养"通用专业＋质量特色"的复合型特色人才,取得了较好的成效。

[关键词]人才培养模式　大质量观　终身教育　复合型特色人才

一、路甬祥人才培养模式教育思想

随着教育体制改革的深入以及社会教育需求的多样化发展,自20世纪80年代以来,人才培养模式问题逐渐成为中国高等教育的重要议题。当今社会,科技革命更加迅猛,全球化更加明显,信息流动更加迅速……身处这样的社会中,高校需突出人才的国际视野、信息素养、学习能力及全面素质,但是,不少高校却没有及时变革自我,特别是在理念层面。目前高等教育领域还没有形成学术自由、国际化、通识教育等理念。而多样化、以人为本、终身学习等理念,则基本上停留在学界,还没有被高校很好地付诸实施。长期以来,高校缺乏战略思考,缺乏对人才培养模式的顶层设计。大学到底培养什么样的人才,怎样去培养这样的人才,没有很好地、系统地进行思考。高校似乎在忙忙碌碌办学,但真正如何办学,如何育人,育人的体系如何建立健全,等等,这些问题都没有去进行认真的规划设计。

但是,早在20多年前,路甬祥先生就对人才培养模式提出了精辟论述,采取了富有远见的举措,这些对于我们今天的教学改革仍然具有现实指导意义。路甬祥先生在其《中国高等教育和教育改革》一文中提出:"完善高级专门人才的培养途径是近年来我国高等学校内部改革的一个重要内容。就浙江大学而言,在1985年我们首先对本科教育提出了'改革课程结构,加强基础理论','增加实践环节,注重能力培养','贯彻因材施教,扶持优秀人才脱颖而出'的改革策略,并采取了一些具体措施。"如:修订和完善学分制教学计划,试办混合班、提高班,单独设置实验课,增加课程设计个数和毕业设计时间,建设稳定的校外实习基地,建立毕业设计(论文)的资格审查制度,等等。这些举措有力地推动了浙江大学教学改革,使得浙大一直处在我国高等学校发展的最前列。

路甬祥先生在《端正教育思想是提高教育质量的前提》一文中提到:"在教学目的上,要把学校的教学仅仅视为书本知识的灌输,忽视学生能力的培养,转变为强调传授知识与培养能力并重。在教育方式上,要由以'教师为中心'、'书本为中心'、'课堂为中心'的'三中心'转变为'三结合',也就是说,课堂教学与自学、课外教学相结合,教学与科研、生产相结合,理论与实践相结合。""课程改革的另一重要方面,是对一个学科、一个专业的所有课程体系作系统的考虑,优化设计总体的课程结构,也就是课程体系问题。"可以说,路甬祥先生提出的这些问题仍是当前很多高校未能完全解决好的难点。这使得我们对于他的远见卓识尤感敬佩。

二、特色工科院校经管类人才培养模式的几大问题

我国高校扩招之后,高等教育由精英教育走向大众教育,高校之间在生源、师资等领域的竞争日趋白热化。对于特色工科院校的经管专业在这一背景下开始寻觅具有自身特色的人才培养模式,以纯粹学术化为代表的传统人才质量观受到挑战。不少学校在人才培养规格方面进行了调整,培养复合型、应用型人才成为共识。但同时,在多种因素影响下,我国高校经管学院以"保守、求稳"为特征的就业型人才质量观成为主流,大部分高等院校基本沿袭了长期以来我国高等教育以就业为核心的人才培养思路,重理论轻实践,重分数轻素质的教育模式仍然是目前的常态,培养特色人才的教学与培训机制难以成形。具体表现在:

(一)学生普遍缺乏对企业运作及其管理实践情境的感性认知,对所学专业往往缺乏感性认识和认同感

在课堂教学和日常管理中,教师发现学生对所学专业缺乏感性认识和学习兴趣是很常见的。这主要是因为我们传统的教学模式是灌输式,学生的学习场所大都集中在教室,如何从"要我学"变成"我要学"就是当前专业教育的一个难点。因此,需要让学生对专业产生感性认识,了解本专业在经济社会发展中的作用和地位,以及专业知识今后在工作中的应用之处。

(二)随着知识的迅速更新,学校提供的知识体系很可能老化乃至完全不适应社会变化

学生在今后的学习和生活中,其就业单位和从事的工作可能会发生变化,与原来所学专业有所区别;而且即使从事所学专业,但随着知识的迅速更新,学校提供的知识体系很可能老化乃至完全不适应社会变化。因此,过分强调大学是"专业技能教育"是片面的。有的高校提出要提高学生的"就业竞争力",但学生就业后的"综合竞争力"更决定了他在职场上能走多远,这比找到一个好单位更重要。因此,不仅要考量大学四年期间的学生知识水平,而且要考量毕业生走向社会后的综合素质和能力,包括持续学习能力等质量特性。

楼世洲、宁业勤(2008)提出:学生的"耐用性"即指学生在接受学校教育后能够长期发挥作用,而且通过继续教育和实践能够更好和持续地发挥作用。事实上,学生的人生观、价值观、心理素质、科学素养和终身学习能力这些才决定他的"生存力"、"竞争力"乃至"幸福指

数",因此我们要实现从"教学质量控制"转向"教育质量管理",不仅仅要考虑专业方面的教学,更要关注学生全方位的能力和素养的教育,这完全符合胡锦涛同志提出的"把促进人的全面发展和适应社会需要作为衡量人才培养水平的根本标准"。按照这种观念培养出来的学生,不仅是会涌现出更多的杰出校友,也对整个社会的良性发展产生不可估量的作用。"大学之道,在明明德,在亲民,在止于至善",在某种意义上也是大学教学质量管理的追求目标。

(三)经管类专业成为高校普遍开办的专业,培养方式同质化日趋严重

改革开放后,经管专业教育有了新的发展,鉴于人才市场的需要,综合性大学几乎都设置了经管院系或专业,我国经管类人才教育进入到新的发展机遇期。但是,由于定位的同质化,经管专业培养模式方面的差异化不够突出,形成了千校一面的格局。这对于学校、专业和学生来讲都会形成同质化竞争的不良后果。而学校培养的学生质量素养和质量管理能力在很大程度上进一步影响到企业的质量目标定位、资源配置、过程控制和绩效。

实际上,经管专业人才培养规格与其他门类的人才培养规格具有明显区别,主要表现在以下几方面:一是在未来岗位属性和职业选择方面,经管类的人才主要面向社会工商企业、各类经济组织和社会组织中的经营管理工作,其就业途径除社会就业外,还可选择自主创业;二是在思维方式方面,经管专业人才更强调质量意识、创新意识、风险意识、竞争意识和效率意识;三是在人才能力素质方面,商科人才更强调社会参与、协调沟通和自我心理调适的能力。因此,高等院校应进一步反思经管人才的培养目标,从"单一的就业型人才质量观转为复合型人才观"。

三、路甬祥教育思想在经管学院的践行

正是针对我国高等教育大众化背景下,高校经管类专业办学定位同质化、短期功利化所导致的人才培养规格与行业特色管理人才需求脱节等问题,中国计量学院经管学院将路甬祥先生对于人才培养模式的教育思想应用于我院的教学改革之中,顺应"质量世纪"对管理人才的新要求,秉承"大质量观"全程培养理念,面向国家质量发展事业,将学科优势转化为人才培养优势,整合、优化校内外优质教学资源,将质量科学全面融入经管类专业人才培养体系,培养"通用专业+质量特色"的复合型特色人才。具体的思路是:

1. 面向"质量世纪"和国家质量发展事业的人才需求,将特色学科优势转化为人才培养优势,提升人才培养与社会需求的契合度,解决行业院校经管类专业人才培养的特色定位和错位发展问题。

2. 构建具有国际视野的多层次理论教学平台和实践教学平台,取得一批高质量的教学建设成果,较好地解决经管类复合型特色人才培养的所需的资源保障问题。

3. 形成教学联动的"PDCA-SDCA"持续改进教学质量管理模式,较好地解决人才培养过程中教学、学工、教管脱节的问题。

4. 初步构建了体现终身教育理念的毕业生持续关注与全程教育体系,实行"大质量观"的人才培养理念,改进了普遍存在的人才培养短期功利化问题。

根据这些改革思路,我们采取了以下若干举措,将路甬祥先生对于人才培养模式的教育

思想与我院实际情况有效结合,走出了一条具有计量特色的经管专业教育发展之路:

(一)立足行业院校的学科特色,完善"通用专业+质量特色"的人才培养方案

根据各专业对质量科学素养要求的不同,分两类设计,多模块嵌入,培养掌握现代质量科学的复合型特色人才。对工商管理专业,设立质量管理与标准化方向,在确保工商管理专业核心课程和能力培养的基础上,突出全面质量管理和标准化管理的能力培养,满足质量管理岗位的需求;对其他经管类专业,通过嵌入质量、标准、计量管理特色课程和教学环节,强化与质量科学的融合。

按照"能力、素质、知识"目标倒推的方式,优化课程设置,精简优化理论课程的教学内容,强调将现代质量科学理念和知识融入专业课程教学中,避免学生学业负担过重和专业特色建设过程中的"两张皮"问题。按照"大质量观"理念,加强方法论和情境教育,增强学生的持续学习能力等动态质量特性。

(二)全面构建经管类复合型特色人才培养所需的教学资源保障体系

通过与中国标准化研究院、浙江省质量技术监督局、浙江省标准化研究院、杭州市质量技术监督局等行业部门以及相关企事业单位签署战略合作协议,建成了一批特色教学校外实践基地,在人才培养和科学研究上开展全方位的合作;将欧盟资助研发的"国际标准化"E-learning电子教学平台引入教学过程;通过挂职锻炼、面向企业开展卓越绩效导入服务等方式,加强师资队伍建设,着力构建一支具有国际视野、熟悉经济管理和质量科学理论与实践的复合型师资队伍;加强特色教学资源建设,先后出版了15本特色教材,建成了质量感知实验室等一批特色教学资源。

(三)实施素质拓展计划,提升学生的实践创新能力

利用"标准化与知识产权"省人文社科重点研究基地、浙江省标准信息服务公共科技创新平台、国际标准化教育平台等的特色学科优势,设计具有质量科学特色的学生科研项目、学科竞赛项目和社会实践项目,明确学分要求,引导学生参加质量科学特色科技文化活动,着力提高学生的实践创新能力;实施"本科生繁星计划"和"本硕创新计划",探索个性化与分类培养模式,为部分优秀学生提供全程导师制;加强课内教学与质量管理职业证书培训的嫁接,引导学生参加内审员等证书考试。

(四)探索和完善人才培养过程的教育教学质量管理模式

按照"PDCA-SDCA"持续改进质量管理模式,引入ISO9000质量认证体系,通过管理机制创新,畅通"教—学—管"动态沟通和协同机制,确保人才培养过程的全员参与、全程监控和标准化运作,教学质量持续提升。通过建立学院"校友之家"网站、毕业生返校座谈、教师深入用人单位走访调查等方式,保持对毕业生的持续关注和再教育,并为教学的持续改进征集意见和建议。

四、教学改革的实践成果

通过多年的积极探索和扎实工作,我院对于经管专业人才培养模式的改革取得了初步的成效,有效促进了我院办学水平的提升和办学特色的形成:

(一)学生受益明显

经过了由点(工商管理专业、教学管理模式、在校阶段)及面(经管类专业、人才培养模式、全程培养)的研究与实践探索,中国计量学院经管学院逐步形成了面向国家质量发展事业需求的经管类复合型特色人才培养模式。教改实施以来,通过在通用专业教学中全面注入质量科学特色,已培养复合型特色人才2100余人,许多学生在校期间即获得"ISO9000认证内审员"、"质量工程师"等资格证书,在激烈的就业竞争中,我院经管类专业毕业生以其较强的质量和标准化意识与技能受到用人单位欢迎,超过半数的学生在质检系统或在企事业单位的质检相关管理岗位就业,并涌现了一批顺应国家质量发展事业需求的优秀毕业生。

通过"校友之家"网站保持对毕业生的持续关注和全程教育,为毕业生提供了丰富的再教育学习资源,践行了"大质量观"教育理念,深受毕业生好评。

(二)办学水平提升显著

将"质量"特色全面融入现有5个通用专业的复合型培养模式,强化了学科建设与人才培养的契合度,显著提升了特色办学能力和水平。表现在:办学特色能力和水平得到了教育和行业主管部门认可(工商管理专业获批浙江省优势专业、学院被国家标准化管理委员会确定为国家标准化人才培养基地、自主设立"质量科学与标准化工程"硕士点获批);建成了一批优质教学资源(国家精品课程1门、省精品课程2门、省级教学团队和创新团队各1个、国家"十一五"规划教材2本、特色系列教材13本);生源质量和培养效果显示度指标逐年提升。

(三)推广辐射良好

经管学院的办学思路与成果得到了包括中国工程院院士、国际质量科学院院士刘源张教授在内的众多专家的高度评价,并获国际标准化组织(ISO)首届标准化高等教育奖(2007),为行业院校经管类专业办学定位和培养模式探索提供了参照。基于我们的研究与实践成果,发表教改论文87篇,应邀多次在国内外学术会议交流建设成果,中国教育电视台、浙江省电视台、光明日报、中国教育报等新闻媒体对成果的推广应用效果进行了专访和报道,先后有华中科技大学、南京审计学院、南京财经大学、重庆文理学院、宁波理工学院等高校来我院学习交流。

经过这些年的努力,我院逐步实现了:通过有机融入质量科学,构建了"通用专业+质量特色"的经管类复合型特色人才培养方案;通过学科建设和资源整合,构建了具有国际视野的多层次理论教学平台和实践教学平台;通过导入ISO9000体系和卓越绩效模式等管理创新,形成了教学联动的"PDCA-SDCA"持续改进教学质量管理模式;通过教学服务延伸,构建了体现终身教育理念的毕业生持续关注教育体系;通过育人实践,培养了一批满足质量发展事业需求的经管类复合型特色人才。

展望高等教育质量管理的未来,高校将面临内部质量管理与外部质量经营两个层面的工作。内部质量管理即通过教学品保系统、资源管理品质系统和学生事务品保系统等建立高校内部教育质量的品保系统(Quality Assurance System);外部质量经营则是以高校的教育质量为中心展开组织的"经营"战略,为树立高校的品牌而努力"经营"。这就需要建立学校经营的标杆系统(Benchmarking System),如教育成效标杆系统、研究成效标杆系统和服务成效标杆系统等。路甬祥先生对于高等学校人才培养模式高瞻远瞩的观点和切实可行的思路,将为我院今后的进一步深化改革提供有力的指导,指明前进的方向。

参考文献

[1] 求是与创新:路甬祥教育文集[M].杭州:浙江大学出版社,2012.

[2] 石晶.对高校经管人才培养模式改革的探讨[J].管理观察,2009,(2):112-113.

[3] 程宇.校企合作视角下的卓越经管人才培养模式研究[J].会计之友,2012,(1):120-122.

[4] 初明利,潘望远.高等商科院校创业型人才培养与创业文化建设[J].职业技术教育,2012,(17):82-85.

作者信息

乐 为:中国计量学院经济与管理学院党总支书记,教授。

工科院校创新人才培养模式初探

冯时林　　王伟满

[摘　要]路甬祥院士是我国创新人才培养的积极探索者和实践者,其有关创新人才培养的论述对我国高等教育改革至今仍具有重要指导意义。本文紧紧围绕路甬祥教育思想,依据路甬祥院士的创新定义对创新人才的内涵和基本素质进行了科学的界定,并深入分析当前影响我国工科院校创新人才培养制约因素,提出了我国创新人才培养的应对之策。

[关键词]人才培养　创新　模式　改革

2005 年,时任国务院总理温家宝在看望最著名的科学家钱学森时,钱老表达了对教育的担忧和期望:"现在中国没有完全发展起来,一个重要原因是没有一所大学能够按照培养科学技术发明创造人才的模式去办学、没有自己独特的创新的东西,老是冒不出杰出人才。"为什么我们的学校总是培养不出杰出创新人才?这便是著名的"钱学森之问"。它再次引发了公众对高校创新人才培养的思考。担忧高校人才培养质量的何止钱老一人,尊敬的路老校长也一直非常关心高校人才培养问题。路甬祥院士作为我国著名的科学家,不仅是自然科学的探索者,也是我国高层次创新人才培养的实践者。在主政浙江大学期间,他积极推动了学分制、双学位、"三学期"、"混合班"等有利于学科交叉、有利于调动学生积极性、有利于加强实践教学环节的创新人才培养教学改革,使浙江大学的人才培养更加适应新时代的要求,适应国家创新发展战略的要求。他的大胆改革和实践探索也为我国创新人才培养积累了宝贵的经验。

一、创新人才的内涵

何为"创新",学术界有着各种不同的理解。笔者认为路甬祥老校长的定义最为全面、准确,他认为"创新应该是指创造、传播和应用知识,并且获取新的经济社会效益的过程,它的核心是知识创新,知识创新当中包括科学、技术创新和其创造性的应用。同时也涉及制度、管理和文化创新这样一些诸多要素。"根据创新的定义,创新型人才就是在科学、技术、管理、文化创新和应用方面做得比较突出的人才。具体而言,它应具备以下几方面的基本素质:

(一)良好品质

人的品质包括动机、兴趣、情感、意志、性格等在内的非智力因素,它对人的创新能力有很大的影响。美国心理学家特尔曼曾对 800 名男性的成才问题进行了几十年的追踪研究,对被试中成就最大的与成就最小的各 20％进行了比较,发现这两组人中最明显的差别在于他们的动机、兴趣、情感、意志、性格和自我意识等方面的不同;成就最大的一组,在责任心、进取心、求知欲、自信心、不屈不挠、谨慎和坚持性等方面,明显地强于成就最小的一组。因此,良好的品质是触发创新思维,实现创新成果的精神动力。一般而言,创新人才应该具备以下三方面的良好品质:一是高度的社会责任感和不懈追求真理的科学品质。崇尚科学、追求真理、富有高度的社会责任感是创新的根本动力。二是敢冒风险的科学精神。敢冒失败的风险是创新型人才人格特征之一。学者 Woody Allen 说:"如果你不是经常失败,就说明你没有努力去创新。在提出新的思想后,创造性地进行实践、开拓,历经反复,甚至失败,但始终能够百折不挠,甚至将自己的生命、自尊、金钱、名誉置于危机中,从而使自己拥有获得成功的动力。"有现成答案的东西就不能说是创新。失败在创新过程中不可避免。创新就是要接受失败,敢冒风险,了解未知。三是执著、严谨的学风和善于协作的治学品质。浮而不沉的市侩学风实为创新之大敌,不断进取的科学精神则是创新的催化剂。

(二)创新思维

思维是人脑对客观现实的概括和间接的反应,思维能力是智力结构的核心,在创新中起着主导和确定性的作用。一般而言,创新人才应该具备以下三方面的思维方式和习惯:一是独立思考、自由表达的思维习惯。"自由的意志,独立的人格"是人进行创新活动的前提。只有具备敢于质疑、敢于批判的科学精神和勇气,才能突破原有的枷锁、跳出固有的观念,探索未知的全新领域。因此,个性上的独立,敢于质疑和批判,依靠自己的思考作出判断,不盲从、不人云亦云、不受习惯势力的约束,不受从众效应的影响,是创新人才的重要特征之一。二是丰富的想象力。爱因斯坦曾说过,"想象力比知识更重要,因为知识是有限的,而想象力概括着世界上的一切并推动着进步,想象才是知识进化的源泉"。由于受应试教育的影响,我国至今仍未从根本上改变以成绩论英雄的局面,着重强调学生的记忆能力和逻辑思维能力,扼杀学生的想象力,导致学生的创新能力和实践能力的不足。据教育进展国际评估组织在 2009 年对全球 21 个国家进行的调查结果,中国孩子的计算能力排名世界第一,想象能力排名倒数第一,创新能力排名倒数第五。这从某种程度上表明,想象力的贫乏已成为当前阻碍学生创新能力发展的一个重要因素。想象力是创新的翅膀。"最危险的莫过于我们的想法是我们唯一的想法"。三是科学方法和学会学习。科技持续发展与进步很大程度上依赖于科学方法的不断创新,有赖于人类学习能力的不断增强。只有对创造对象进行多思和广思,才能做到深思和精思,才能取得新的成果。创新思维的关键在于用新的方法去思考已知的东西,去运用已有的知识和经验,尝试解决问题的不同方法。

(三)合理的知识结构

知识结构是指知识在人脑中的内化状态,即一个人所具有的各种知识的构成和搭配状态,包括知识的多少、各种知识的构成、相互关系及其融会贯通并由此形成的整体功能。合理的知识结构是创新人才最重要的基础和先决条件。知识经济时代的到来,使知识无限膨胀、社会分工日益细化,专业化必不可少。但现实的问题往往是多学科、多领域问题,必须要以开阔的视野来界定问题,如果将问题局限在单一的某门学科范围内,就会妨碍我们从其他领域寻找思路。事实上,每一个学科、行业和组织,每一种文化都有自己的创新模式、方法,以及处理问题的捷径,但最佳创意往往形成于多学科交叉的边缘上,出现在人们跨越学科界限、进入其他领域的那一瞬间。科学技术的突破和创新,往往都源于思想的杂交。已有重大科学发现和技术发明揭示着这样的一个结论:"科学上的大多数进步,都发生在人们被迫改变自己的专业领域之时。"因此,创新人才必须具备以下四类知识:一是厚实的基础知识。基础知识是知识体系的根基。随着市场经济的发展,新知识、新事物的不断涌出,社会竞争日益积累,扎实的基础知识是强有力发展后劲的保证。二是精深的专业知识。专业知识是知识获得创造性应用的重要桥梁。但往往只有将所学的专业知识与邻近专业知识结合起来,才能获得新知识,创造新价值。三是实用的方法性知识。方法性知识在知识结构中起着润滑剂的作用,娴熟地运用学习方法会使学习、创作效果事半功倍。四是有效的应用性知识。创新性人才除了掌握"是什么"的知识外,还应该知道"怎么做"的知识,即如何实践,怎么将知识应用于实践,产生新知识。

(四)创新的实践能力

良好品质、创新思维和合理的知识结构是创新人才的内部特征,创新实践的能力则是创新人才的外在表现,是创新人才培养的落脚点和出发点,所有具有创新性的思想、设计最终要通过创新活动体现出来。特别是科技创新,最终要通过创新实践活动转化为创新产品,是一个创造的过程,因此,创新实践的能力是科技创新的决定因素。创新实践能力是多种能力的综合,主要包括:创新主体的信息加工能力、动手能力、操作能力、掌握和运用创新技法的能力以及创新成果的表现能力等。

二、我国工科院校创新人才培养现状及制约因素

新中国成立以来,由于受"左"倾思想尤其是"文化大革命"的冲击,我们高校在人才培养方面没能与西方发达国家同步。20世纪90年代,随着改革开放的深入,我国高校加快了教育改革的步伐。在"科教兴国"和"可持续发展"两大战略的促动下,我国颁布了《中共中央国务院关于深化教育改革全面推进素质教育的决定》,明确提出高等教育要培养具有创新精神和实践能力的高级专门人才。在这种教育改革的驱动下,我国高校纷纷结合本校实际,积极借鉴国外成功经验,在成才培养模式上进行了不少积极探索,逐渐形成了创新人才的三种培养模式:(1)以"通识教育"为特征的培养模式。许多研究型大学提出了"加强基础、淡化专业"的"通识教育"创新人才培养思想,基于学科平台构建培养模式,在入学前两年不进行专业教育,主要进行通识教育。着重通过学科平台课程体系的构建,将教学与科学研究相结合,理论教学与实践教学相结合,着重培养学生的研究能力和习惯,形成学科合理的知识结构,实现教育过程的整合,保证学生创新能力的培养。(2)以突出学生课外科技活动为途径的培养模式。很多高校以创新实践基地为依托,以大学生课外创新实践活动为渠道,通过开设创新实践项目,建立"大学生创新教育实践中心",参与"挑战杯"科技竞赛等学科竞赛,实行产学研一体化的模式,积极开展创新人才培养的实践与探索。(3)以创业教育促进学生创新能力的培养模式。有的学校把创业教育作为学生创新能力培养的途径之一,在校内开展形式多样的创业教育与实践。如成立了创业教育学院、开设创业教育课程、鼓励学生拟注册个人的公司等,锻炼学生的创新实践能力。

尽管我国这些年在创新人才培养方面取得了成就,但仍处于探索阶段,在很多方面还存在着制约创新人才培养的因素。具体而言,主要表现在以下几方面:

(一)市场经济的功利性限制了高校学生素质的全面发展

市场经济的生存竞争和等价交换原则,虽然增强了学生的竞争意识和培养了学生的务实精神,但也使学生的精神意志由重德主义向重利主义转化,受功利的驱动,重眼前利益,缺乏长远追求,造成必要的人文和科学素养的缺乏,形成"重应用轻基础、重技能轻素质"的倾向。市场经济的趋利性也是学生往往依据社会职业人群的收入高低选择专业,依据工作待遇和环境的优越选择职业,而忽视了自己的兴趣和行业的发展前景,忽视了综合素质的提供和创新能力的培养。这些都与高校人才培养目标背道而驰。

(二)不完善培养方案和课程体系束缚了学生的知识面

现行的课程体系是从原苏联时期继承来的,是一种以专业教育为主的课程体系,且专业划分过细,使知识面狭窄。其突出表现在:一是基础教育只强调为专业教育服务,忽视了其本身对学生科学素养的养成作用;二是课程单一,缺乏综合性,不利于学生多学科知识的综合运用。虽然,近年来,很多工科高校也都相继开设了很多人文素质类课程,但大都是一门门的罗列,整合不够,特别是这些人文类课程和工程知识的整合不够,造成学生的综合素质不高。

(三)有限的选修课机制影响了学生的个性发展

个性是创新思维产生的基础,发展个性是现代教育的重要标志。没有兴趣的强制性学习,只会扼杀学生的求知欲望。然而,我国现行的高等教育,培养模式单一,从专业选择、课程选择、学习进程选择等,学生都没有太多的自主权,学生只能听从学校的统一安排。教学组织、课外活动大多整齐划一,学生管理强调共性,缺乏灵活性。学生的兴趣爱好受到限制,个性得不到张扬,形成随大流的意识和行为,创新意识和创新精神难以形成。

(四)灌输式教学模式削弱了学生自主学习能力

受赫尔巴特传统教学观的影响,目前,我国工科高校大都采用以教师课堂讲授为主的"填鸭式"灌输教学方式,片面强调知识的传授,忽视学生的智能培养和互动交流,把知识记忆的多少作为评价教学效果的重要标志,使学生逐渐养成了死记硬背的学习方法,学生自主学习能力普遍不足。

(五)实践训练不足造成了动手能力差

重视知识传承、轻视实践育人一直以来都是我国传统教育的最大弊端。不少高校往往把实验课、实习课看成课程理论教学的附庸,学生甚至可以通过"一纸证明"来获得相应的毕业实习或精工实习学分,由此造成实践训练的软化、弱化、虚化,并最终走向形式化,严重影响了学生实践能力的形成和发展,造成学生的实际动手能力普遍较低。

三、工科高校创新人才培养模式对策

创新的关键在于人才,人才的培养在教育。作为肩负人才培养重任的高等院校,必须打破旧观念与制度的束缚,深入进行教学改革,推动人才培养模式的创新,使教育氛围有利于培养大学生的创新才能。

(一)更新教育观念,树立个性化教育理念

人类社会的每一次重大变革,总是以思想的进步和观念的更新为先导。高校也应该随着时代的进步,转变教育观念,树立个性化教育理念。个性化教育要求教育者在教育过程中必须做到以下两点:一是要尊重学生的个体差异。每一位学生由于生活、经济、文化等背景的不同,总会存在这样或那样的差异。学校应营造宽松的环境让学生自由发表言论、阐述思想,探索未知,对学生的特立独行、标新立异应该予以理解、尊重、保护和引导。学生的个性在教育过程中,能否得到尊重和发展,将直接影响到学生今后是否具有敢于质疑、敢于批判、敢于冒险的创新品质和独立思考、独立判断的思维习惯。正如苏霍姆林斯基所说:"只有承认这种个性差异,才有利于对每一个学生进行教育"。其次,突出学生主体地位。凸显学生的主体地位,尊重学生的"自由的意志,独立的人格",既可以培养和提高学生在教育中的能动性、创造性、自主性,使他们成为具有自我教育、自我管理和自我发展的主体;也可以引导学生正确地认识自己、评价自己,鼓励学生大胆地提出自己的看法,使学生具备"吾爱吾师,吾更爱真理"的科学精神与勇气。

(二)完善学分制,促进学生的全面发展

学分制是以学分为单位衡量学生的教学管理制度,是世界各国普遍采用的教学管理制度。给予学生自由选择是学分制核心的理念,它主要包括选课制和弹性学制两方面内容。选课制即允许学生在学校规定的范围内自由选择专业方向、选择课程、选择老师、选择上课时间和自主安全学习进程的教学管理制度。选修课数量的多少、质量的高低以及学生自主权的范围是考核选课制是否有效落实的重点。选课制是学分制的基础,它为学生提供了大量高质量的选修课程,为培养创新人才奠定了坚实的知识基础。弹性学制即学生只要修满专业要求的学分就能毕业,允许学生提前毕业,也可以滞后一定时间毕业,是一种学习时限较为灵活的制度。弹性学制是学分制的重要组成部分,体现了学分制充分满足学生的个体差异的特征,又反映了学分制下教育的极大开放性。目前,我国虽有不少高校也实施所谓学分制,但存在选修课太少、转专业限制多、弹性学制灵活度不够,尚未完全发挥学分制的优势。因此,实行完善的学分制是尊重学生个体差异、调动学生积极性、发挥学生主动性的重要举措,有利于帮助学生形成良好的思维习惯、构建合理的知识结构,促进学生的全面发展。

(三)加强课程综合化改革,优化学生知识结构

当前,科学技术的发展既高度分化,又趋向综合,各学科广泛交叉、相互渗透,很多重大问题都是涉及多学科的综合性课题。高校应积极适应科技发展的融合趋势,在人才培养方面必须突破单一学科的限制,使学生具备跨学科的背景,具备开阔的学科视野和广博的知识

结构。实践证明,学生知识结构间的联系越强,有联系的知识单位容量越大,越有利于知识的迁移和创新。如果我们在构建课程体系、选择教学内容时,仅仅注重学科自身体系的完整性,而忽视课程综合化改革,必将造成学科之间壁垒森严、知识隔离,只能培养某一方面的"技术人员",难以造就高素质的创新人才。因此,高校要重视学科综合化,在构建课程体系时,要有目的地构建一系列有利于学生综合素质培养的,具有宽泛性、交叉性和时代性特征的课程;同时,应精心设计与之配套的第二课堂和校园文化环境,以便学生构建合理的知识结构和能力结构,全面提高自身的素质。

(四)加强实践育人环节,锻炼学生的实践动手能力

实践出真知。在实践中人们可以接触和了解实践对象的形状和类型,掌握实践工具的性能和特点,运用实践的方法和规则,认识事物发展的过程和规律,适应实践的场景和环境,了解和把握各种因素之间的各种关系。这种生动的知识和相关的能力对于任何创新都具有积极的甚至是不可或缺的意义。因此,工科高校在努力抓好理论教学的同时,必须加大实践教学的力度,着重做好以下几方面的工作:一是深化实验教学改革。要坚持实验向应用性、设计性和综合性的方向发展,改革实验教学,引进现代化先进实验技术,采取开放式和CAI等多种形式,调动学生的积极性,充分发挥学生的创新能力以及动手能力。二是抓好实习教学环节。着重建设一批常规实习基地,使学生有更加充分的实习和锻炼的机会。同时,要采取有效措施,变学生被动实习为主动实习,提高学生参与实习的兴趣,激发主动思考的热情,以培养学生发现问题、分析问题、解决问题的能力。三是鼓励和支持学生参加社会实践和课外学术科技创新活动。让学生在实践中检验所学,认识不足,纠正观念,丰富知识,回报社会。

(五)开展互动教学方式,培养学生创新思维和创新能力

互动式教学是指通过营造多边互动的教学环境,在教学双方平等交流探讨的过程中,达到不同观点碰撞交融,进而激发教学双方的主动性和探索性,达成提高教学效果的一种教学方式。开展互动教学,不仅有利于加强师生交流,增进彼此感情,实现教学相长;也有利于培养学生自觉思考、独立判断的能力,促进学生的全面发展。虽然互动教学的形式有多种多样,但其总体要求包含以下两点:一是始终尊重学生的主体地位。在教学过程中,教师必须确立"学生主体"观念,营造民主、平等、自由、开放的氛围,彻底改变传统"填鸭式"教学中的"一言堂"、"独角戏"角色,鼓励学生大胆质疑,善于发现问题,提出问题,勇于表达自己的见解,培养学生分析问题和解决问题的能力。二是充分发挥教师的主导作用。教师是学生成长成才的合作者、鼓励者和引导者。创新人才培养,师资是关键,师资队伍的素质直接决定着教育质量。因此,加强师资队伍的建设,提高教师自身的学习、创新能力是创新人才培养的重要环节。只有教师讲授的内容接触学科前沿,反映最新的学术成果,理论联系实际,才能使学生真正感受到知识的魅力,达到激发学生思维的目的。同时,教师要善于运用各种现代教学手段,鼓励学生积极参与课堂讨论,充分调动学生学习的主动性、积极性与创造性,让学生学会思考、敢于质疑,培养学生的自我表现能力和创新能力。

创新是民族进步的灵魂,是国家兴旺发达的动力。高校肩负着创新人才培养的重任,尤其工科院校更是工程创新人才的摇篮和重要基地。因此,深化教育教学改革,提高教学质

量,探索和完善工科高校创新人才培养是高等教育的永恒追求。路老校长有关创新人才培养的理论研究和实践探索犹如黑夜里的明灯,指明了改革的方向。我们相信,随着路甬祥教育思想研究的深入和高教改革实践的发展,我们必将会找到符合时代发展、适合我国国情的创新人才培养模式,为我国创新型国家战略的实现贡献力量。

参考文献

[1] 求是与创新:路甬祥教育文集[M].杭州:浙江大学出版社,2012.

[2] 郭广生.创新人才培养的内涵、特征、类型及因素[J].中国高等教育,2011,(5).

[3] 许晓东.基于学科平台课程的创新性人才培养体系研究[J].高等工程教育研究,2006,(3).

[4] 程耿东,沈宏书.大连理工大学创新人才培养工程的探索与实践[J].国家高级教育行政学院学报,2002,(6).

迈时代步伐,培养新世纪创新人才

范庆瑜

《求是与创新:路甬祥教育文集》既是路甬祥老校长教育思想的精华体现,同时,也充分展现了中国高等教育事业的一个发展历程。"以德为先"、"教学相长"和"创新乃科技之源"等先进理念,对今天的大学发展充满了理性思考,是留给每位高校教师和高校管理者的一笔宝贵财富,也是一个值得继续深入思考与研究的课题。他率先建立的有利于激发创新活力的体制机制,有力地推动了学校的改革发展,这是当代中国高等教育领域宝贵的精神财富,非常值得我们在实践中深刻领会和学习借鉴。他的一生都在为祖国科学事业的发展和人才培养而不断奋斗努力,他博大的教育思想体系、高尚的情操深深地折服了我。他的人生观、价值观、世界观让我受益匪浅。作为一名高校教师,读了路甬祥教育文集之后,让我深刻感觉到,科学合理的人才培养理念、培养模式在创新人才培养过程中的重要性。如何重新定位人才培养的目标和培养模式,以及认清当前人才培养所遇到的困难,就显得尤为重要。

近年来,高等教育通过不断的发展和改革,质量上和规模上都有了较大的提高,为我国经济社会的快速、健康和可持续发展作出了巨大贡献。但是,由于目前我国正处在高速发展期,社会和经济都在不断地发展和转型,新的机遇和挑战层出不穷,国际形势也在不断发生变化,高等教育作为人才培养的摇篮,面临的问题和挑战也日新月异。在新形势下,对外,我国的国际地位正在逐步提高,中国与世界其他国家的互动与交流也更为频繁,迫切要求高校培养的人才具有国际化与开放性思维;对内,过去三十年拉动中国经济快速增长的资源消耗型经济发展方式已不再适用,人力资本将成为未来我国经济发展的支撑点,迫切需要高校培养的人才具有创新思维和创造能力;同时,我国社会的可持续发展和精神文明建设也迫切需要高校培养的人才具备高素质与良好的道德与文明意识。

但是,目前我国的高等教育质量还不能完全满足我国经济社会发展的需要,高校培养人才的实践能力和创新精神还不高,重点高校与世界顶级高校的人才培养水平还存在较大的差距。因此,我国迫切需要采取切实有效的措施,进一步深化高等学校教学改革,进一步转变和完善高校的人才培养模式、教学内容和评价方法,以提高高校的人才培养质量,从而更好地满足经济社会发展对高质量人才的需要。尤其,在当前经济社会转型的新形势下,高校人才培养质量是否符合我国未来发展的需求,决定了我国未来的发展战略和规划是否能够实现。

教育的核心目标就在于促进人的全面发展,使其成为符合社会需要的人。高等院校的教育是教育的高级阶段,一般来说,某一个人在接受了高等教育之后,就要投身于社会实践。因此,高等院校的教育在促进人的全面发展中肩负着重大的责任。以人为本的价值取向,对高等院校促进人的全面发展提出了新的要求。素质教育是促进人的全面发展的前提,道德价值是促进人的全面发展的内涵;非智力因素是促进人的全面发展的主导;人文素质是促进人的全面发展的底蕴;个性发展是促进人的全面发展的核心;国际人才素质是促进人的全面发展的借鉴。那么我们高等院校人才培养的终极目标,就是要使学生具有坚定的信念、高尚的道德品质和情操,具备广博的基础知识,精通专业业务。要学会学习,并掌握终身学习的技能。要善于研究,具有创新精神和能力,有健全的体魄和广泛兴趣,要有吃苦耐劳、锐意进取的品质,能够适应现代社会发展变化的需要,放眼世界,放眼未来,具有较强的社会综合能力和适应能力。

当今世界经济全球化已成为不可阻挡之势,这是任何一个国家都不可回避的一个潮流。2001年,我国加入世界贸易组织,标志着我们完全、正式地加入到经济全球化之中。在世界高度开放的同时,以知识为基础的知识经济、信息经济也逐渐取代了传统意义上的工业经济,知识经济、信息经济正在成为社会的主导。21世纪是一个全球化高度发展的开放型的社会,同时也是一个以知识经济、信息经济为主导的知识型社会。所以在这种驱使下,如何来培养适应经济全球化、知识化要求的人才就成为非常关键的环节。人才在社会的发展当中成为决定胜负的关键因素,谁拥有人才,谁拥有知识和技术,谁就是胜者。竞争说到底就是人才的竞争。

对于人才的理解,从理论上讲,我们可以从四个方面来界定:一是有道德,二是有学识,三是有才能,四是体质健全。道德是指受教育者要具有健全的人格和人文精神,能够正确认识和处理人与自然、人与社会、人与人的基本关系,它在人的综合素质中处于首要位置;学识主要是指学问和见识,学问即人对于自然、社会和思维的知识体系的深刻理解,见识则是对事物本质的洞察力、独到的见解和对未来的预见性;才能是一种综合智能,主要包括自学能力、选择能力、思维能力、创新能力、信息处理能力和表达能力等;健全的体质是指健康的体魄和健康的心理。这四个方面相互联系,相互渗透,相互补充,共同制约着人的整体素质的发展和提高。

在经济全球化和知识化的趋势下,对人才的素质提出了新的要求。首先,它要求人们要有正确的价值观、道德观,有一个健康的思想意识结构,有较高的理性精神,这是基础;其二,要具有开放意识、交流合作意识、较高的知识技术水平、合理的知识结构,最关键的是要具有较强的创新意识和能力。只有具备了这些综合素质,才能适应这种大趋势。

高校担负着人才培养、科技创新、社会服务和文化辐射等重任,其中,人才培养是高校的灵魂、核心所在。培养具有创新精神和实践能力的高级专门人才就成为高校的根本任务。高校培养人才的目的就是使所培养的人才能够适应国家和社会的要求,履行服务社会、创新科技和辐射文化的职责。这就要求高校在人才培养上,要创新人才培养理念、创新人才培养方式、创新人才培养机制等,凭借自己掌握的现代科学技术知识和创造能力,在一定条件的支持下培养出具有创新性的人才。而创新性人才培养是一项复杂的系统工程,高校只有通过不断的探索、不断的实践、不断的创新、不断的完善,才能真正培养具有创新思维、创新人格和较强实践能力的创新性人才,才能适应现代社会的高度发展和新时代的要求。

人才是一定历史时代的产物,不同时期需要培养不同的人才,这就使得高校在人才培养上具有时代性,必须要始终贯穿时代发展的需求,不断调整自己的人才培养战略。这就要求高校在人才培养过程中,必须充分考虑到人才在未来的适应性,必须对未来市场信息进行科学论证与准确预测,找准专业设置和人才培养与市场需求的结合点,使所培养人才能真正做到面向现代化、面向世界、面向未来。

高校作为培养人、塑造人的地方，其根本作用就在于促进人的全面和谐发展，本身就应该"以人为本"，以人的发展为本。"以学生为本"，是科学发展观在教育思想上的运用和体现，是从学生的立场和角度出发，把学生的切身利益放在学校改革和发展的首位，作为学校教育和管理的根本，调动学生的积极性，激发学生的创造力，提高学生的素质，从而促进学生的全面发展。

高校人才培养本身就是一项从各方面教育人、发展人的工作。只有坚持全面发展，才能真正使其自身的人生价值得以实现，才能极大地发挥人的积极性、主动性、创造性。因此，高校在人才培养上，要从国家、经济、社会发展的全局和人的全面发展需要出发，防止人才培养的片面性和绝对化，注重德智体美劳的全面发展，注重专业素养和综合素养的统一，注重教书和育人的统一，全面提升教育教学质量，促进人才的全面发展。

全面发展是协调发展的前提，协调发展是实现科学发展的必经之路，要实现人才培养的科学发展，就必须要实现人才培养的协调发展。协调发展就是要处理人才培养中的各种关系。一是要协调德智体美劳诸方面的发展，才能使所培养人才得到全面发展。二是要协调专业素养和综合素质之间的关系，不仅要注重专业知识的积累，而且要注重综合素质的提高，才能使所培养的人才达到广博精深，适应经济社会发展的需要。三是要协调教书与育人的关系，高校在人才培养上不仅要注重教育教学的方式方法，培养成"才"，而且更要注重育人，培养成"人"，只有成"人"、成"才"相结合，才能成为当今社会所需要的人才。也就是要求高校在人才培养上既要有侧重，又要有所顾及，才能实现人才的协调发展。

人才培养的目标就是要实现人才的可持续发展，在人才培养上，既要立足当前，又要着眼未来。这就要求高校在人才培养工作中必须与时俱进。一是要创新教育理念。坚持以人为本，树立国际化、终身化的教育理念。二是要科学定位。要根据社会的需要和自身优势，科学规划，培育新的生长点，增强人才的竞争力和适应性。三是重视师资队伍的建设。只有一流的教师，才能培养出一流的学生。因此，培养和造就高水平的教学、科研、管理团队，就为人才培养的可持续发展奠定了坚实的基础。

当今时代，面对激烈的国际竞争，创新人才培养已成为国家人才战略的核心，是建设创新型国家的必然要求。注重教育教学改革，实现全面协调发展，探索多元化的教学方法。教学方法是为了完成一定的教学任务，师生在教学过程的共同活动中采用的途径和手段。高校的教学方法一般可以分为课堂教学（包括授课、讨论、实验等）、现场教学（包括参观、调查、实习等）、自学法（包括阅读、练习、复习等）和科研训练法（包括活动、报告、论文等）。教学作为实现人才培养的关键环节，要使培养人才与国家社会多样化的需求相适应，就必须根据高校人才培养目标和学生发展特点进行教学改革。教学有法，教无定法，探索多元化的教学方法就显得尤为重要。针对不同的课程、不同的教学内容，要采用不同的教学方法。对一些实践性较强的专业，可采用教、学、做一体化的教学模式，做到学中做，做中学，达到知行统一。只有实现教学方法的多元化，才能激发学生的积极性、主动性和创造性。

此外，科学研究表明，从某种意义上讲，智力和情感智慧是一个人事业成功的两臂，缺一不可。智力反映的是一个人的知识水平，它主要表现在分析解决问题的能力上。情感智慧是人心理素质的核心内容，主要反映在对自我情绪的控制管理及对他人情绪的驾驭上，表现为意志力、自信力、坚韧力、进取力、创造力、承受力、交往力等。有专家认为，情感智慧是一个人成才成功的重要动力系统。教育如果只看重知识系统的发展而忽视动力系统的锤炼，就不能持久地发挥人的智力潜能，就难以适应竞争时代发展的客观要求，作出应有的成就。

在我国，随着对外开放、科技进步，信息量的急剧膨胀，社会生活节奏加快，人们不可避免地面临变革的冲击。青年人对此较为敏感，但由于健全的人格尚未完全形成，生理心理处于成熟与不成熟之间，因此往往感到难以适应现代化社会的变化。这时单一的智能要求，会造成一种偏激的心理定势，各种生物性和社会冲突造成的压抑得不到正确疏导，同学们的身心健康就受到损害，经不起挫折，严重的还会导致精神上的病态。这种状况，给高等教育提出了新的课题，要求教育关注对学生健全人格、情感智慧的培养和锻炼。注重情感智慧的教育，首先要增加正确对待成功和失败的自我认识能力，这是新一代大学生应具备的基本素质。要培养大学生具有良好的自我调节能力，产生"免疫力"，经得起"得意"与"失意"的考验。其次要培养大学生宽广的胸怀，摒弃嫉贤妒能的狭隘心态。

高校教育要在打下扎实知识基本功的前提下，冲破书本束缚，培养学生获取知识的能力，即不仅"授人以鱼"，而且"授人以渔"。首先，增强思维的广阔度，确立整体性思维方式。当今是开放的时代，国际间、地域间、系统间的联系日益广泛密切，现代宣传工具的普及和信息流通的加速，反映在思想上，必然由封闭型转变为开放型，确立整体的思维，做到多方向、多侧面，左右联系，上下贯通，纵横比较地掌握知识。其次，保持思维的缜密性，确立系统性思维方式，在知识系统之间建立联系，相互影响。今天知识的分类越来越细，但相对的划分不能阻断知识间的相关性，要有跨学科意识。第三，发挥思维的创造力，确立求异性思维方式，这已被当作现代人的素质核心。如果一个学生仅会接受观点，背公式定律，没有研究创新的热情和创造能力，今后势必难有作为。因此高等教育要在青年创造力发展的黄金时代，培养学生勤于思考、敢于质疑的精神，努力发展逆向性思维和发散性思维，能探索书本结论之外的观点，并在博采众家的基础上，深化知识，培养科研能力和高水平的学习能力。在学习方法上讲究科学性、灵活性，如变"单向灌"为"多向流"，通过使用现代技术谋求更广的途径，关注"多而广"的对象等。同时也应建立一些全新的观念。比如，建立终身教育的观念，养成主动学习的习惯，用新知识"充电"。这些都是学习能力综合素质的表现。

由于受传统教育思想的影响，人们衡量教育质量的高低，主要就看学生掌握了多少知识和技能，能不能解决当前的"现实"问题，而很少顾及未来的发展。创新人才的培养是一个系统工程，它不能脱离社会发展的客观需要和经济建设的水平，也不能脱离人们的思想水准和行为范畴。在创造性人才培养过程中，高校必须建立适应创新人才培养的新机制。对于教师而言，必须既具有宽厚的专业知识，又具有丰富的人文知识，懂得教学规律。在教育模式上实现四个转变，即转变以继承知识遗产为核心的教育思想，树立培养学生创新精神和创新能力的教育观念；转变以学科为重点的教育思想，树立整体化知识的教育观念；转变以发展智力为中心的教育思想，树立智力与非智力因素协调发展的教育观念；转变以培养学生学会做事为追求的教育思想，树立以既教会学生做事又教会学生做人、把做人与做事统一起来的教育观念。国家需要增加教育投入，加大支持创新的力度，各社会团体、企业、公司等也要为创新人才的培养做各种力所能及的事情，通过建立科研基地，促进学生带科研创业，实现产、学、研、用相结合，为学生创新能力的培养搭建平台，通过设立创新专项基金等，为学生的创新提供制度保障和物质支持，鼓励创新。

"教育是知识创新、传播和应用的主要基地，也是培育创新精神和创新人才的重要摇篮"，培养和造就一批又一批高质量创新人才，是时代赋予高等学校的历史使命，也是高校教育工作者和理论工作者义不容辞的历史责任。对人才来说，最重要的素质是创造性地应对多元的、不断变化着的环境的能力。高校必须从高校的实际出发，采取切实可行的措施，有力、有效地推动创新人才的培养，构建培养创新人才的新机制，同时需要寻求科学的方法予以正确应对，以实现培养和造就人才的目的。

高校的人才培养目标应随着社会需求的改变而改变，因此，人才培养质量评价应该是一个动态的过程，而不是一成不变的。现代社会对高等教育的需求、学校的层次、定位都是多样的，决定了人才培养质量的多样性，如果在对高校人才培养质量进行评价时不考虑学校的培养特性，则会导致教育评价的僵化，不利于高校特性的发展和独特竞争力的培养。只有制定出一个科学、公正且符合高校发展特性的人才培养质量评估指标体系，才能保证不同类型、规格、层次的高校人才培养质量，促进我国高等教育大众化的进程。

作者信息

范庆瑜：女，中国计量学院副校长，副教授。

德育为先 实践成才

——《求是与创新：路甬祥教育文集》学习有感

刘秀丽

认真拜读完《求是与创新：路甬祥教育文集》（以下简称《教育文集》），掩卷而思，心中颇感亲切和心潮澎湃。究其因，或许有二，一是路甬祥院士是浙大的老校长，任职浙大期间，积极推行教学改革，推动创新实践人才的培养，诸多改革措施惠及了一批浙大学子的成长成才。作为一名浙江大学的在职研究生，今天不仅能有机会通过《教育文集》去学习路老校长对人才培养的真知灼见，而且也沐浴着其人才培养改革的恩泽；二是科学家与教育家身份兼具的路甬祥院士，不仅虔诚热情地追求着科学真理，而且对中国高等教育事业的改革和发展拥有远大的战略视野。《教育文集》全面展现了路甬祥院士对浙大办学治校的战略性思考与教育科研改革的先进理念，展示了这一时期浙江大学全面推进和深化教育改革发展所取得的成果。作为一名高校教育工作者，通过《教育文集》，让我较为全面地了解了浙江大学在建设世界一流大学的进程中，近十年的教育改革思路和辉煌历程，既具体又伟大，读来令人深思。

"培养什么人，怎样培养人"，是我国教育改革发展战略主题的核心要求和根本问题。《教育文集》生动记录了路院士基于浙江大学的办学实践和经验，对高等教育发展和改革所作出的前瞻性判断并进行的生动有效的实践。其所提出的德育为先、实践成才等理念，给我感触和启发深刻。

立德树人，以德为先。20 世纪 90 年代，路校长就提出，"大学教育必须牢固树立以德育为先、全面发展、教学相长的思想"，浙江大学要"面向社会主义建设需要，立足国内培养高级人才"，并强调指出，"社会主义高级人才的培养目标，首先是要具备良好的政治思想觉悟和道德品质。要使人才能较好地掌握运用马克思主义、毛泽东思想的基本立场、观点和方法，能坚持四项基本原则，自觉地把个人理想同祖国和人民的利益联系在一起，自觉地树立科学的世界观和人生观，树立良好的科研道德；造就他们"献身、求实、协作、创新"的精神，严谨治学、勤勉上进的作风；作为一个社会主义社会的高级知识分子所应具有的行为规范。"《国家中长期教育改革和发展规划纲要（2010—2020 年）》指出，要坚持"德育为先"，这是高校人才培养的核心和灵魂；党的十八大报告提出，要"把立德树人作为教育的根本任务，培养德智体美全面发展的社会主义建设者和接班人"。这不仅关系党和人民教育事业的发展，也关系整个中国特色社会主义事业的全局和长远。立德树人，要求教育事业不仅要传授知识、培养能力，还要把社会主义核心价值体系融入国民教育体系之中，引导学生树立正确的世界观、人生观、价值观、荣辱观。"立德树人"是对"德育为先"教育理念的深化，在当时国家经济社会发展急需高科技人才的情况下，路校长就旗帜鲜明地提出"以德为先"，让人不得不佩服路校长对高校人才培养的远见卓识。

立德树人，师德为范。路校长认为，要切实抓好教师的思想政治教育，努力建设一支政治坚定、业务精良、学风严谨、结构合理的高校教师队伍。师者，传道、授业、解惑也，应当传理想信念，授各类知识，解人生困惑。"学高为师，身正为范"，知识可言传，德行需身教。在高级人才的培养过程中，路校长坚持"既要强调导师负责制，又要重视集体育人环境和党团工作的作用……要求导师和指导小组应在政治上以身作则、严格要求，在事业上、工作态度、治学精神、师生关系等方面要作出表率，在业务上悉心指导、热情关心"。高校教师肩负着为人师表、教书育人的重任，立德先立师，树人先正己，培养和造就一支学高身正的教师队伍，是立德树人成败的关键。他认为，合格的教师，应努力做到"献身教育、忠于职守、热爱学生、教书育人"，还重点从思想政治、道德品质、学识业务三个方面对教师的思想教育提出了明确目标。作为一校之长，如此高度重视教师队伍的思想教育实属难能可贵。

立德树人，实践成才。德育具有鲜明的实践性。德育的有效性，不仅需要通过课堂理论教学来入脑，更需要通过学生自身的体验和感悟来入心。生活实践既是大学生砥砺品质、锤炼作风、发现新知、运用真知的重要途径，也是思想政治教育的"源头活水"和最终归宿。路校长非常重视人才培养中的实践实习环节，要求大学生在校求学期间，要勤下工厂、进企业进行社会实践，多向社会学习，以尽快了解社会、适应社会。他强调，实习实践要达到"联系实际，拓宽知识，增长才干，锻炼思想"的目的。实习，必须走出课堂、走出校门，将自己所学知识和实际工作联系起来；通过实习实践，学习锐意改革的革命精神，实事求是、脚踏实地的科学态度。强化实践教育，充分发挥社会实践的育人功能，可以引导大学生在实践中体会科学理论的真理性，将科学理论和道德要求内化于心、外化于行，最终确立科学的世界观、人生观、价值观，这也是今天高校育人工作改革的方向所在。路院士就实践活动对促进学生德育和成长成才的重要性的论述，对今天高校的人才培养工作具有极为重要的指导意义。

作者信息

刘秀丽：女，中国计量学院党委委员、党委宣传部部长，博士。

求是创新,培养自动化特色人才

陈 乐

1982 年 1 月,我毕业于浙江大学科仪系,现在是中国计量学院自动化专业的一名老师。在浙大校园、图书馆、教学楼、测试中心或者机械工厂,与曾经的浙大校长,现在的全国人大常委会副委员长、中科院院长路甬祥虽可能擦肩而过,但却从未谋面。我出生,他考进浙大;我进浙大,他启程赴德;我做毕业设计,他已获联邦德国工程科学博士学位回浙大任教。与竺可桢校长和钱三强校长一样,路甬祥校长的学识人品和办学理念,对浙大人的成长一直有着长远的指导作用。"求是"校训是老浙大人的精神家园和事业根基,而"求是创新"则是新一代浙大人的使命与勇气。

2009 年,路校长在以"融合•互动•创新"为主题的国际工程教育大会上用 1500 字高度概括了其工程教育思想的核心理念。工程的本质是创造,创新是工程教育的本质属性。工程教育与产业互动是工程人才培养的重要路径。工程教育不仅要使人掌握技能,更要以科学精神为先导,以社会责任为基础,以创造性的思维为前提开展创新的工程实践活动,认识和关注地球生态环境和人类面临的挑战,坚持和发展工程技术的价值与人类的伦理准则。工程教育不仅需要本领域内的多学科合作,更需要与自然科学、数学、工程技术与人文社会科学之间的交叉与融合,共享人类文明成果,共创人类更美好的未来。

中国计量学院自动化专业的建设和发展与路校长所倡导的工程教育理念一脉相承。从 1984 年"热工计量测试"专科招生,1986 年本科招生,到 1996 年"热工检测与自动控制"专科招生,到 1999 年自动化专业正式招生,其需求无不来自国家冶金、石油、化工、交通等基础行业产业的自动化程度提高。随着人口红利的逐步消失,自动化生产线和检测制造装备的需求正日益突出,也为自动化专业毕业生施展才华提供了广阔舞台。而其专业建设和教学改革的基本理念亦来自学科交叉综合和制造工程创新活动。专业建设以"精思国计、细量民生"校训为指导,坚持"计量立校、标准立人、质量立业"的办学理念,立足浙江,辐射全国,培养以"以控为主,计控一体,管控结合"的"计控管"自动化特色人才,培养适应中国制造和国家质量振兴事业需要的高素质人才。

经过十几年的奋发努力,在一批热爱教育事业,潜心研究,并踏实从教的老教师带领下,自动化专业的青年教师也迅速成长。按照自动化专业人才培养的要求,在保证自动化专业应有的该专业共性教育教学的同时,进行了一系列特色教育教学研究和改革实践。围绕提出"培养自动化专业'计控管'特色人才"的基本思路,坚持以一条主线:以控为主;两个方向:计控一体、管控结合;建设控制类、计量检测类、优化管理类三个课程群;打造校内、行业、企业、创新四个实践平台;抓住学生受益、教师发展、专业有特色、学科上水平和社会认可五个落脚点,开展课堂教学、实践教学、教材建设、创新教育、平台建设、体系构建等全方位的卓有成效的工作。取得了大量丰硕的成果：于 2003 年成为浙江省重点建设专业；2007 年成为浙江省重点专业；2009 年成为国家特色专业；2009 年入选国家级创新人才培养实验区；2011 年列入国家卓越工程师教育培养计划；2012 年被评为浙江省优势专业并列入国家综合改革试点专业。

自动化专业贯彻落实《国家中长期教育改革和发展规划纲要（2010—2020 年）》精神，遵循《普通高等学校自动化专业规范（2007 试行）》的"以信息为基础，以控制为核心，以系统为立足点"的总体特征和标准要求，依托中国计量学院的计量、质量、标准化背景，形成了"计—控—管"一体化的自动化专业建设特色，培养"计控一体"、"管控结合"的自动化专业特色人才。在课程体系构建、课程建设和实验室建设等方面，突出过程控制和运动控制中的计量检测、自动控制、信息处理与管理内容相结合，培养学生掌握自动控制系统设计、构建、运行与维护，以及组织协调所需的系统化知识，具备从事计量检测、自动控制、信息处理与管理，以及工程项目实施、服务能力。专业确立厚基础、重实践、强能力、多方向、求个性的人才培养方针，强调适应社会需求，注重知识传授与能力培养的平衡。专业以项目引导、任务驱动、学训交替的工程实践教育方式，培养学生成为具有创新创业精神、工程实践能力，掌握完备的自动化专业知识结构、特色鲜明的控制工程应用人才。

扎实的基础和宽广的专业知识也为毕业生提供了更广泛的就业选择。通过攻读硕士学位继续深造，直接就业在控制工程、自动化系统与装置、计量检测、电子信息、通信、计算机、冶金化工、交通运输、航空航天、能源、机电一体化等广泛领域的高等院校、科研院所、工业企业、政府机关，从事工程设计、产品开发、系统管理等工作。多年来，本专业毕业生始终保持着较高的就业率，基本都能够找到满意的工作。人才培养受到了学生、家长和用人单位的充分肯定。调查反馈资料显示：我校自动化专业本科毕业生就业率多年持续稳定在 98.7% 以上，深受用人单位和社会好评，认可度高，认为毕业生具有扎实的自动化控制理论基础，强烈的计量、标准、质量意识，一定的企业生产管理观念。同时，本科毕业生继续深造的比例逐年上升。问卷调查表明，90% 的学生对其教学效果表示满意和很满意。

路漫漫其修远兮。与浙大相比，自动化专业工程教育改革发展的路还很长，但是凭着"求是创新"精神，我们一定会继续努力。

作者信息

陈　乐：女，中国计量学院研究生部主任，教授。

努力践行路甬祥实践教学教育思想

——中国计量学院材料学院工程应用型人才培养的改革实践

徐时清

[摘　要]路甬祥先生有关现代工程教育探索的论述对于现阶段的中国高等教育改革具有重要的现实指导意义。工程教育与工程实践训练并重,视学生为要"形成"的人,已成为现代工程教育的一种崭新的教育观。实践教育观念的转变是一个带有根本性的问题。中国计量学院材料学院将路甬祥先生对于工程教育的思想应用于教学改革之中,中国计量学院材料学院早在 2004 年即开始推进"双导师团队"指导学生进行创新实践,培养学生创新能力的教改实践。

学生受益面达 100%,学生创新实践能力显著提高,考研和就业具有明显优势。

[关键词]实践教学　应用型人才　改革发展

一、路甬祥实践教学教育思想

造就现代工程师,离不开现代工程教育。事实证明,以往的工程教育都不太符合现代社会对工程师素质的全面要求。现代工程教育愈益强调教育和训练对工程师培养同样都是不可或缺的,不应厚此薄彼。在"工程教育与训练"这个短语中,"教育"主要指传授科学文化知识、培养一般能力和发展为工程实践所必需的个人品质;"训练"主要指工程实践,包括实验、实习、设计和科研,从中训练学生的工程意识,培养学生综合多方面的限制因素来研究、设计和制造的技能和能力。

工程教育与工程实践训练并重,视学生为要"形成"的人,已成为现代工程教育的一种崭新的教育观。实践教育观念的转变是一个带有根本性的问题。但是,观念的转变应该不仅仅停留在思想上,还需转化为实际行动。后者做起来相对困难很多,将新观念付诸行动,也是深化教育改革的一个方面。

二、特色院校工程应用型人才培养的基本模式及存在的问题

高等工程教育的发展史是一部和工业企业与工程技术协同发展的历史。自从高等工程教育出现以来,高等工程人才培养与工业企业技术进步相互促进、融合,加速了工业化进程和经济社会发展。高等工程教育的发端和发展是传统大学走出象牙塔,走向社会,开放合作办学的重要标志。随着知识经济和工业化进程的加快,工业现代化和信息化、国际化等趋势对高等工程教育提出了更高的要求和更大的挑战。佐治亚理工学院的阿金斯(Thomas A-kins)认为,未来的工程教育可能会有多种形式,合作教育的形式会不断变化,但是没有一种

教学方式可以真正替代它,可以说,没有比真实的工厂、工地、公司更好的实验室。

人才培养模式是指在现代教育理论、思想指导下,按照特定的培养目标,以先进的教学内容和课程体系,管理制度和评估方式,实施人才教育的过程的总和。简单来讲,人才培养模式是指学校为学生构建的知识、能力、素质结构及其实现方式,它主要包括培养目标、教学理念、培养方案、课程体系、教学设计、培养途径、师资队伍等要素。这实际上就是要回答我国高等教育教学改革的两个根本性问题,即培养什么样的人与怎样培养这样的人。人才培养模式贯穿于人才培养的各个环节。

应用型本科的人才培养模式应当体现下面几个方面的内容:(1)知识、能力、素质的协调发展;(2)以工程为中心的各学科知识的有机综合;(3)专业技能的训练和工程意识与工程应用能力的培养;(4)创新思维和创新能力的培养。一方面,学生在校学习期间,应为其打下扎实的从事工程技术应用所必需的基础理论和专业基础理论知识,这种理论基础还要考虑到学生今后适应新技术发展及工程应用中综合和创新的需要;另一方面,要加强对学生专业技能的训练和工程意识的培养,使其得到工程应用能力的初步训练,同时,应使学生了解和接触与工程和专业活动有关的社会、经济、组织管理、公共关系、环境和国际背景等方面的知识,即树立"大工程"的观念;在理论知识的学习和工程实践的过程中,应培养学生科学的思维方式和学会学习的能力,使学生掌握发现、分析、解决工程实际问题的基本方法,同时将创新思维和创新能力的培养贯穿其中。

部分本科院校因本科教育时间短,经验积累不足,其工程教育培养模式仍处在探索和模仿传统本科培养模式阶段,尚未真正形成自己特色,仍然存在偏重学科知识传授,在实践能力、创新精神、综合素质培养等方面还存在许多缺陷。突出的问题表现为与工业企业界脱离,课程体系、教学内容、教学方法和评价方法落后,人才培养模式单一等问题。因此,面对培养卓越工程师的新形势,新建本科院校迫切需要采取切实有效措施,实现以培养学生创新精神和实践能力为核心的人才培养模式改革的新突破。这类本科院校人才培养模式存在以下方面的问题。

(一)培养目标不明确,滞后于社会行业新需求

人才培养目标决定人才培养模式,人才培养模式决定人才培养质量,这是教育的基本逻辑。遗憾的是,很多学校恰恰忽视了人才培养目标在人才培养活动和提高教育教学质量中所具有的方向指导和理念统领作用。新建本科院校从组建之日起,其办学的主要使命就是为地方经济和社会发展服务。当办学层次上了一个新台阶后,借鉴模仿老牌本科院校的人才培养目标,致新建本科院校培养的本科人才"千人一面",难以获得用人单位的青睐。新时期人才培养目标定位不明确,与社会需求的针对性和适应性不强,特色不明显,是影响本科院校快速发展的关键因素。因此,需重新审视新建本科院校的培养目标。

(二)实践教学地位不突出,缺乏系统设计

部分本科院校现有的人才培养模式由于存在着结构性缺陷,导致毕业生知识技能结构不完善、动手能力弱、创新精神匮乏,环境适应、职业迁移能力严重不足。与应用型人才培养要求相比,实践教学环节薄弱,实践教学体系尚不完善,差距比较大。

具体来讲,实践教学方法比较落后,实践内容与社会经济的发展相脱节,实践教学基地建设滞后于教学发展的要求等,加上新建本科院校大都是由专科院校升本而来,传统上有重理论轻实践的倾向,这与我国社会转型、经济社会的发展对人才的要求极不相称。基于此,必须立足于社会经济发展变化对人才的新要求,对传统的实践教学模式从教学理念到教学体系进行变革和系统设计。

(三)教师队伍的工程实践能力与研究能力整体较弱,影响教学效果

根据本科院校人才培养规格要求,教师既要有宽广的理论学术视野,更要熟悉和了解与自身专业相关的企业生产工艺和工程环境。从目前我国本科院校的师资情况看,年轻的具有高学历的教师比例一般都很高,其长处是理论知识强,短处是实践经验少。他们中的大部分都是由学校毕业直接到新建本科院校工作的,缺少工程背景,所以当务之急是让这些教师在尽可能短的时间内去补上企业实践这一课,提高其工程应用能力。

(四)教材更新慢,某些教材内容滞后于科技发展和工程实践

教学内容陈旧,脱离实际。早在20世纪末就提出了教学内容陈旧的问题,但是这一问题至今仍然存在。大学里教授的一些知识完全跟不上技术的发展,需要在课程设置和培养方式上进行革新。同时,由于纯理论性的课程很多,相互之间的重复和脱离实际也特别严重。课程设置与教材体系缺乏严谨和规范,引进优秀教材不力,教学内容陈旧,课程教学的效果和质量得不到充分保证,因此理论课程教学内容的整合与更新势在必行。根据国内外形势的变化和学术前沿发展动态,不断更新教学内容,将最新的理论知识传授给学生。

(五)课程体系设计缺乏整体优化,课程理论研究不够

在专业教学计划中,公共基础课、专业基础课、专业课的课程结构不合理、课时分布不合理,包括政治理论课在内的公共基础课不仅课程门数多,而且课时量大,占据了主体地位。而专业必修课、专业选修课、实践性教学环节的课时偏少,素质拓展类的公选课程不够,在总课时中所占的比例较低。课程开设的顺序不科学,逻辑性、衔接性存在问题,学生拥有的自主选择性少。这种课程结构,直接导致了学生学习的积极性不高,专业能力不高,人文素质较低,市场适应性差,不利于工程型人才的培养。

(六)缺乏人才培养模式质量评价体系

人才培养模式本身是一项长远规划的系统工程,是一项难以一时测评效果如何的细致工程,更是一项关系到各类环节的综合工程,因此如何评价高校人才培养模式质量,是关系到大学人才培养工作实际,对以后工作开展具有深刻影响的重要课题。目前我国应用型人才评价工作中还存在许多不足,还没有一套专门针对应用型人才培养模式质量的评价体系,极大地影响了应用型人才的培养。

三、中国计量学院工程应用型人才培养的改革实践

针对以上存在的问题,中国计量学院材料学院早在2004年即开始推进"双导师团队"指导学生进行创新实践,培养学生创新能力的教改实践。

所谓"双导师团队"是由学术导师团队和社会导师团队共同组成。学术导师团队由专业研究背景相近的教师组成的梯队式教学科研团队组成,社会导师团队由与学术导师团队产学研政密切合作的企业和质检机构高级管理及技术人员组成。"双导师团队"构建了学校知

识体系、科技创新和企业技术应用的创新共同体,实现专业知识与社会需求对接。

成果依托战略性新兴产业优势和学校质检特色,通过"双导师团队"、创新实践训练平台、"三模块"创新实践体系和创新管理体系,成功构建与实践了依托"双导师团队"指导,提升材料类专业大学生创新能力培养方案,学生受益面达 100%,学生创新实践能力显著提高,考研和就业具有明显优势。具体措施为:

(一)基于社会需求与专业知识对接,构建"双导师团队"

将专业研究背景相近的教师组建梯队式教学科研团队,共同承担科研项目和课程群教学,组建与学术导师团队产学研政密切合作的社会导师团队。由学术导师团队和社会导师团队组成"双导师团队",构建学校知识体系、科技创新和企业技术应用的创新共同体。组建以大三和大四为主,四个年级共同参与的学生实践小组,从大一开始接受"双导师团队"指导,根据学生的不同特点,因材施教,进行分类分层次进行培养。

(二)基于实践过程的拓展,构建"三模块"创新实践体系

将学生的创新实践嵌入共同创新体,设计科技创新实践项目、本硕创新、技术应用实训等"三模块"创新实践体系。

(三)基于科研实践项目的开放设计,组建创新实践训练平台

以 1 个国家质检中心、2 个中央与地方共建教学实验平台、3 个省财政教学实验平台、3 个专业综合实验室、6 个校企联合研发中心和 17 个校外实习基地为主体建立创新实践训练平台。

(四)基于创新体系的开放运行,创新管理体系

通过教、学、管联动,建立相应的激励机制,支持教师将自己的科研成果转化为实验教学的内容。建立和完善创新能力培养模式的质量监控及保障,包括学生评教制度、创新学分认定、跟踪评价体制以及仪器设备共享和信息化管理等。

参考文献

[1] 求是与创新:路甬祥教育文集[M].杭州:浙江大学出版社,2012.
[2] 郭文莉.转型与建构:行业背景地方高校工程应用型人才培养模式改革[J].高等工程教育研究,2012,(4).
[3] 徐文华.新建本科院校卓越工程师培养模式探析[J].煤炭高等教育,2012,(3).
[4] 陈小虎,刘志远.应用型本科院校办学特色的思考与实践[J].长春工程学院学报(社会科学版),2002,(3).

作者信息

徐时清:男,中国计量学院材料科学与工程学院,教授。

中外合作办学的培养模式探索

陈晓竹

[摘　要] 根据教育部和新华网公布的消息,我国依据《中外合作办学条例》批准的本科以上层次的中外合作办学机构或项目,迄今已有 400 多家。其中有的取得了较好的效果,有的则存在着许多问题,现在已到了对这项工作进行评估的时候。为了进一步推动高等教育国际交流与合作,本次以《中外合作办学的培养模式探索》为题发表己见,希冀引起大家的讨论。

一、合作办学提高教学质量

引进国外先进的教育教学理念,是提高我国高等教育水平的一种方式。2011 年 4 月 26 日,胡锦涛同志在清华百年校庆大会上说:"从总体上看,我国高等教育还不完全适应经济社会发展和人民群众接受良好教育的要求,同国际先进水平相比还有明显差距。""我们必须适应实现经济社会又好又快发展、促进人的全面发展、推动社会和谐进步的要求,坚持走内涵式发展道路,借鉴国际先进理念和经验,全面提高高等教育质量,不断为社会主义现代化建设提供强有力的人才保证和智力支撑。"

拓宽国际化视野的教育实践主要表现为"走出去,请进来"两种形式。2012 年,国家留学基金管理委员会设立"优秀本科生国际交流项目",进一步推动了学科领域高素质国际化人才"走出去"的培养需求。

国内与国外高等教育机构合作举办高等学历教育,是我国高等教育形式的一个补充。通过国内外合作办学,把国外优秀的教育资料"请进来",把国外优质的师资"请进来",把国外优质的教育理念"请进来"。

不论"走出去",还是"请进来",提高人才培养质量是教育实践活动的最终目标。

二、国内外关于同类课题的研究综述

按照《中华人民共和国中外合作办学条例》的规定,中外合作办学按办学方式分为两类:一是学分互认方式,一是合作办学方式。

学分互认方式,在国内外高校采用较普及。这种模式主要生源来自国内高校的在校生,通过国内高校与国外高校的协议约定学分转换的方式和学位授予方式。按学生在国内与国外学习的时间,可分为"1+3"、"2+2"、"3+1"等模式,前面的数字代表在国内学习的年限,后面的数字代表在国外高校学习的年限。国内国外教学阶段各自独立,教学成本各自核算,双方的教学合作仅通过学分互认来实现。这类项目,各高校不单独招生,一般不需国家教育部批准,通常情况下学生至少能取得一方学校学位。

如果合作办学的全部教学过程在国内完成,我们也可以叫"4+0"模式。根据教育过程中采用的培养方案不同,又分为"封闭式的 4+0"和"开放式的 4+0"两种方式。

"封闭式的 4+0"方式是指由国内外双方共同成立一个新的大学,也叫合作办学机构,具有独立的招生计划和管理机构。近年来运营比较成功的是"宁波诺丁汉大学"的模式,其采用"拿来主义"策略,与英国诺丁汉大学同步的教学方案和管理方式,在封闭的环境中营造与国外大学相同的气氛。

"开放的 4+0"模式,是根据教育部关于合作办学项目的规范,"引进的课程占全部课程三分之一以上,引进的核心课程占全部核心课程三分之一以上,引进的外方教育授课占全部课程的三分之一以上"。在这种办学模式下,教学环境不再封闭,教学管理主要由国内高校完成,国内外课程相辅相成。因为没有条件简单实现"拿来主义"的培养方案,所以要求双方合作院校共同制订教学计划、选定教材,选派教师。这种方式有利于国外优质教育资源本土化,但对培养计划的制订要求较高,既要适合国内学生的接受程度及社会需求,又要避免引进的课程成为"淮北之橘"。这种模式,需国家教育部批准,通过全国高等教育入学统招考试,填报志愿,毕业后分别获得中外双方学校颁发的文凭。如 2011 年 3 月,中国计量学院与新西兰奥克兰理工大学(Auckland University of Technology,New Zealand)合作举办计算机科学与技术专业(英文名称为 IT Service Science)项目,获教育部批准招生 3 年,经教学评估合格后,可申请续招。

三、合作办学中存在的若干问题

人才培养方案是保证教学质量的基础,合作办学培养方案的制订受到诸多因素的限制:如双方教育主管部门的基本规定的差异,双方的教育教学习惯的差异,双方教育教学管理办法的差异,双方合作目标和立场的差异,学生接受程度与教学目标的差异。因此在合作办学中要解决好几个问题:

(一)制定好培养方案

培养方案是教学过程的根本依据,中外双方需协调各自的教学理念,培养方案既要符合中国教育部关于本科人才的质素培养目标的规定,又要符合外方关于本专业知识体系的理解。处理好外方课程与国内课程的知识衔接,作好必修课程与选修课程的安排,经双方教学管理委员会认可方可生效。

(二)培养好一支队伍

师资队伍建设是教学质量的重要保障。采用"送出去,请进来"的方式,提高师资队伍国际化水平。

在项目实施期间,要送我国教师到外方学校去进修,了解他们授课的方式,及教师管理、教学评价方式。

外方教师在我国授课期间,由于采用的是全英语授课,要有国内教师助课,共同研究教学方法及教学手段,了解他们对于知识点的阐述方式,也让他们了解中方学生在学习中的困惑,帮助外方教师克服对于非母语学生的教学的困难,督促中方学生适应新的教学方式,保证教学过程的顺利实施。

有了这支国际化的教师队伍,我们才能真正把国外的教学方式研究好,去粗取精,去伪存真。提升我们的教学水平。

(三)建设好一批课程

课程建设是保障教学质量的基石。上好每门课,是有效执行培养方案的关键。国内外对于授课方法及课程评价方式都有所不同,国内基本采用百分制,60 分及格;外方采用百分制,50 分及格。外方教授看起来上课很轻松,但是,学生课后都不轻松。

平时成绩在外方成绩评价中占比重较大,所以"作业"的分量占有较大的比重。国内的学生长期存在"互相参考作业"的情况,如果被外方教师认定为"抄袭",这将会取消本门成绩,所以学生在平时作业中要学会独立思考,独立完成作业。

所以一门课程的建设,不仅包括知识点的阐述,还包括课程评价方式及课程管理方式的建设。要通过课程建设提高教学中"学"所占的比重。一门课最重要的不只是老师讲得好,还要学生学得多。

四、总结

中外合作办学是我国改革开放以来在国际教育交流与合作领域出现的新生事物,路甬祥校长的思想很有远见。做好合作办学的质量评价体系,不表面化,不格式化,深入了解学生的感受,以国际化的视野分析看待每一个变革,积极吸纳国外高等教育中的营养,这也许是合作办学的出路。

参考文献

[1] 何曼.国外典型合作教育模式下的人才培养研究[J].石油教育,2011,(165).

[2] 高玉蓉.加强国际交流合作 提高高校办学水平[J].教育与教学研究,2011,25(3).

[3] 钟瑞琼,谢运佳,姜灵敏.软件与信息服务外包人才培养模式的研究与实践[J].科技管理研究,2011,(6).

[4] 权变理论,http://wiki.mbalib.com/wiki.

[5] 荣丽春.权变理论对留学生教学管理及其培养模式的启发[J].浙江理工大学学报,2011,28(3).

[6] 唐晓嵩.基于权变理论的高职生就业环境探析[J].辽宁警专学报,2010,(6).

作者信息

陈晓竹:女,中国计量学院量新学院院长,教授。

计算机专业创新人才培养的思考与实践

——学习《求是与创新:路甬祥教育文集》有感

陆慧娟　高波涌　何灵敏　周永霞

[摘　要] 路甬祥院士提出了求是创新的教育思想,实行了一整套改革创新的实践思路,强调了创新两个字。结合我们的工作,如何进行计算机创新人才培养,如何培养出适应社会的计算机专业创新人才是十分必要的。文章提出要调整专业教学计划,建立并贯彻专业学生全方位、全程化的教育培养体系,进一步完善计算机专业工程型创新人才培养实践教学模式等思考;阐述了重视学科竞赛、让学生参与教师的实际项目和培养学生人文思想等提高学生创新能力的措施。

[关键词] 教育改革　计算机专业　创新　人才培养　实践教学

2010 年 6 月 23 日,路甬祥院士在十一届全国人大常委会第十五次会议上,就关于检查《中华人民共和国科学技术进步法》实施情况的报告时表示,我国科技人力资源总量很大,创新教育和创新能力培养尚未得到应有重视,人才结构不合理,人才成长发展的社会环境需进一步优化。领军、拔尖人才,高层次战略科技专家缺乏的问题较为突出。

高等院校作为高级人才培养的基地,其教育思想、教育观点的转变,发展规模、发展水平的提高,培养模式和创新机制的建立,决定了其培养人才的质量。路甬祥副委员长是浙江大学的老校长。路老校长在浙大任职近十年,为浙江大学的建设和发展作出了杰出的贡献。他继承求是校训,并结合改革发展的实际,提出了求是创新的教育思想,实行了一整套改革创新的实践思路。今天学习《路甬祥教育文集》,结合工作实际,深感重视创新型人才的培养,深化教学改革,是十分必要的。

当前,本科计算机人才的培养仍有许多问题要研究。要与学校的计量特色相结合,研究多方向多层次的计算机专业人才培养方式,逐步完善多样化的人才培养模式;重视实践教学及实习基地建设,为学生提供个性化的发展平台,增强学生动手能力和创新能力,养成良好的职业习惯,从而为就业增添砝码。

一、以人才信息跟踪调查为依据,建设就业工作的反馈机制,形成调研分析和教学计划调整互动

坚持以学生为本,多为学生的就业、个人发展考虑,突出计量特色的原则来修订专业教学计划:前 2 年基础课(包括公共基础与学科基础课),后 2 年采用模块化教学,全面进入专业知识的学习,注重学生动手实践能力、个性发展、创新意识与综合素质的培养。具体分为三个模块:嵌入式系统应用、网络应用技术、软件工程及测试模块。专业课程尽量提前。根

据以往的教学经验,第7、8学期学生要忙于考研和就业,不宜放置太多的课程,应尽量减少该时段的课时。

优化模块教学体系,突出计量特色。在软件工程及测试模块中,加入《软件测试》和《软件质量管理》课程。在网络应用技术模块中增加《基于Java技术的WEB应用开发》课程,使得课程内容涵盖了两大主流开发平台和技术(microsoft的C系列与sun的java系列)。着重培养学生软件测试、软件度量、软件估算、软件质量管理等方面的能力,扩大学生的就业面,填补就业市场逐年扩大的人才缺口。本专业教师较多的横向项目和校企合作办学模式,可为软件测试与度量专业方向的建设提供充足的师资与工程项目的测试锻炼。

二、建立并贯彻专业学生全方位、全程化的教育培养体系

在专业知识和能力方面:首先重视培养学生程序设计基础;其次重视计算机基础理论的学习;第三重视软件应用技术,特别是网络编程技术的学习;第四重视软件工程实践,利用校企合作联合培养人才;第五利用毕业设计来提高学生的应用能力。

在就业指导方面:对大一新生开展自我探索、生涯导航的成才教育,对大二学生实施历练自我的职业素质教育,帮助大三学生研究行业和就业环境、作出职业决策,对大四学生注重就业准备教育,对未就业的毕业生进行就业综合指导。

三、进一步完善计算机专业工程型创新人才培养实践教学模式

整合原有开设课程,以课程组的方式进行课程建设,以建设高质量的省、校精品课程为契机,为保证课内实践教学的质量打下坚实的基础。整个专业分硬件、软件和应用三个大的课程组。整个课程体系分软件工程、嵌入式系统和数据库与网络应用三个模块。通过整合课程,可以方便教学管理和教学研究,将各个课程组的师资集中起来,对该课程组的现状以及发展前景进行探讨与憧憬,这有助于工程教学质量的提高。采取明确的实验目标,重视课内实验、课程设计、毕业设计等环节,采取"讲授、模拟、实践"三位一体教学活动,分阶段设置不同层次的基础实验、专业实验,规划由验证性实验、设计性实验和探究性实验组成的系列实验体系,验证性实验重点培养学生的实验基本技能,使学生"学会走路";设计性实验重点培养学生的综合性、设计性实验能力,强化学生创新意识,让学生"自主走路";探究性实验重点培养学生发现问题、分析问题和解决问题的能力,塑造学生的创新品格,让学生"自己找路"。

四、提高学生创新能力的主要措施

(一)以学科竞赛为抓手带动创新创业活动的广泛开展

设有"嵌入式系统"、"程序设计"、"数据库技术"和"多媒体技术"学生课外竞赛创新基地,利用讲座、选修课、聘请专业教师集中培训等方法,创造条件使部分优秀学生的创新能力有了用武之地。学生在各种竞赛中多次获奖。

（二）组织学生参加教师实际项目的训练

提高学生分析问题、解决问题、动手、交际、自学和抗挫折等能力，巩固课堂上所学的理论知识；提高学生的综合素质；提高学生的创新能力、就业能力和就业层次。

据我校的实际教学情况与内容而言，学生特别是计算相关专业的学生，在计算机技能学生与理论的知识方面来讲应该说乐观的，但学生在校期间普遍缺乏参与实践机会，也较难接触主流的开发技术与开发流程。在应聘环节中难以从众多名校类似专业学生中以实际动手能力与研发经验方面的能力脱颖而出，造成我校学生在就业时感觉压力较大。

采取以项目为主线，根据项目特点成立不同项目组，每个项目组在 1—2 名教师的指导下，根据项目的难度和大小由 2—6 名学生组成。项目组成员在对应的组内进行开发，项目组之间定期进行技术交流。

在每个项目组中定义如下的角色：

- 项目组长：1 人，负责项目整体进度的监控和管理、系统的总体设计；
- 开发人员：1—4 人，负责项目的代码实现；
- 测试人员：1—2 人，负责项目测试；
- 质量控制人员：1 人，负责项目的质量控制和管理。

学生参与项目开发的过程和注意事项：

- 培训：首先项目组老师对学生进行项目背景、开发环境、开发语言、软件规范等培训，之外，还请外面的专家，如《3G 移动通信网络规划优化管理系统》项目请了 2 位浙江省地理信息中心的 ARCGIS 软件专家给这边老师和学生培训，《药厂管理系统》项目请了摩托罗拉研发中心的专家来培训。

- 软件开发的流程和规范严格按照公司的标准进行：包括需求分析、概要设计、详细设计、编码、调试、测试、安装维护等。由于学生对于开发还没经验，因此教师和组长必须每一步进行质量和进度的监督、检查。

- 时间保证：学生在做项目的时候必须保证上课，在项目进度紧张的时候，必须加班加点进行工作，因此中午、晚上、周末，甚至节假日都有可能加班赶进度。

- 出差安全：在做需求、安装维护等步骤，需要到用户所在的单位进行工作，教师必须提醒学生注意旅途安全。

（三）人文思想的培养

计算机是一种工具，前提是要为人服务。我们培养出来的人才、开发出来的产品，只有为人们提供更方便的服务，才能实现其价值。这决定了计算机专业培养出来的学生更应该有宽厚的文化积淀和文化修养，掌握扎实的专业知识和技能，并将宽厚的文化积淀、文化修养与扎实的专业知识结合起来，使之形成一个完整、有效的创新知识体系。

对于行业的发展，他们应该有对创新需求的敏锐预测和正确把握能力，较强的探究能力、较强的语言表达能力和创新成果的转化能力，以及独立获取知识的能力；对于自身的发展，他们应该有自由发展的个性和健康的体魄，勇于和善于创新，能够克服创新过程中的各种挫折、困难和压力；对于社会的发展，他们应该有积极的人生价值取向和崇高的社会责任感，真正为国家发展和社会进步服务，为人类造福；对于世界的发展，他们应该有在全球化时代所需要的国际视野,培养国际意识,提高国际竞争能力。

而这一切不仅需要扎实的专业基础,更需要厚重的人文素养、高尚的品格、宽广的视野。所以在专业设置上,应该尽可能安排各个领域的选修课程,供学生自由选择,不断完善充实,提高学生的综合素质。

培养计算机创新人才需要贯彻落实路甬祥院士在《中华人民共和国科学技术进步法》中提出的思想,树立科学发展观,尽快形成高校全员参与的,能使计算机创新人才脱颖而出的高效运行机制;尽力形成一个有利于培养具有创新能力和创新精神的新型人才的良好氛围。

高等院校作为培养和造就高素质的人才的摇篮和知识宝地,是推动科技力量向实践成果转化的重要力量。而计算机专业创新人才的培养是个系统工程,高校应当建立计算机创新人才培养机制,积极采取新的教学理念和教学方法,以教育创新来实现创新教育,培养出更多的计算机创新型人才。

参考文献

[1] 路甬祥.注重培养和使用创新人才[J].职业技术教育,2010,(24):23.

[2] 路甬祥.更新教育思想观念 全面实施素质教育[J].江西教育,2006,(2):1.

[3] 陆慧娟,梁丽,龚宇平等.以大学生科研创新活动为载体,培养计算机专业创新人才[J].中国大学教学,2011,(3):34-36.

[4] 王秀敏,梁丽,陈骅,陆慧娟等.以产学研活动为载体 培养创新创业人才[J].中国大学教学,2011,(12):68-70.

[5] 陆慧娟,周永霞,何灵敏.面向本科就业市场的计算机工程型人才培养研究[J].计算机教育,2011,(5):4-9.

[6] 高波涌,陆慧娟."三本"高级应用型计算机人才培养模式的构建与实践[J].计算机教育,2007,(7):57-59.

[7] 邹新亮,程明媚.关于高校建立创新人才培养机制的几点构想[J].教育探索,2005,(2).

[8] 李永峰,章美仁.计算机软件专业人才培养模式的创新与实践[J].计算机时代,2012,(4):46-51.

[9] 何淑娟.普通高校IT人才培养研究与实践[J].经济师,2007,(8):08-120-01.

[10] 刘全利,黄贤英,杨武.计算机专业应用型人才培养的新思路[J].重庆工学院学报,2005,(19):144-145.

[11] 顾可民.计算机专业实用型人才培养模式的研究与实践[J].辽宁教育研究,2007,(10):84-86.

[12] 赵怀玉,李全武.高校创新人才培养的新视野[J].陕西师范大学学报(哲学社会科学版),2007,(7):208-210.

[13] 路甬祥.面向知识经济,培养创新人才[M].院士成才启示录,2004,(1).

[14] 马岩."校企合作、产学结合"人才培养模式初探[J].辽宁高职学报,2008,(1):62-64.

[15] 姚舜英.计算机专业人才培养的思考[J].台州学院学报,2004,(26):88-90.

作者信息

陆慧娟：女，中国计量学院信息工程学院，教授；

高波涌：男，中国计量学院信息工程学院，副教授；

何灵敏：男，中国计量学院信息工程学院，副教授；

周永霞：男，中国计量学院信息工程学院，副教授。

创新型工程科技人才的胜任力结构及培养

王黎莹　陈　劲　阮爱君

[摘　要] 创新型工程科技人才是创新型国家建设的第一资源和战略资源,在明确创新型工程科技人才内涵的基础上,分析了创新型工程科技人才的胜任力的结构,是以科学知识和工程技术为知识基础,具备高度的创新精神和创新能力,并通过多元复合的实践技能,获取信息和资源的商务技能,以及个性化与创新精神的完美结合实现在工程科技过程中的创新。结合创新型工程科技人才的胜任力结构,重点阐述对创新型工程科技人才的培养和开发的重要举措。

关键词:创新型工程科技人才　胜任力结构　培养

一、创新型工程科技人才的界定

路甬祥校长把"创新"提高到"科技之源"高度的理念,至今仍是浙大乃至当代中国高校办学的宝贵精神财富。知识经济的核心是创新,只有创新才能使组织的产品和服务获得高附加值,只有创新才能使组织赢得竞争优势,只有创新才能为组织带来可持续的增长。组织核心能力表现为创新机制和创新能力,为市场所青睐的将是创新的成果,而创新的关键在于人,充足的创新型工程科技人才是实现企业"创新—效益—再创新"的良性循环的根本。由此可见,创新型工程科技人才是创新型国家建设的第一资源和战略资源。

"创新型工程科技人才"是科学知识、工程技术、实践经验、创新意识与创新能力以及其他要素(伦理道德的、艺术的、文化的)有机结合的载体,呈现出学术研究、应用开发、工程实施、经营管理等多种类型(陈乐,李晓强,王沛民,2007)。新时代的创新型工程科技人才需要突出广泛的社会基础和创造性劳动价值。Chris Harri 认为"创新型人才是独立的思想家和不墨守成规的人"。约翰·M. 伊万塞维奇博士借用"爱因斯坦"的名字来定义那些在理解并运用科技方面作为先锋的人。大前研一指出公司和社会的发展需要"专业"人士,需要那些拥有比以往更高超专业知识、技能和道德观念;好奇心和向上心永不匮乏;具有严格的纪律;而且面对环境的变化也能同样发挥同等实力的人,也就是具有先见力、构思力、议论力和矛盾适应力的人。因此,创新型工程科技人才开展创新活动的激励更多来自工作的内在价值,只有准确地把握创新型工程科技人才的胜任力特点,才能使工程科技人才发挥出最佳的创新绩效。

二、创新型工程科技人才的胜任力结构

胜任力（Competence & Competency）就是"具备或完全具备某种资质的状态或者品质"，是"影响一个人大部分工作（角色或职责）的一些相关知识、技能和态度，它们与工作的绩效紧密相连，并可用一些被广泛接受的标准对它们进行测量，而且可以通过培训与发展加以改善和提高"（王黎萤，2005）。胜任力可以根据显现程度的不同分为外显胜任力和内隐胜任力，常用冰山模型来描述。其中外显胜任力包括知识、技能；内隐胜任力包括社会角色、价值观、态度、个性、动机。创新型工程科技人才胜任力是指工程科技人才个体所具备的，与成功实施创新和管理有关的一种专业知识、专业技能和专业价值观和动机。创新型工程科技人才的胜任力结构，是以科学知识和工程技术为知识基础，具备高度的创新精神和创新能力，并通过多元复合的实践技能，获取信息和资源的商务技能，以及个性化与创新精神的完美结合实现在工程科技过程中的创新。

（一）高度综合的创新精神和创新能力

在传统的科学与技术转化的线性模式中，对工程科技人才创新能力的要求是单一的和静态的。但是在社会需要的推动下，基础科学与实际应用之间原来单向连接逐渐转换为双向连接，社会实际技术的需要越来越多地影响着科学研究，工程科技人才在科学研究和应用研究的边界间找到了交叠与重合。科学研究的发展，既有来自科学系统自身不断扩展和深化的内部需求动力，也有来自经济社会发展需要的外在需求动力。因此，创新型工程科技人才开展创新活动的目的，已逐步从单纯满足深化对自然现象和规律认识的兴趣，转向更加注重服务于人类社会发展和国力竞争的需要，这对创新型工程科技人才创新能力的构成提出更为综合的要求（如图2所示）。创新型工程科技人才的创新能力首先是以创新型工程科技人才的知识结构、学习能力和创造技能的内在整合为基础，突出创新型工程科技人才知识结构的复合性和学科交叉性。在此基础上，还必须从激发创新求知欲和保证创新实用性的角度整合其他创新能力要素。从激发创新的求知欲来讲，工程科技人才应该具有强烈的创新内驱力、科学的价值观、优秀的创新品质和个性，以及新颖独特的创造性思维；从满足创新的实用性来讲，工程科技人才应该具备明晰的战略意识、敏锐的市场嗅觉、成果转化的产权意识和实用的工程化技能。由此可见，工程科技人才从事创新活动，需要各种能力，绝不是单凭一种能力或某几种能力就能达到创新预期目标。要使工程科技人才能创造出符合社会意义和个人价值的具有独特性和革新性的产品，就必须使创新能力构成要素联成一个整合体，发挥主体创新综合效应。

（二）汇聚科学知识和工程技术的知识基础

人的创新能力的形成，也是以掌握丰富的科技知识为基础的，只有及时掌握最先进的知识和技能，才能始终站在创新的最前沿。扎实的文化基础、宽阔的知识信息面、独到的专业知识和技能，是创新能力的基本功底。因此，创新型工程科技人才不仅要适应，还要主动开拓新的知识领域，主动从事科学技术的创新。现代科学技术日新月异飞速发展，自然科学与社会科学相互渗透，知识日趋综合化，这就要求现代化的人才不仅要重视知识的掌握，而且

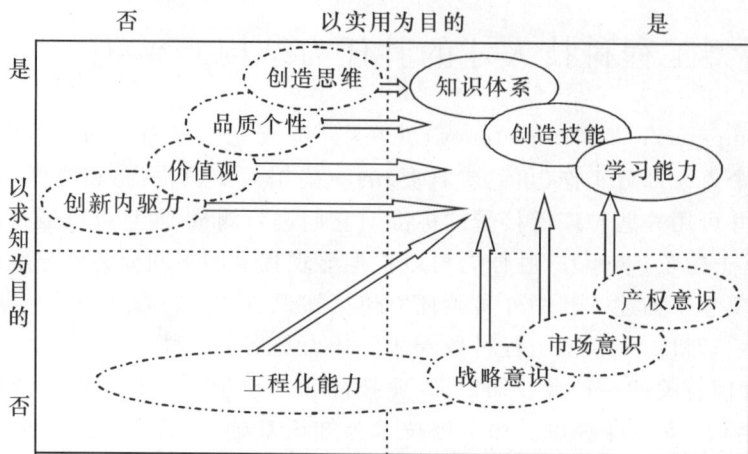

图 1　创新型工程科技人才创新能力的综合要求

还要有完善而合理的知识结构。在知识比较丰富的情况下,知识结构越合理,人的能力就越强,知识结构越独特,人在某些方面就更具优势。同时,知识结构还应该是一个不断适应、不断创新的动态平衡系统,它能适时地将不同的知识经过系统化、网络化后重新组合,从而使知识结构始终保持高效的状态。所以,创新型工程科技人才不仅精通本门学科的专业知识,还必须熟悉其他相关学科知识,既掌握自然科学,又涉猎社会科学,将科学知识和工程技术相互融合,各种知识广泛交叉渗透,建立全方位、综合的、立体的、动态的知识结构。

(三)多元复合的实践技能

创新是从创意产生直至成功商业化的系统过程,工程科技人才在推进创新成功的过程中也需要具有相应的多元复合的实践技能。在研究开发阶段,作为创新重要力量的工程科技人才必须具备较高的研究开发和应用新技术的能力,具有一定的创造力倾向;创新的本质是"新"和"商品化",因此在创新扩散的过程中,技术推动和市场拉动同样重要,工程科技人才树立市场意识,重视顾客需求是非常重要的;创新的不确定性要求工程科技人才在创新开拓、创新设计时还要有风险意识,工程科技人才应该具备敢于承担风险的心理准备,更要具备善于化解风险的创新能力。

(四)获取信息和资源的商务技能

在创新过程中,获取信息和资源的商务能力也是工程科技人才所必须具备。以信息技术为主要标志的高科技进步日新月异,高科技成果向现实生产力的转化越来越快,获取大量有价值的信息是有效创新的基础,因此工程科技人才需要具有较强的信息获取、分析和整合的能力,具有使用多种高效的信息数据处理工具和信息沟通设备能力,能够快速地捕捉瞬息万变的信息,使自己在创新中立于不败之地。互联网的诞生使人类个体和群体之间的沟通与交流变得空前容易,竞争与合作已经日益突破国家或区域界限而出现了不可逆转的全球化趋势,创新资源的流转呈现出网络化和分布化的特点。在这种背景下,合作精神变得空前重要,任何企业的发展与繁荣、任何个人的进步与成功都离不开各种各样的合作。这里讲的"合作"绝不是对独立创造精神的否定,它恰恰是个人潜能得到创造性发挥前提下的合作。

因此,工程科技人才必须掌握人际交流和沟通的良好技巧,构建和谐的人际关系和环境。

(五)个性化与创新精神的完美结合

科学技术既高度分化又高度结合的状况,对人才也提出了知识整合化的要求。一是社会科学与自然科学之间以及多种专业的复合,它们互相渗透,易激发出新的思想;二是智力因素和非智力因素的复合,非智力因素是智力因素得以顺利发挥、取得成就的条件。从社会发展看,个性发展是社会发展的真正动力和源泉,人的个性的充分发展是一个国家或民族富有生气的表征。个性,即个体的精神世界,其核心内容是主体性和创造性。工程科技人才应具备独特的思维结构特征:一是创新意识贯穿思维结构的各个方面,成为思考问题的出发点和落脚点;二是内化和贮存了大量信息和经验,为洞察事物的本质奠定良好的基础;三是形成独特的思维模式,形成一整套按照一定方式、规则和程序输入和输出信息的思维活动形式,有利于提高创新成功的几率。对一个优秀的工程科技人才来说,不为物欲所惑、不为权势所屈、不为利益所动,始终保持严格的科学精神,也是难能可贵的。

三、创新型工程科技人才胜任力的培养

时代发展对创新及创新能力提出了更高、更新的要求,中外许多国家把对主体创新能力与创新精神培养作为教育革命的突破口和国家生存战略重要组成部分。如《美国2000年教育战略》、《21世纪日本教育的发展方向》、《俄罗斯新时期的教育培养目标》中均强调培养主体的创新能力,联合国教科文组织的《教育——财富蕴藏其中》的报告也关注人的全面发展的需要,开发创新潜能。因此,对创新型工程科技人才的培养和开发是推动创新发展的重要举措。结合创新型工程科技人才的胜任力结构,应着重从以下几方面进行培养和开发。

(一)塑造具有高度创新精神和积极创新人格的工程科技人才

美国心理学家阿玛布丽(T. M. Amabile)认为,对创新能力最重要的、具有决定意义的因素是那些使人们集中于任务的内在兴趣方面的因素,当人们被工作本身的满意和挑战所激发,而不是被外在的压力所激发时,才表现得最有创造力(Amabile T. M. ,1983)。创新型工程科技人才的培养从根本上讲是个体的创新人格起主观能动作用。创新人格是创新型工程科技人才个性特质和创新精神的内在整合,它是创新能力发挥的内驱力。创新型工程科技人才个性特质包括创新心理特征和创新倾向性,从创新者的性格、能力、需要、动机、兴趣、爱好、态度、信念、理想和价值观等心理品质上培养创新的应激性。创新的个性特质可表现探索精神、好奇心、锲而不舍、合作精神、拼搏精神、职业素养等素质特征,创新精神是融合在这些个性特征中的表征和实质。

(二)加强创新型工程科技人才的战略意识和系统观念

如果说创造性思维是创新的基础,那么创新人员的战略意识和市场意识则是创新获得成功的左膀右臂,创造性思维只有在特定的创新战略环境和市场驱动背景下才能捕捉创新的机会。培养创新型工程科技人才战略视野的前提是,创新具有不确定性和风险性,创新的资源在一定的时空条件下是有限的,从战略高度对研究、发展和技术创新进行科学的管理是

保证创新工作高质量、高速度、高效率进行的首要条件。为此，必须运用系统的战略思维方式来分析、处理和部署从研究、发展到技术创新的全过程的各个环节和各个方面。创新者必须根据创新的环境与条件，权衡创新目标的长短结合，了解创新的战略系统，掌握战略分析的技术和方法，用来把控创新的方向和路径。因此，培养工程科技人才的技术预见能力，训练工程科技人才掌握技术预见的方法，学会对技术本身的新颖度、技术创新的内容、范围的广度和规模的大小等等进行评价，才能在一定程度上控制创新带来的风险。

（三）深化创新型工程科技人才的市场意识

培养创新型工程科技人才的市场意识是创新发展的关键。创新的传统的观点总认为，创新主要是由科学技术本身发展的要求所引起、所推动，而对大量资料的分析表明，保证创新活动获得成功的更为重要的因素，市场与生产需求的推动力大大超过了科学技术本身发展的推动力。人们将它概括为这么一句话："需求是技术创新之母。"从客观来看，技术创新来源于：社会需要、市场需要的拉动和科学技术发展本身的推动，能够平衡科技和市场知识的人才，是善于创新的人才，也是国家和企业刻意寻求和培养的人才。因此，培养创新型工程技术人才的市场意识，有助于加强创新者的市场洞察力，把握市场与用户的潜在需求的能力，这是创新成功的关键。

（四）培养创新型工程科技人才的知识管理能力

创新型工程科技人才的知识结构是创新能力形成的基础。传统产业是单一型的，所需人才也是掌握一门专业知识的单一型人才。而未来产业，由于渗透着高信息和高科技成分，产业结构向综合化、智能化方向发展，对创新人才知识结构的要求为"宽"知识基础，"专"专业知识。创新能力也是知识质量和结构的反映，是新知识产生与实现价值的表现，因此创新型工程科技人才的知识管理能力是创新能力形成的重要基础。创新知识管理能力是指在创新过程中对知识的产生、开发、转移和应用所需要的各种能力的综合，其包括知识吸收能力、知识创新能力、知识共享能力和知识整合能力，这四种能力相互作用，是一个有机整体。利用创新知识管理能力可以处理好技术、人以及知识三者之间的关系，使知识能够发挥最大的效用。在利用信息技术搭建的网络平台上，把人力资源和知识资源整合起来，使知识资源快速流动和共享，实现隐性知识和显性知识的相互转化，使组织的知识资源能够不断地创造出新的价值。

（五）培养创新型工程科技人才掌握适用的创新技能

创新技能是指在创新心理和认识规律基础上的一些规则、技巧与做法，是一种在创新素质的指导和约束下形成的反映创新型工程科技人才行为技巧的动手操作能力。创新技能侧重于应用，它把创新素质外显为可操作的过程，使内在的思想品质更具体和实用，最终成为创造理论与创造实践的中介，可迅速、有效地转化为有价值的创新成果。创新技能主要包括以下方面的能力：信息加工处理能力、团队协作能力、学习能力、创新技法应用能力、创新工程化能力和知识产权运用能力等，创新技能的掌握是培养工程科技人才创新能力的有效方法和途径。其中创新技法是人们进行创新和创造活动时所运用的具体方法和实施技巧，它是根据创新思维的发展规律而总结出来的一些原理、技巧和方法（彭耀荣，李孟仁，2001）。

合理地利用创新技法,可以启发人的创造性思维,有利于创新成果的产生,具有提高创造、创新能力的显著作用。因此创新技法的掌握是培养工程科技人才创新能力的有效途径。

创新型工程科技人才的培养更强调应用性和实践性,更注重主体的创新思维能力、创新智力化能力、创新人格化能力和创新工程化能力在组织创新氛围中如何孕育和发展。创新型工程科技人才的培养和开发是一项复杂的系统工程,只有研究工程科技人才的发展规律,加强各方面的理论和实践的探索,才能把创新型工程科技人才培养工作提高到一个新水平。

参考文献

[1] 朱高峰.创新人才与工程教育改革[J].高等工程教育研究,2007,(6):3-7.

[2] 陈乐,李晓强,王沛民.科技人力资源开发及其两个重要指数[J].高等工程教育研究,2007,(2):14-18.

[3] 朱学彦,孔寒冰.科技人力资源开发探究——美国 STEM 学科集成战略解读[J].高等工程教育研究,2008,(2):21-25.

[4] 大前研一著.裴立杰译.专业主义[M].北京:中信出版社,2006.

[5] M.伊万塞维奇.管理爱因斯坦[M].百家出版社,2003.

[6] 王黎萤主编.新编人力资源管理教程[M].北京:中国计量出版社,2005.

[7] Amabile T. M. The Social Psychology of Creativity[M]. New York:Springer-Verlag,1983.

[8] 彭耀荣,李孟仁.创造学教程[M].广州:中南大学出版社.2001.

路甬祥人才培养思想研究

张志群　余　聪　杜建雄

[摘　要] 路甬祥人才培养思想的形成历程是一个历史和现实共鸣生发的过程。国内的时代背景、浙江大学的历史机遇及他个人的任职哲思为其人才培养思想形成提供了主要源流。科学与人文、政治相结合，理论与实践相结合，求是与创新、奉献相结合，是其人才培养思想的核心理念，以路甬祥人才培养思想为指导，浙江大学取得了卓越的人才培养成效。本文试从思想源流、核心理念和战略实践三个层面，对路甬祥人才培养思想作初步研究。

[关键词] 思想源流　核心理念　战略实践

路甬祥于 1988 年任浙江大学校长，在他主持学校行政开展人才培养战略实践期间，全面系统推进和深化高等教育改革，从改革教育领导和管理体制入手，转变人才培养观念、调整人才培养结构、改进人才培养内容和方法、优化人才培养目标，赋予了浙江大学人才培养独具特色的发展烙印。在路甬祥宏阔的人才培养战略视野、先进的人才培养教育理念、清晰的人才培养改革思路指导下，浙江大学的办学水平、综合实力和社会声誉快速上升，培养了大量优秀的人才，在社会各领域发挥着举足轻重的作用，得到社会的高度认可。总结与研究路甬祥的人才培养思想与实践，对我国现阶段高等教育提升人才培养质量有着重要的理论价值和实践意义。本文试从思想源流、核心理念和战略实践三个层面，对路甬祥人才培养思想作初步探索。路甬祥人才培养思想逻辑严密、论证翔实，笔者笔力不逮，难免挂一漏万或阐释不当，望读者批评指正。

一、人才培养思想的思想源流

20 世纪 80 年代中期，正值我国深化教育、科技体制改革的关键时期。党的十三大提出要把科技和教育事业的发展置于经济和社会发展的首要战略地位，对教育改革和发展提出了更高的要求，高教事业发展将进入一个适应国民经济建设和社会发展的新时期。在这样的时代背景下，路甬祥就任浙江大学校长，社会发展和国内形势的大环境、大嬗变给予他形成人才培养思想谱系提供了广袤的现实土壤和宽阔的思想空间。与时代对人才的需求交相辉映，是他的人才培养思想最显著的特点，他在确定人才培养目标和方式时，始终将培养什么样的人、如何培养人的视野置于整个社会发展的宏观格局中。"高等教育的基本任务，就是坚持为社会主义现代化建设的方针，面向现代化、面向世界、面向未来，为 20 世纪 90 年代以至 21 世纪我国社会和经济大发展，大规模地培养和准备新的能够坚持社会主义方向、具有献身精神、掌握现代科学文化知识的各类合格人才",他呼吁,"每个教育工作者要充分认识到自己肩负的历史重任,树立全面质量观,把培养社会主义建设需要的合格人才作为学校的根本任务。"

浙江大学是一所百年名校,但在 20 世纪 70 年代末、80 年代初,浙江大学也刚刚从十年"文革"浩劫中走过来。在老一辈校领导的带领下拨乱反正,浙江大学奋发图强,迅速恢复了办学实力,学校各项事业呈现欣欣向荣的兴旺景象。80 年代中期,党中央在关于教育体制改革的决定中明确提出,高级专门人才要立足于国内培养,高等学校要为科学技术开发和解决社会主义现代化建设中重大理论问题和实际问题作出较大贡献。作为东南名校,浙江大学迎来了崭新的使命和难得的机遇。1988 年,浙江大学被国家教委确立为综合改革的试点院校,浙江大学更是迈入了一个全新的发展阶段。路甬祥在这样的学校背景下就任校长,开始他大刀阔斧的改革。对处于历史转折点的浙江大学,改革何去何从,改革的方向、思路和路径何在,作为校长,路甬祥已对此有清醒的认识。"培养高层次高水平的专门人才是我们的根本任务,我们必须始终不渝地坚持这个办学目标。"如果说浙江大学悠久的办学历史给他的人才培养思想萌芽提供了最丰富的养料,那么,浙江大学当所处的历史机遇则给他的人才培养思想"开花结果"提供了最合适的舞台。

路甬祥人才培养思想体系与他的求学体验与任职哲思是分不开的。1979 年 2 月,路甬祥在浙江大学和中国科学院的推荐下,经联邦德国洪堡基金会遴选,获得洪堡研究奖学金,飞赴联邦德国,后进入亚琛工业大学(RWTH)从事研究工作。联邦德国先进的工业,富有特色的工程技术教育和创新研究体系,给予他巨大的思想冲击。他更加坚信,"在当代文明社会,国家富强、社会进步、人民幸福,终究要依靠知识、技术和诚实劳动"。回国后,他专门写作了《西德科研组织和教育制度管见》一文,对西德科研组织的人才结构、科研组织结构和经济结构,西德教研合一的高校体制、理论联系实际的良好作风、各级人才严格的训练标准的教育制度展开了细致的探讨,特别是西德严格完善的各级人才培养制度的研究心得和深入思考,对他后来执掌浙江大学后,开展人才培养体系改革,创造性提出研究生教育与本科生教育并重的人才分层次、分类别、分阶段培养模式提供了有效的借鉴。

二、人才培养思想的核心理念

路甬祥人才培养思想发端于我国由传统的社会主义产品经济向具有中国特色的社会主义商品经济转化的历史阶段,具有鲜明的时代烙印和深刻的时代内涵,集中体现于以培养"理工、文、管"三位一体的复合型人才为宗旨,科学与人文、政治相结合,理论与实践、求是与创新、奉献相结合三个核心理念。

1. 科学与人文、政治相结合

路甬祥极为重视学生的科学基础知识与人文素养的和谐统一。事实上,在浙江大学,科学与人文并重的培养理念具有悠久的历史传统,甚至可以追溯到浙江大学老校长竺可桢的"通才"教育思想。在竺可桢执掌浙大期间,他从"通才"教育理念出发,认为大学之为大学,就是能将各种学科知识熔于一炉,相互之间渗透,他始终认为大学"侧重应用科学,而置纯粹科学、人文科学于不顾,这是谋食不谋道的办法"。竺可桢在国家内忧外患、学校辗转艰苦的历史背景下提出此论断,而在 20 世纪 80 年代国家奋发图强、学校欣欣向荣的时代背景下,路甬祥坚持与"科学与人文并重"一脉相承,并在此基础上衍生出"科学与人文、政治相结合"的新理念。在他的讲话与文集中,他多次提到,科学技术的发展,使自然科学、工程科学、社会科学各门类交叉互融,而且在各门类之间的影响与渗透也越来越深刻、广泛,这对学生的综合素质和能力提出了更高的要求。另一方面,长期以来没有得到很好解决的研究生思想教育问题也渐渐浮出水面。路甬祥敏锐地觉察到,"自由散漫、学习松懈、厌学情绪滋长,缺乏艰苦奋斗的献身精神和持之以恒的求索精神,在研究生中蔓延开来。""不仅要有宽广扎实的基础理论知识、较强的分析综合能力,丰富的实践经验和一定的组织管理能力,还需要相当高的政治、道德素养和社会主义人文科学的素养"。为此,他认为高等教育培养的人才,要为社会主义"两个文明"的建设服务,这一方向不可动摇。科学如果不能与政治相结合,科学研究就易沦为纯技术工作,就会迷失方向、失去动力。在他的人才观中,科学、艺术、政治三者之间是统一的范畴,人才培养改革的目的也是培养集扎实精深的科学知识、高雅有趣的艺术品味和坚定忠诚的政治信仰为一身的全方位人才。

2. 理论与实践相结合

理论只有运用于实践,才能产生真正的"思想武器"的力量。多年来,重理论、轻实践的风气在我国高等教育体系中盛行,所培养的学生无法满足社会发展对人才的综合性和全面性要求。书本仅仅是知识之流,知识之源在实践。实践出人才,学生只有在实践中经受考验和获得锻炼才能真正地成长成才。特别是在科学技术不断进步与发展,新技术大量出现,新知识迅速增长,"具有现代科学技术的深厚基础,能从事研究、开发、创新、组织;既能深入客观地认识世界,又能高度主动地改造世界"的学生才是高等学校所要培养的高质量人才。"产学结合是培养优秀工程技术人才的必由之路",路甬祥认为,产学结合不仅是经济与社会发展的需要,也是高等工程教育自身发展的需要。对学生而言,通过生产实践,他们能尽早了解社会,接触生产实际,培养能够适应社会需求的开拓创新能力和竞争意识,迅速成长为能适应社会主义商品经济和社会发展实际需要以及世界新技术革命挑战的"四有"优秀工程技术人才。

3. 求是与创新、奉献相结合

"求是"原为浙江大学的校训,在浙江大学源远流长的办学历史中,"求是"二字作为一种精神象征始终与浙大一起,伴随成长。浙江大学前身为"求是书院","求是"所象征的学术原则与坚持真理是铭刻于所有浙大师生身上的灵魂与标识,"求是"所代表的价值追求和勇于担当也是浙江大学声名远扬、蜚声全球的精神瑰宝和光荣传统。

基于改革开放新的历史时期对创新人才素质和能力的要求,以及通过社会调查对浙大毕业生综合素质和开拓创新能力的考察、比较和分析,路甬祥提出了将"求是"校训丰富为"求是,创新",并凝练出"实事求是,严谨踏实,奋发进取,开拓创新"的时代内涵。在他的人才观中,培养创新意识尤为重要,特别是研究生。研究生的培养不同于本科生的教育,本科生重在开阔视野,拓宽知识广度;研究生则重在深入研究,延伸知识深度。研究生必须能够自觉地、独立地开展科学试验和学术研究,力争在自己的专业领域有新的洞见和创造,这就要求研究生必须具有创新意识,敢于突破,勇于尝试。创新不仅是研究生个人学术生涯取得新突破的动力,也是一所学校在教学科研实力取得新提升的源泉。他精辟地指出,若抱残守缺,只能"前景惨淡";只有改革创新,才能"前程似锦"。在主政浙江大学期间,他积极践行创新精神,大力提倡创新、鼓励创新,在人才培养模式的优化、教育观念的更新、教育结构的调整等方面作出了巨大的贡献。

同时,路甬祥还寄语学生要大力弘扬奉献精神,献身祖国,造福人民。他鼓励学生"要刻苦钻研业务,严谨治学,努力做一个品德高尚、追求真理、热爱社会主义祖国、自强不息、为祖国繁荣富强和人民幸福而无私奉献、有骨气的中国知识分子"。路甬祥对于求是精神、创新精神和奉献精神的强调正是其人才培养思想的精神内涵。

三、人才培养思想的战略实践

1."创班建制",改革教学内容,优化专业结构,修改教学计划

面对经济体制改革的深入发展,产业结构、技术结构的巨大变化,高校的人才培养需依据社会需求合理调整教育结构,才能培养为经济建设和社会发展服务的合格人才。为此,路甬祥在浙江大学实施综合改革的过程中,一是变按教研室办学为按系办学,淡化专业,利用浙大理工结合兼有文、管的优势,创造性地创办由优秀学生组成的"混合班",采取"起点高,进度快,内容新,注意能力培养",培养拔尖人才。借鉴"混合班"的经验,创办"基础教育提高班",因材施教,实行严格淘汰制等特殊培养措施;二是优化学生的知识结构,按照社会需求调整和修改教学计划。学校实施学分制,建立和完善学生选课制,增加选修课,逐步推行主辅修制,完善三学期制,鼓励优秀学生自学、参加免试考试、跨专业选课,在完成教学计划规定的必修学分,通过考试取得最低毕业学分之后,提前毕业或报考研究生。理科系的学生可在二、三年级分流,实行按选课组(专门化)教学,以促进理工、文管知识交叉结合。内容完善的教学内容,使浙江大学培养的学生"不仅懂得工程技术,而且懂得哲学、政治、经营管理、市场经济",浙大学子也以"复合型"高级专门人才著称。灵活的教学计划给予学生极大的自主性,激发学生主动学习的乐趣,形成努力进取的良好氛围。文理兼顾的办学模式,也使浙江大学文理学科均衡发展,学科布局合理优化,综合实力稳步提升。

2."产学结合",打造实践平台,强化实践训练,构建育人模式

为探索适合我国国情的培养优秀工程技术人才的新路子,提升人才培养的质量,路甬祥根据浙江大学的实际情况,推进实践"产学结合"理念,坚持办好本科教学的同时,积极发展研究生教育。一是在本科生培养中试点厂校联合培养工作。本科学生在校进行三年半学习,完成全部教学环节后,提前分配到对口的企业,参加为期一年的工程训练,由厂校双方共同制订联合培养方案。一年后,学生再回校完成毕业设计课。建立"科学评分合理淘汰制",对毕业设计(论文)严格评分,有效约束长期以来形成的学生毕业"应付过关",教师考核搞"平均主义"、"送人情分"的现象。二是调整本科生与研究生的比例,在适度发展本科教育的同时,在适应需求、保证质量的前提下,积极发展研究生教育。在研究生招生方面,招收定向培养、委托培养和论文博(硕)士、工程(博)硕士以及自筹经费等多种模式、多种类型的研究生。同时,主动走出校门,与生产部门、大型企业广泛开展横向联系,建立稳定的研究生培养和科学研究协作体,聘请校外高级工程师和研究员担任兼职导师,结合生产实际进行联合培养,试点培养工程硕士和工程博士。三是积极组织和引导学生参加社会实践,投身改革大潮,加强实践训练,建设好校内校外教学实践基地。通过"预分配—联合培养"的方式,培养

学生的实际操作能力,克服理论脱离实际的倾向。通过"产学结合"及本科生教育、研究生教育并重的办学思路的战略实施,浙江大学和企业共同建立了一条集教学、科研、生产联合为一体的人才培养思路,也形成教学科研直接面向经济建设主战场的格局和机制,构成浙江大学培养高质量人才的一套行之有效的特色育人模式,大力推进了浙江大学从教学型大学转变为教学研究型大学。

3."筑巢引凤",延揽一流人才,转换用人机制,培育育人环境

要培养一流的人才必须要有一流的师资。"一支素质好、富有实践经验和较强的实际工作能力的师资队伍,是培养优秀人才的关键所在。"为提升人才培养质量,浙江大学打破了传统师资队伍建设的传统和封闭模式,开创走产学结合、社会大循环的新路子,吸引海内外优秀人才,"走出去礼贤下士,请进来唯才是用"。同时,浙江大学对人事制度进行改革,推动建立以业绩考核为特征的教师评价机制。加强完善年度工作考核制度,对各系、部门和教职工实行分类分级考核,考核结果与职务晋升、工资晋级、岗位业绩津贴紧密挂钩。这一有效的用人机制和竞争机制调动了广大教师的积极性和创造性。

人才的培养亦离不开良好的育人环境。路甬祥的人才培养思想蕴含着丰富的辩证唯物主义思想。在推动浙江大学立足培养国内高级人才的过程中,他高度重视校园环境、科研环境、生活环境对人才培养的重要性。他要求学校管理部门要抓好综合技术后勤工作,提高图书、资料、实验、文字印刷等各项服务质量和水平,尽可能创造和提供良好的科研环境;要挖掘潜力,争取和筹集必要的资金投入,改善饮食服务、宿舍条件等,并通过助学金、各类奖学金、科研补贴等对研究生的学习生活给以教育经济上必要的保证;要努力加强校风、教风、学风建设,"校风即治校治学之风尚,校风反映了教育者和受教育者的精神面貌和思想水准,是培养优秀人才的非智力因素的必要条件"。路甬祥在浙江大学90多年办学形成"求是"的优良校风基础上,提出了"实事求是、严谨踏实、奋发进取、开拓创新"校风建设的新目标,把校风建设提高到了一个新的高度。

21世纪高等教育面临着知识经济的严峻考验,高等教育必须作出系统性变革才能适应高等教育的大众化、时代化、国际化。高等教育成功与否,归根结底在于人才培养的质量优劣。思想指导实践,国内教育界从来不乏人才培养思想的研究,其中也有很多优秀的研究成果,但理论成果并未转化为教育实践。作为浙江大学校长,路甬祥一方面不断加深其对人才培养思想的研究、补充与思考。思想的时代性、理念的前瞻性和实践的战略性是其人才培养思想的特点。另一方面,他大力推进人才培养思想的战略实施,将理论付诸实践。以路甬祥人才培养思想为指导,浙江大学取得了卓越的人才培养成效。先进的育人理念和成功的育人实践,大力提升了浙江大学办学育人的层次和实效,丰富和深化了我国高等教育人才培养思想的理论内涵。毫无疑问,国内高校必能从其中汲取到丰厚的思想营养,借鉴到宝贵的实践经验,进一步提升人才培养质量,为社会主义现代化建设培养更多合格的人才。

参考文献

[1] 求是与创新:路甬祥教育文集[M].杭州:浙江大学出版社,2012.

作者信息

张志群：男，中国计量学院计财处处长，会计师；

余　聪：男，中国计量学院党委宣传部，讲师；

杜建雄：男，中国计量学院成教学院党总支书记，高级经济师。

求是与创新在独立学院大学生培养中的启示

傅洪健

[摘　要] 本文以求是与创新为文章的切入点,以独立学院中的大学生培养为研究对象,以中国计量学院现代科技学院为例,讨论了"求是与创新"的独立学院管理过程中的具体体现,分析了在独立学院人才培养过程中的问题,提出了求是与创新是独立学院人才培养的核心价值体系,需要从办学理念、教学管理和学工管理等方面进行"求是与创新"以期完善独立学院的办学理念,提升独立学院的办学层次,提高独立学院的人才培养质量。

[关键词] 求是创新　独立学院　大学生培养

随着我国教育体制改革的推进,独立学院作为我国高等教育的重要组成部分,其重要性日益得到体现。根据中华人民共和国教育部第 26 号令《独立学院设置与管理办法》,对独立学院进行了新的界定,是指实施本科以上学历教育的普通高等学校与国家机构以外的社会组织或者个人合作,利用非国家财政性经费举办的实施本科学历教育的高等学校,具备了培养新时代大学生的基本条件。虽然基本实现了与一本、二本院校相同的办学目的、管理模式,但是我国的独立学院在办学过程中形成了具有自身特色的办学模式。

一、"求是与创新"的独立学院管理体现

我国独立学院自从 1999 年开办以来,已经经历了近 13 年的发展历程,形成了相对完善的高等本科教育模式和教学管理模式,实现了从研究型大学母体中脱离,开创了实践性本科教育的新模式。

(一)实践性办学理念的凸显

从我国高等教育的办学实际来看,我国专科和研究生教育所占的比例偏低。路甬祥副委员长在其教育文集中指出,20 世纪 80 年代初我国专、本和研究生的比例为 24.18∶73.97∶1.85,而同期的发达国家分别为 41.8∶47.6∶10.6。专科办学比例的偏低,导致了实践性教育相对偏低,不能有效地满足社会对于应用型人才的需求。"求是"在《说文》中引申为真谛、规律、本质,在我国的教育中,既指探究自然、社会和人本身运动(活动)的奥秘、规律,更指追求真理的科学态度、科学精神。在具体的实践中,独立学院也将专业化的人才培养作为办学的最终目的,例如中国计量学院现代科技学院,提出了要为社会提供在生产、经营、技术服务等一线工作岗位从事技术工作的专业人才。

（二）应用型人才培养模式的构建

对于人才培养模式的构建，主要表现在教学管理和科研服务等方面。对于一本、二本学生的培养过程中，讲求本科教育"通"的特性。过去对于本科教育过多地依赖于行业背景，建立过细的专业设置，强调了应用技术人才的"专"性。但是在通式教育体制下，专业化的技术人才的"专"的教育相对减少，而社会对于专业化的技术人才的需求也逐年增加，在专科教育不能有效满足需求的情况下，本科教育必然要求对自身教学目标进行重新认识，构建相应的专业化的教学管理模式。求是与创新就是对独立学院自身的办学模式的最好界定。例如在专业的设置和选择方面，独立学院的专业设置相对能满足社会的应用型的要求。现代科技学院一直贯穿求是的办学理念和创新的管理精神，培养了一大批特色专业群，提出了"特色兴院、质量强院"的办学思路，在专业设置中将实用性专业作为专业建设的重点，对课程进行了重新的定位，以期满足社会对专业技术人才的需求，同时满足学生进行自我专业能力提升的需求。从独立学院的科研管理方面来看，与一本、二本的科研管理存在区别。例如浙江大学科研定位为：要成为国家科学研究的重要基地，成为国际高新科技产业的重要辐射源之一，其追求的是专业科研的发展。而独立学院在科研方面更偏向于实践，例如技术的实践转化，提高科技孵化的效率等。

（三）专业教育外部性构建的强化

专业外部性其实就是为专业提供专业实践的渠道，提高独立学院的办学质量。现代科技学院在办学过程中强调了路甬祥副委员长提出的"实施因材施教、知识结构和课程体系的优化"，让优秀的人才脱颖而出，强化了实践教育，强调了专业实训基地的建设。在《求是与创新》中，路甬祥副委员长对于本科生教育也提到了关于金工实习的问题，需要让学生通过金工实习，对机械加工的全过程有一个感性的认识，并亲手操作掌握一两个工种的基本操作技能。对于独立学院也一样，现代科技学院在计量、标准、质量、检验检疫等优势领域，不断拓展校企合作的途径，先后进行了多项创新基地的建设。在测控技术与仪器、产品质量工程、生物工程等专业中形成了计量测试、质量管理与控制、动植物检验检疫等行业特色。高校与行业的共生态的环境建设为现代科技学院的专业教育的外部性构建提供了强有力的保障。

（四）创新型学工管理模式的完善

独立学院的学生素质培养也具有应用型的特征。创新型学工管理模式的构建和完善就是对原有的高等教育学工管理模式的重新思考，根据独立学院的办学模式和人才培养要求进行重新构建，将专业技术管理型人才培养理念融入到独立学院的学生素质培养过程中。现代科技学院在推进创新型学工管理转变的过程中，在强调安全稳定的基础上，以学生素质提升工程为载体，构建了教务、学工和管理三方联动的创新型学工管理模式，实现了班主任下课堂，学工与教务的联动。创新型学工管理模式不仅是学生工作管理方式的转变，也是管理理念的提升。首先是学生素质模型重新构建，强调了学生的专业技术应用能力的提升和一般管理能力的完善，以期为社会提供专业技能管理型人才。其次是专业个性化学生培养模式的构建。通过对学生一般管理能力的培养强化其专业的认知，在其过程中强调学生个性能力的发展,例如职业生涯规划大赛等活动的组织和开展为学生提供了施展才华的舞台。

二、独立学院求是与创新管理的深化

在独立学院教学管理过程中,可以将求是和创新定义为实践型教学模式的探索和管理模式的创新性转变。因为我国独立学院办学较晚,管理过程中也遇到了诸多问题,例如,独立办学理念的缺失,教育成本较高,教学、学工管理手段单一,学生素质培养环境不完善等。这就要求我国独立学院在办学实际过程中,强化求是的办学理念和创新的管理精神。

(一)"求是与创新"办学理念的转变

独立学院办学理念的转变不仅包括了办学目的的重新界定,还包括了高校行政管理模式的转变。独立学院脱离了母体,必然会出现文化传承的鸿沟,这就需要根据自身的管理实际总结归纳文化特征,践行具有自身办学特色的管理文化和校园文化。从而对原有制度进行修订,以期满足独立学院自身的办学需要,形成具有自身特色的管理文化环境和制度。在办学过程中,需要形成与办学理念相适应的独立院校行政管理模式。在管理中凸显"求是"办学的本质要求,构建相应的教学质量控制体系,在实践中凸显应用性管理人才培养的特征。同时转变管理绩效的测评体系,体现应用性教学测评的内在要求。

(二)"求是与创新"教学体系的构建

在教学体系中,"求是"主要体现在一般的教学管理过程的完善和应用型教学培养模式的构建。首先是需要重新对独立学院的教学目标进行重新确立,明确在教学过程中学生的专业技能的培养,同时强调大学生一般性管理能力的提升。对现有的教学质量进行新的素质能力维度构建,加大应用性教学质量的评价指标的比重,同时构建有效的质量控制机制,提高教学管理的有效性。教学管理的创新不仅体现在管理过程,也体现在教学的方式和方法上。这就需要继续推进校企合作,深化产学合作的力度和深度,为学生提供行业实习的渠道。在加大企业或者行业实践基地的建设的同时,要强化实践基地的内涵建设,不至于使得实习仅流于形式而不具有实质意义。在科研方面,要强化实践应用型科研的发展,强调科研的实践转化的效率,扩大学生的参与范围,提升学生的实际研究能力。

(三)"求是与创新"学工管理模式的实践

独立学院的学生有自身的特征,例如思想活跃、情感真实、自律能力差等。这就要求独立学院的学工管理模式需要进行"求是与创新"的实践定位。"求是"讲求的是学生管理工作安全网络的构建和思想政治教育的深入。在此基础上,对独立学院学生进行素质能力维度的重新界定,强调学生的实践应用能力的培养。这可以与高校的社团管理、党建、社会实践、贫困助贷免等相结合,强调学生的自我管理能力培养,提高学生的社会责任意识。从学生的创新意识培养方面讲,就需要以高校的"挑战杯"、"新苗人才计划"等活动为载体,注重学生的个体特征,发掘个体个性特征,实践个性化的培养模式。同时,求是与创新的学工管理模式是开放的系统,需要不断地进行新的管理理念的更新和转变,来提高管理的效率。

实践证明,路甬祥副委员长提出的"求是与创新"的理念对独立学院大学生培养和独立学院的各项工作有着极其重要的指导作用。中国计量学院现代科技学院在各项工作的开展中,正是充分贯彻了这种理念,才能在多个方面取得了巨大成绩。学院必将在今后的工作中继续把"求是与创新"的精神发扬光大,为社会培养出一大批优秀的独立学院学生。

作者信息

傅洪健:男,中国计量学院现代科技学院党委书记,教授。

基于以人为本价值取向的高校
人才培养模式创新

毛　成　傅文轩

[摘　要] 以人为本是一种对人在社会发展中的主体作用与地位的肯定,它既强调人在社会发展中的主体地位,又强调人在社会发展中的主体作用;它是一种价值取向,强调尊重人、理解人、发展人;它是一种思维方式,就是要求我们在分析、思考和解决一切问题时,既要坚持运用历史的尺度,也要确立并运用人的尺度,要关注人的生活世界。路甬祥的坚持以人为本的价值取向是高校创新人才培养模式的内在要求,高校必须确立以人为本的理念,优化和创新人才培养模式,提高人才培养质量。

关键字:以人为本　高校　人才培养

一、以人为本价值取向的当代诠释

以人为本作为科学发展观的本质和核心,是中国共产党总结新中国成立以来,特别是改革开放以来我国社会主义建设经验的必然抉择,是对马克思主义人本思想的继承和发展,体现了在新的历史条件下对人民群众生存境遇的深切关怀。以人为本的思想科学地回答了发展的最终目的,即发展是为了推动和实现人类社会的全面进步和人的全面发展。以人为本思想具有三层基本含义:第一,它是一种对人在社会发展中的主体作用与地位的肯定。第二,它是一种价值取向,即强调培养人、塑造人、发展人和转化人。第三,它是一种思维方式。就是要求我们在分析、思考和解决一切问题时,既要坚持运用历史的尺度,也要确立并运用人的尺度,要关注人的生活世界,要对人的生存和发展的命运确立起终极关怀,要关注人的共性、人的普遍性、共同人性与人的个性,要树立起人的自主意识并同时承担责任。

教育是人的教育,教育的目的是以实现以人的全面发展为目标。以人为本是一种对人在社会发展中的主体作用与地位的肯定,它既强调人在社会发展中的主体地位,又强调人在社会发展中的主体作用;它是一种价值取向,即强调尊重人、理解人、发展人;它是一种思维方式,就是要求我们在分析、思考和解决一切问题时,既要坚持运用历史的尺度,也要确立并运用人的尺度,要关注人的生活世界。高校教育坚持以人为本的理念,就是在肯定、尊重人的主体地位和主体作用的同时,把尊重人、理解人、发展人的价值取向落实到教育实践中去。这就要求我们在高校教育实践中必须贯彻以人为本,着力于促进人的全面发展。

二、高校人才培养必须坚持以人为本的价值取向

人才培养是高校的根本任务。教育是一种培养人、塑造人、发展人的教育活动,其最终目的是使人们形成具有高水平的思想素质和高尚的人格品质,从而实现人的全面发展。在人才培养方面,路甬祥曾指出:"教育的目的不仅在于传播知识,更在于培育人才,在于培育德育、智育、体育、能力、美育全面发展的一代新人。"高校的人才培养,就是要围绕学生成长、成才的每一个重要环节,创造各种条件来促使青年学生成为德智体美全面发展的社会主义建设者和接班人。鉴于此,人才培养是高校一切任务的重中之重,必须牢固树立"以人为本"的价值观念。谢宜辰曾提出:"我国现阶段的高等教育价值取向总体特点是:过度追求人才的工具性价值,以单纯的专业教学代替了整个的人才培养;轻视或忽视了人本价值,偏重智商忽略情商,以国家意志和群体价值取代或置换了个人的生命价值;知识分子的观念价值没有得到应有重视,不注意学生作为一个知识分子将来在社会中应当表现出观念上的先进性和示范性。"高等教育必须纠正以往"工具论"、"知识论"的价值取向,将"人本价值"作为我国当前高等教育人才培养模式的重要价值目标。

三、以人为本理念下高校人才培养模式创新

(一)营造以人为本的校园文化环境

"人创造环境,同样环境也创造人。"环境对人的影响是潜移默化的。校园文化环境使大学不仅仅是教学楼、图书馆等建筑群落,也不仅仅是人才汇集的场所,而是人、思想、价值观念、理性思考等等的有机统一。路甬祥说:"人才的培养要有良好的环境和一定的条件。"校园文化对内具有凝聚其成员实现群体共同目标的作用,对外起着扩大社会影响力的作用。高校校园文化建设是高校育人的重要载体,是对大学生进行思想教育的有效途径和方式。坚持以人为本,必须着力营造以人为本的校园文化环境,切实采取有效措施和方法,提升以人为本的校园文化氛围和文化品位。

(二)确立大学生在高校教学和管理中的主体地位

大学生是教育过程的积极参与者和推动者,是自主发展、自我建构的主体,因此,大学生既是教育的对象,也是教育的主体。在传统教育观念中,受教育者一直被认为是被动接受教育的客体,例如思想政治教育过程中的命令主义、单向灌输现象普遍存在,这挫伤了受教育者在受教育过程中的主观能动性,不利于大学生的全面发展和综合素质的提高。为此,在高校教学和管理等各项活动中,教育者应充分认识到大学生的主体地位,增强以学生为主体的意识,发挥大学生在学习和研究中的积极性、主动性和创造性,使大学生得到全面发展,为社会培养综合素质高的栋梁之材。因材施教原则是古今中外成功的教学所遵循的基本教学原则之一,路甬祥提出的因材施教思想绝不能片面地理解。制度保证是一方面,但在教材、教学内容、进度、教学方法,以及作业、考试、实验、设计、论文等各个环节中都不能忘记因材施教的原则。将大学生的主体地位贯穿于高校教学和管理的全过程,正是体现了路甬祥的这

一教育思想。

(三)引入竞争机制加强高校师资队伍建设

邓小平指出:"一个学校能不能为社会主义建设培养合格的人才,培养德智体全面发展、有社会主义觉悟的有文化的劳动者,关键在教师。"高校师资队伍不仅包括教学队伍,还包括政工队伍(教辅、行政、辅导员)。要强大高校师资队伍力量,就是要以大学生为本,根据大学生成长成才的目标和要求,遵循人才成长规律。对高校师资队伍中的个体和群体,要引入竞争机制,进行选拔、培养和管理,使之达到适应和满足大学生成长成才需要的目标的过程。路甬祥说过:"高校既需要外部的压力,也需要内部的动力,要使每个教职工都进入教育改革的'角色',关键还要在学校工作中正确地引入竞争机制。"公平合理的竞争机制,能够激发和调动广大师生的积极性和创造性,"有效的教育竞争机制的导向作用在于:适时地调整办学方向,教育结构,培养规格和教育方法、内容等,这是增强学校主动适应经济和社会发展能力,增强自身办学活力的一个重要途径"。

(四)注重对大学生群体的人文关怀

要保证高等学校以人为本价值取向下的人才培养模式的真正实现,还必须关注对大学生群体的人文关怀。所谓人文关怀,是以人文精神为核心,以充分地尊重人、理解人、发展人、完善人、促进人的建设与人的全面发展为内在尺度的一种价值取向。以人为本是人文关怀的基础,人文关怀则是以人为本的实现。高校人才培养的必备素养除了学生基本专业素质,还包括如创新素质,人际交往能力,道德情感,协作精神,实践精神等渗透着人文精神的素养。因此路甬祥说:"全面的素质教育应摒弃简单的知识灌输,改为引导、启发和鼓励学生独立思考,鼓励学生敢于和善于提出问题,善于观察分析,敢于探索,敢于创造新的学习方法和工作方法。"高校人才培养的重要任务是引导学生的学习行为,启发人的自觉性、调动人的积极性、激发人的创造性,培养具有自主思想意识、良好道德行为的社会成员。

参考文献

[1] 求是与创新:路甬祥教育文集[M].浙江大学出版社,2012.

[2] 马克思恩格斯全集(第3卷)[M].北京:人民出版社,1960.

[3] 论当前我国高等教育价值取向问题[J].长沙:湖南科技学院学报,2008,(1).

作者信息

毛　成:女,中国计量学院计量测试工程学院党总支书记,教授;

傅文轩:女,中国计量学院计量测试工程学院,助教。

学习路甬祥"产学结合"教育思想,探索培养卓越法律人才基本思路

季任天

[摘　要]路甬祥的"产学结合"教育思想对于普通高校产学结合工作具有指导意义。路甬祥产学结合教育思想归纳起来主要包括高校教育缺乏产学结合的弊端、产学结合的作用、国外产学结合经验的总结、产学结合的对策等方面。路甬祥提出的产学结合教育思想不但引起了后来学者们的纷纷回应,也得到了教育实践主管部门的肯定。产学结合需要政府、企业、高校各负其责,共同努力。中国计量学院法学院确立了培养实务型卓越法律人才的目标,并在培养过程中就如何学习贯彻路甬祥产学结合教育思想作出了探索,基本思路包括选择合适的实务部门、联合制定培养计划、联合开展课程教学、通过联合导师制开展实习实践教学、健全联合管理体制等。

[关键词]产学结合　法律人才培养

一、问题的缘起

路甬祥于 1988 年 2 月 4 日就任浙江大学校长,1993 年 11 月调任中国科学院副院长,1995 年 4 月 17 日卸任浙江大学校长。本文作者于 1989 年 9 月进入浙江大学本科学习,1993 年 6 月本科毕业,毕业证书上赫然有着路甬祥校长见证的大名。虽说当时并未能有机缘当面聆听路校长的教诲,对路校长的教育思想也是朦朦胧胧,但是路校长在作者的成长经历中已经印下了深深的烙印。可以说,路校长的斐然业绩与治学精神在引领着我们,路校长的教育思想通过浙江大学广大教师的教学工作间接地影响着我们成长的轨迹。

当 1995 年 9 月作者复入浙江大学攻读硕士学位时,路校长已离任。从此,似乎不再有机会接触到路校长的教育思想。但作者相信,路校长的教育思想仍然影响着自己。1998 年4 月从浙江大学毕业来到中国计量学院任教,从此作者也成了一名高等教育工作者,开始不知不觉地践行着路校长的教育思想。其中对于路校长的产学结合教育思想印象非常深刻,而且现在各高校都在不断深化着产学结合教育思想。因此本文就结合自己作为法律教育工作者的实践,学习路校长的产学结合教育思想,为培养卓越法律人才提供基本的思路。

产学结合教育思想本来针对工科专业。产即产业,学即学校,也就是说产业与学校结合,就产业主体说,产学结合是产业的发展思想,为产业发展提供良好的途径;对学校尤其是高校来说,产学结合是高校的教育思想,为培养优秀人才提供良好的保障。产学结合的具体化就是校企合作。就我国来说,高职院校非常重视产学结合,也取得了丰硕的成果,学生实践动手能力特别强,学生未毕业就全部找到工作了。我国形成了多种具有中国特色的职业

教育"工学结合"模式,主要包括订单式模式、理论实践一体化模式、工学交替教学模式、两段式预分配模式等4种。[1]而普通高校在产学结合方面相对较弱,需要加强。路甬祥的产学结合教育思想就是针对高等学校而言的,这对于普通高校产学结合工作具有指导意义。

目前国内法学专业每年毕业人数很多,而且法学教育重理论轻实践的现象比较普遍,导致法学毕业生就业竞争力比较弱,就业形势严峻。为改变这种状况,教育部提出了培养卓越法律人才的理念。要培养卓越法律人才,其中最核心的理念就是培养学生实务能力。而培养学生实务能力,产学结合教育是基本途径。目前作者在中国计量学院法学院任教,对于培养卓越法律人才颇为关注,因此联系路甬祥产学结合教育思想进行了思考,试图为培养卓越法律人才提供基本思路。

二、路甬祥产学结合教育思想的基本内容

路甬祥产学结合教育思想主要体现在其1989年论文《产学结合是培养优秀工程技术人才的必由之路》[2]中,其他文章中也有少量谈及产学结合教育思想的内容。路甬祥产学结合教育思想归纳起来主要包括以下几个方面:

(一)高校教育缺乏产学结合的弊端

路甬祥指出,高校的教学和科研与社会的生产相分离,可能是世界传统高等教育的通病,中国也不例外。在中国的传统文化中,研究高深学问是君子所作,生产则是小人所为。由于产学结合的不足,一方面,教师接受继续教育的机会偏少、参加社会工程实践的时间太少,普遍存在重论文、轻工程,重研究、轻应用,重理论、轻实践的现象;另一方面,培养出来的相当一部分学生实践能力比较差,包括独立学习、独立工作、独立生活的能力比较差,创新的意识和能力更差,学生中普遍存在着对工程实际问题不感兴趣,鄙薄技术工作,重科学轻技术的思想,甚至形成高分低能的畸形发展。本科毕业生中出类拔萃者固然不乏其人,但普遍的则是"上不着天,下不着地",眼高手低,轻视实践,真正工作起来,既缺少实际科学工作和工程技术工作的技能,也并不具备开发型人才的创造能力。在信息化时代,教学科研和生产的关系日趋密切,出现了三者一体化的趋势。现代社会的高等教育不能再像以往那样自我封闭在大学校园之内,单纯以课堂和教学性实验为中心,而是需要接触、了解先进的工业技术,面向工业实际选择毕业设计和学位论文课题,在工程实践中炼就真功夫。这种相互依赖性使各国大学都先后走上了与工业联合之路,从而工程教育与科研、生产出现了"一体化"趋势。

(二)产学结合的作用

路甬祥认为,产学结合是进一步改善高校师资结构,提高师资全面素质,强化学生工程实践能力训练,培养优秀工程技术人才的必由之路;产学结合是高等教育为经济与社会发展服务的一种有效形式,也是经济与社会发展依靠教育的一种有效形式。厂校联合培养的作用包括:(1)联合培养能使学生尽早接触社会,了解国情,增强责任感和事业心。(2)提高了工程实践能力和实际工作能力,缩短了毕业生的社会适应过程。(3)有利于完善学生知识结构,增强适应能力。(4)密切了学校和工矿企业的关系,促进教师教育思想的转变和教学改

革的深入发展。实习不但对于工科学生,而且对于理科、管理科学、社会科学和文科学生的培养,都是十分重要的。实习的目的是:联系实际,拓宽知识,增长才干,锻炼思想。

路甬祥指出,培养适应社会主义建设需要的高层次高水平的专门人才是学校的根本任务。作为一名优秀的工程技术人员,必须具备能够在实践中不断获取知识、更新知识的能力,灵活运用已掌握的知识解决生产实际问题的能力、创新的能力和组织管理能力。知识和能力虽是两个不同的概念,但不可以把知识传授与能力培养割裂开来,把能力培养当作传授知识以外的另一问题。知识传授和能力培养不是两个问题,而是一个问题,应当理解成让学生学习什么才能真正提高能力的问题。我们培养的人才的知识结构必须是"理工、文、管"三位一体,是复合型的。在能力培养方面,要加强开发创造型人才的科学与工程训练。

路甬祥还指出,学校与企业挂钩联合办学办科研,与技术和商品市场挂钩,也从宏观上有利于通过成果和人才的结合转移,推动一批高科技的发展和传统产业的技术进步,有利于提高产业结构的层次和国民经济整体效益。

(三)国外产学结合经验的总结

路甬祥指出,现代高等教育注重教学、科研、生产三结合的问题。日本大力推进"产学结合",美国提出"重建大学—工业伙伴关系",这种发展目前仍方兴未艾,许多国家甚至把它提高到了挽救国家科技经济危机的战略高度。国外教学与科技经济联系的形式有三种:第一种是像美国的硅谷,由政府出面组织,有大企业参加,在重点大学附近建立高科技开发区,对关键性的高新技术领域进行突破性的研究,从而带动整个科技经济的发展;第二种是建立工程研究开发中心,国家、企业和学校共同承担任务,开发成功的软件、硬件以及人才共同转入市场,形成生产力;第三种是一些中小企业与大学建立共同的合作关系,企业根据自身发展需求提供课题,进行立项,大学发挥人才和多学科结合的优势帮助企业解决难题。通过这三种形式,学校在为社会提供服务时,也锻炼了队伍,培养了人才。

(四)产学结合的对策

路甬祥认为,产学结合应当注重实践能力培养,教学与实践相结合,尽早使学生参加生产实践。高校推进产学结合教育的基本抓手包括两个方面:

一是推进校企联合培养的改革。浙江大学从 1988 年 5 月开始在全国高校中率先推行了"预分配—联合培养"制的试点工作,即工科学生在校内进行为期三年半的学习后,提前分配到对口工厂企业,由校方和厂方共同实施培养,完成毕业设计等教学环节,一年后再回校进行论文答辩,经考核合格,发给同届毕业证书,正式回原用人单位工作,取消见习期。

二是规范实践实习。高校要鼓励青年教师通过下厂带实习、带毕业设计、带领学生参加社会实践,下厂搞科研、参加科技服务等接触社会,接触生产实际,增强工程实践能力,全面提高自身的素质。加强实践教学环节,注重学生能力的培养。要积极组织和引导学生参加社会实践,投向改革实际,接触工农群众。实习必须走出课堂、走出校门,到工厂、工地、研究所、实验室,到社会去接触实际,将自己所学的知识和实际工作联系起来;实习应该可以,而且必须使学生拓宽知识、开阔眼界。关于下厂实习。凡工程类专业四年内应安排两次下厂实习(不包括金工实习),第一次二周,第二次四周;学科型专业(包括理科专业)四年至少应安排一次下厂实习(或社会调查),时间四周。管理、社会科学和文科也应有二次下厂、下乡或社会调查,时间共计六周。实习环节的具体要求包括:(1)认真制订实习的教学大纲;(2)拟定切实可行的实习计划;(3)指派有经验的教师指导实习;(4)逐步稳定实习点;(5)加强实习期间学生的管理。建设稳定的校外实习基地,建立一批与企业密切联系和合作的深化科技开发的工程研究中心。聘请固定实习点兼职指导人员为高校的兼职实习导师;评选优秀实习教师;召开实习专题研讨会;实习纳入专业评估;评选优秀实习生;实习单位与兼职实习导师感谢制度(座谈、联欢、宴请、送纪念品等)。

路甬祥的产学结合教育思想更多的是从高校角度出发进行思考的。当然,路甬祥的产学结合教育思想并没有否认政府、企业在产学结合中的作用,相反也希望政府与企业对于产学结合给予大力支持。事实上,由于产学结合困难重重,因此需要政府、企业、高校各负其责,共同承担起为社会的发展培养人才的责任,构建适合我国国情和社会需要的校企合作、产学结合的教育模式。

对于高校而言,应充分发挥在校企合作、产学结合教育方面的主动性,积极探索与本校、本地区发展需要相结合的校企合作的教育模式。[3]有学者指出,从学校这方面来说,如何设计实践课程,使学生到企业去是帮助企业创造价值,而不是"添乱"[4]。高校应当强化师资队伍建设。现在相当一部分工科教师缺乏或者没有工程实践经历,这是个很大的问题;从企业请兼职教师又受到种种限制,应在产学结合中作为一个突出问题来解决。要突破体制和方式上的障碍,使教师定期到企业中去挂职锻炼,请企业的高层工程技术人员到学校来兼课。此外,青年教师大都来自专业学科,普遍没有接触过教育学,在上岗之前,这方面应予以补课。

对于政府而言,应加强对校企合作教育的支持力度,通过立法、政府补贴等形式,积极为高校与企业的合作搭建平台。各级政府对校企合作教育的倡导和支持应落实到具体的法规、政策和措施中,对积极开展校企合作的院校应给予政策、基金等方面的鼓励和支持,促进高等院校大力开展校企合作教育;对积极参与校企合作教育的企业应实行包括实际利益(如减免税额、政府补贴)的优惠政策,鼓励企业主动承担校企合作教育的任务,积极参与校企合作教育的全过程。鼓励产学结合,要在政策层面上提出鼓励产学结合办教育的措施,首先应要求一定规模以上的企业必须承担产学结合任务,同时在税收抵扣和毕业生招收选择等政策上给予优惠。对高校要有具体指标要求,指导高校做好产学结合工作,使学生通过产学结合既提高自己,也为企业创造价值,取得企业、学校、学生共赢的结果。

对于企业而言,不应仅仅追求利润,看到眼前利益,而应切实采取实际行动,承担起共同为社会发展培养各类合格人才的社会责任和使命。产业方面要理解培养人才是全社会的责任,而不单纯是学校的任务。如果缺少产业合作,学生的实践能力欠缺,企业也找不到可用的人才,这是全社会的损失。从这个角度讲,积极开展产学合作是企业应尽的社会责任。

三、路甬祥产学结合教育思想的影响

路甬祥在20世纪80年代就提出了产学结合教育思想,对于后续关于高校产学结合的研究与实践都产生了巨大的影响。自路甬祥研究国外产学结合教育思想之后,不少学者继续研究国外产学结合经验,进行总结。例如,有学者总结出,美国、英国、德国、加拿大等发达国家在实施校企合作、产学结合教育模式方面具有以下共性:第一,产学结合学制灵活,在校理论学习与在企业工作实习分配合理,在企业工作实习的时间有保证;第二,企业积极参与对学生的培养,不仅为学生提供实践的机会,还相应地给予一定的报酬,可以提高学生在企业工作实习的热情;第三,学校教育紧贴企业需要,真正做到了与企业的"零距离"接触;第四,高等院校与企业在合作教育过程中,既可以为社会发展培养人才作出贡献,又可以在许多方面实现"双赢"。[5]可以说,路甬祥关于国外产学结合经验的总结,为后续研究提供了研究思路。

自路甬祥提出产学结合教育思想十多年后,另有学者指出,"产学结合、校企合作"对学校的主要作用表现在以下五个方面:(1)给办学单位带来高强度的财政投入;(2)使专业培养目标贴近一线需要,推进就业;(3)促进教师深入一线,提高"双师"素质;(4)建立稳定的实习基地,让学生置身真实生产一线环境;(5)有利于专业教学改革和建设。[6]

自路甬祥提出产学结合教育思想二十余年后,《国家中长期教育改革和发展规划纲要(2010—2020年)》对产学结合教育思想作出了指导性规定。其中,第(一)条指导思想中规定,"全面贯彻党的教育方针,坚持教育为社会主义现代化建设服务,为人民服务,与生产劳动和社会实践相结合,培养德智体美全面发展的社会主义建设者和接班人"。第(十四)条规定,职业教育"实行工学结合、校企合作、顶岗实习的人才培养模式"。第(二十一)条规定高等教育应当"推进产学研用结合,加快科技成果转化,规范校办产业发展"。第(三十一)条规定,"加强学校之间、校企之间、学校与科研机构之间合作以及中外合作等多种联合培养方式,形成体系开放、机制灵活、渠道互通、选择多样的人才培养体制"。第(三十二)条规定,"注重知行统一。坚持教育教学与生产劳动、社会实践相结合。开发实践课程和活动课程,增强学生科学实验、生产实习和技能实训的成效"。

可见,路甬祥提出的产学结合教育思想不但引起了后来学者们的纷纷回应,也得到了教育实践主管部门的肯定。

四、学习路甬祥产学结合教育思想,培养卓越法律人才

学习路甬祥产学结合教育思想,不但可以为理工科专业,还可以为文科专业的人才培养提供指引。例如,山西经济管理干部学院人力资源管理专业在产学结合方面如何培养应用型人才的实践进行了探索,提出注重实践教学环节是基础,组织保证是关键,加大校内和校外实习实训基地的建设是根本,走产学相结合是重要形式。[7]因此,基于目前我国法学教育脱离实务状况比较严重的现状,我们不妨将产学结合培养思想贯彻到培养卓越法律人才的工作中,即应当建立高校法学院—实务部门联合培养机制。事实上,产学结合教育思想在国外法律教学中也得到了运用:一是法律诊所的盛行;二是聘请大量的实务界资深人士担任兼职教师,近三分之一的课程由实务兼职教师任教;三是法学院将未就业的毕业生送到定点联系的法院、律师事务所实习,实习结束后往往能力得到了提高,并找到了如意的工作。

中国计量学院法学院确立了培养实务型卓越法律人才的目标,并在培养过程中就如何学习贯彻路甬祥产学结合教育思想作出了探索。

1. 选择合适的实务部门

校企合作坚持校内和校外实践教学基地相结合的原则。根据学校和学院实际,除建设好模拟法庭、专利文献检索中心等校内实践教学基地外,拓展校外实践基地平台,以满足应

用型、复合型人才培养需要。校企合作坚持稳定性与开放性相结合的原则。实践教学基地保持相对稳定,以有利于巩固实习指导教师和实践教学资源。随着教学模式探索的深入,实践教学的不断完善及新学员的更迭,校外实践教学基地可作适当的调整,使实践教学基地更能发挥培养学生法律实践与创新能力的功能,确保校外实践教学基地质量逐年提高、数量不断增加,提升实践教学基地的覆盖面和使用率。中国计量学院法学院通过与质检特色行政机关、公检法机关、律师事务所、专利事务所、知识产权代理公司、企业法务部门等实务部门的合作,初步建立了实务型卓越法律人才培养机制。

2. 联合制定培养计划

学院应当吸收实务界资深人士进入法学院专业建设委员会,把实务界资深人士的实践智慧充分融入到卓越法律人才的培养计划之中。与实务部门共同研讨培养目标、培养措施、课程体系、教学计划、教学大纲等内容,共同确定本专业的实践教学内容和实施方案,共同制定卓越法律人才的培养计划。

3. 联合开展课程教学

中国计量学院法学院已经与实务部门共同组织教学团队,部分课程已经邀请实务人员参与授课。如企业法务管理课程邀请吉利集团公司法务部经理来学校课堂授课。并尝试与实务部门共同开发优质教材,如邀请质量技术监督局实务人士参与《质量技术监督法律基础》教材编写,邀请律师事务所资深律师参与《知识产权管理》教材编写。

4. 通过联合导师制开展实习实践教学

校内教师与实践基地导师联合培养。在学生校外实践教学基地培养过程中,将学校教师培养与实践基地导师培养相结合,共同解决学生实践培养过程中的问题。联合导师制可以发展为产、学、研、用合作的具体抓手。充分利用实践基地科研项目较多的优势,在科研实践中充分发挥学生的积极性、主动性,发动学生参与科研实践,提升学生的科研能力。同时在科研实践中注重对学生教学实践的培养,做到教学相长、科研与教学相互促进,既培养了学生的科研能力,又有助于提升学生的综合实务能力和水平。着重培养学生以项目(问题)为驱动的创新意识、协作精神和理论联系实际的学风。高校应当加大实践师资选任与培养,应当优先从实务部门中聘任实践师资,聘请资深实务专家担任客座教授、兼职教授,聘请具有丰富法律职业实践经验的一线能手作为学生定岗实习指导教师。

5. 健全联合管理体制

要充分发挥校内外实践教学基地的作用,必须建立完善联合管理体制,由法学院与实务部门联合管理。双方应当确定产学结合的联合管理主管领导、具体负责人员,组建联合管理机构。联合管理机构应当完善管理制度,在实践指导教师配置、实践设备的添置和管理、实验实施流程、实验操作规程等方面要不断完善。同时需要进一步明确实践教学责任制,使实践教学的组织、管理及实施人员与实践教学的质量评价结合起来,使实践教学落到实处。中国计量学院法学院与实务部门共同建设实践基地。联合管理机构应当完善校外实践教学基地的运行机制。学校与校外实践基地联系的纽带是合同,要建立完备的校外实践教学基地合同管理制度。通过与实务部门签署合作协议,明确实践基地建设的重点,尤其是明确建设双方的权利、义务和责任。管理校外实践教学基地需要以合同为根据,在充分尊重实践基地单位的基础上,强化合同管理,从而建立良好的运行机制,充分发挥其作用。联合管理机构应当建立实践教学基地教学效果评价机制。通过评价机制,不断总结实践教学基地建设中的经验教训,及时进行调整,保证实践教学基地的活动有创新,学生有收获。

参考文献

[1] 周明星,孟庆国.中外职业教育工学结合模式的比较与借鉴[J].职业技术教育,2008,(4):82-85.

[2] 求是与创新:路甬祥教育文集[M].杭州:浙江大学出版社,2012,188-195.

[3] 肖珍教.国外校企合作、工学结合教育的发展与启示[J].职业教育研究,2007,(11):177-178.

[4] 朱高峰.中国的工程教育——成绩、问题和对策[J].高等工程教育研究,2007,(4):1-7.

[5] 肖珍教.国外校企合作、工学结合教育的发展与启示[J].职业教育研究,2007,(11):177-178.

[6] 董大奎,林冶.论"产学结合、校企合作"是高等职业教育发展的必由之路[J].中国高教研究,2005,(5):56-57.

[7] 南志珍.山西经济管理干部学院人力资源管理专业产学结合的探索[J].山西经济管理干部学院学报,2005,(3):84-85.

作者信息

李任天:男,中国计量学院法学院,副教授。

浅谈大学生全面发展与个性发展教育

汪素霞

[摘　要]本文从如何理解大学生全面发展与个性发展谈起,阐述了学生全面发展与个性发展的辩证关系;并结合高校实际,浅谈了如何实施大学生全面发展和个性发展教育。

[关键词]大学生　全面发展　个性发展　教育

胡锦涛同志在庆祝清华大学建校 100 周年大会上,对清华大学和全国青年学生提出了三点希望:(1)希望同学们把文化知识学习和思想品德修养紧密结合起来。(2)希望同学们把创新思维和社会实践紧密结合起来。(3)希望同学们把全面发展和个性发展紧密结合起来。路甬祥老校长也提出:全面贯彻党的教育方针,实施素质教育,坚持育人为本,德育为先,培养德、智、体、美全面发展的社会主义建设者和接班人;鼓励个性发展,贯彻因材施教,坚持理论与实际相结合,鼓励创新思维和创造发明。结合胡锦涛同志提出的第三点希望和路校长的讲话,我就教育实践中如何对大学生进行全面发展和个性发展教育谈自己学习的一点粗浅认识。

一、如何理解大学生的全面发展

全面发展是大学生发展的美好愿望和高等学校教育的共同目标。大学生的全面发展反映了社会对大学生的基本要求。这种发展体现了大学生的社会价值和教育的社会功能,反映了时代对大学生的共同要求,属于大学生的发展的共性方面。

在新的历史时期,培养德、智、体诸方面全面发展的人才仍然是社会主义教育活动的最高宗旨。1995 年《教育法》规定:“教育必须为社会主义现代化建设服务,必须与生产劳动相结合,培养德、智、体全面发展的社会主义事业的建设者和接班人。”联合国教科文组织从 1972 年发表的《学会生存》到 1990 年发表的《学会关心》,都把促进个大学生的全面发展作为教育的使命和追求的目标。

大学生的全面发展应包含三个层面的含义:第一,是大学生的心智的全面和谐发展。这是从大学生的心理素质角度概括的全面和谐发展。第二,指大学生的身心全面和谐发展。这是将大学生的生理和心理素质统一起来的全面和谐发展。第三,是个体和社会的协调统一和谐全面发展。这是在更广阔的社会背景中具体地、历史地把握大学生的全面和谐发展,是高等学校教育的总出发点。教育目的的实现必须落实在学校对不同个体的培养上,而每个受教育的个体是不同的现实存在、有其不同特征的能动性的主体。所以,大学生的全面发展教育应该是具有不同个性特征的个体全面发展教育的总和。

二、如何理解大学生的个性发展

(一)个性的哲学和心理学解释

从哲学的角度看,相对于群体的人的共性而言,个性是指个体的人的特殊性。从心理学的角度看,所谓个性,就是在一定的社会条件和教育影响下,形成一个人比较固定的心理特征的综合。个性包括两个方面:个性倾向性(主要包括生活习惯、兴趣、爱好、价值观、世界观等)和个性心理特征(包括气质、性格和能力等方面的特点)。

(二)个性发展的理论诠释

个性的某些要素具有先天的基础。例如,性别会影响个性中的需求、性格、兴趣等;先天的身体特点有可能使一些人擅长音乐、运动和其他技能;先天的脑生理特点可能使一些人分别擅长于形象思维或逻辑思维。因此,个性发展的前提首先是要尊重人们个性中的某些遗传特点。

在上述前提下,个性发展主要表现在:(1)为个体发展其所具有的某些先天的生理优势创造条件,促进个体形成在相应领域的特殊技能或能力;(2)根据能够提供的可能性,激发个体的需求并提高需求的层次;(3)在考虑社会和国家需求的背景下,尊重和培养个体的兴趣;(4)努力创造良好的环境,提高个体的能力并使其能力得到充分发挥;(5)引导个体在尊重并遵守人类共同的基本价值规范、遵守国家宪法和法律的基础上进行多元价值选择等。现时期,教育在培养创新人才的过程中,其个性发展也必然主要表现在上述方面。

所以,大学生个性的发展,是指大学生在个性倾向性和个性心理特征等方面的连续性变化过程,即大学生的个性得以凸显、向前推进、良性发展的过程。

三、如何理解全面发展与个性发展的关系

(一)全面发展与个性发展是辩证的统一关系

一方面,全面发展是个性发展的基础。另一方面,个性发展是在全面发展基础上的各种特长爱好的和谐发展。学生的全面发展的教育与个性发展的教育的最佳体现是人的社会化共性与个性化的和谐统一。

马克思主义认为,人的全面发展应包括三个层面:第一是指人的体力和智力获得充分的自由的发展和运用;第二是人的才能、志趣和审美能力的多向度发展,个性的思维、情感、意志和想象力等在更高层次上得到了完整的发展,从而在更高水平上再次塑造个体本身;第三是共产主义崇高品德的发展,塑造真善美三者相融合的理想化个性。这一全面发展的要求,落实到具有不同个性心理的每个学生身上就是个性化,而并非是千人一面的平均发展的模式。所以,个性发展其实是在全面发展的要求下,借助于个体的智慧努力探索、不断建构具有公认优良标准的品质,从他律转到个体内心自享需要的自主、自律的过程。不讲个性的全

面发展是不人道的,因为它无视甚至扼杀客观存在于个体身上的独特品质。反之,不讲全面发展的个性发展有可能塑造出极端个人主义的自私自利之徒,或者是不能与他人交往、沟通与共处的怪物,这样的人最终必然会被社会所拒绝。所以,教育工作者在思想认识上要处理好全面发展与个性发展的关系。既要给学生更多自由的空间,又要严格要求学生掌握过硬的基础知识;既要强调个性发展,使优秀人才脱颖而出,也不能抛开全面发展这一主旋律,片面地、孤立地强调个性发展。因此,研究个性发展及其与全面发展的关系对于促进人的全面发展具有异常重要的意义。

(二)全面发展教育与个性发展教育是不可分割的、辩证统一的

教育实践中,在追求大学生的全面发展的同时倡导个性,已是素质教育应有之义。

在个体培养过程中,既要注重大学生的全面发展,也要发展健康个性。应注意做到全面发展和个性发展的教育彼此相互融合,在进行大学生的全面发展教育同时,要注意培养个性。只有全面发展教育与个性健康发展教育同时进行,教育才能使大学生打破束缚,才能使大学生的成长走向全面而自由发展的光明大道。

四、如何实施大学生的全面发展和个性发展教育

(一)制定好培养方案

培养方案是人才培养的纲领性文件。所以要尽可能地制定好每个专业的培养方案。为了满足现代社会对高素质复合型人才的需求,应逐渐从专才教育向通识教育过渡。学校可以跨大类招生,在课程设置上,多设置校管公共基础平台课程,在大一、大二年级打通理工、文科基础课。这样全校理工科、文科学生在头二年可以进行相同或相近的基础课程学习,绝大部分专业的学生有了相同或相近的专业基础背景,不再囿于某一个特定专业的发展要求。同时,培养方案中应扩大选修课学分比例。选修课是大学生个性化修读方案的重要组成。一般学校要求必修和选修学分比例,理工科是 7∶3,文科是 6.5∶3.5,实际上一般都达不到这个要求,有的文科专业只有 8∶2,选修课只有占 20%。在专业培养方案中,相同的专业一般还都分了专业方向,不同的专业方向往往都设置了不同的专业化必修教育模块,每个模块设有不同的专业必修课。但仅仅限于此,还是不够的。首先,应压缩一些必修课学时。教育部规定 160 学分就可以了,但有的学校必修课学时太多,文理科平均 170 以上,有的理工科专业接近 180 学分。其次,可以增大选修课的容量。包括校选课、特别是专业选修课还是太少,往往是没得选、必须上,有的专业还老师做工作规定整个班统一上,个性化还不是很强。第三,还可以通过对选修课的重新界定、修订选修学分认定规则。从政策上保障学生选修的自由、修读的兴趣,同时提高现有课程的效益,增大课程容量,丰富课程资源。比如:对专业选修课认定,修读本院其他专业的课程取得的学分,可计为院级选修课学分;对公共选修课认定,修读其他学院的课程取得的学分,可计为公选课学分等等。

(二)正确处理好第一课堂与第二课堂的关系

首先,在实施途径上,要处理好第一课堂与第二课堂的关系。第一课堂与第二课堂相结

合,是提高大学生全面发展和个性发展的重要途径。

其次,要发挥好第一课堂的主导作用,把全面发展与个性化发展教育贯穿人才培养始终。个性化更加侧重于个体"独特性"的形成,包括能力、特长、独立自主性、自觉积极性、能动的创造性等方面的发展。

第三,个性化教育最重要的就是要打破传统教育的根深蒂固的划一性、封闭性,确立尊重个性原则,发展个性、提高素质,建立从以教师为中心的教学模式转变为学习者为中心,学生主动参与、自主探索,并在师生之间、同学之间展开充分交流的创新性教学模式。

第四,促进大学生的个性发展,第二课堂是很重要的途径。依托学生会、班团集体、各类俱乐部、文工团体等社团组织,帮助学生创建适合其兴趣爱好发展的多种活动平台,如:社会实践、志愿者活动、各类学科竞赛、各种文体竞赛等活动,促使更多学生顺利成才。聘请校内外名人、专家教授、艺术家、作家开设各种知识与技能讲座,开展校园文化建设活动,使广大学生在潜移默化中陶冶情操,增长知识,锻炼能力,全面提高综合素质。活动性质不同,对个性产生的影响也不同,艺术活动有利于培养学生的创造性思维能力,科技活动有利于培养学生的求知欲、兴趣和爱好,体育活动有利于健全学生的体质,有利于培养学生的顽强拼搏精神、公正观念、竞争意识、超越意识等,公益活动有利于培养学生热爱祖国、热爱集体、助人为乐等道德品质,教师应组织引导学生参加各种各样的活动,丰富完善学生的个性。另外,经常变换活动的形式和方法,有利于激发学生对活动的需求,强化学生参加活动的动机。培养学生参加活动的兴趣和能力交往也是一种重要的活动形式,交往对人的个性发展也具有重要的影响。

参考文献

[1] 马克思恩格斯选集(第3卷)[M].北京:人民出版社,1972,322.

[2] 张劲松,谭琴.人的全面发展教育与个性发展教育关系辨析[J].江西教育学院学报(社会科学),2003,24(4).

[3] 周定珍.谈个性发展教育中的几个关系[J].普教研究,1995.

[4] 扈中平."人的全面发展"内涵新析[J].教育研究,2005.

作者信息

江素霞:女,中国计量学院质量与安全工程学院党总支书记,教授。

以数学建模活动为载体提高大学生创新实践能力的实践与思考

冯爱民

[摘　要]路甬祥同志有关抓好本科教学工作、加强实践环节、注重能力培养的论述对于高等学校创新型人才培养具有重要现实指导意义。全国大学生数学建模竞赛已成为大学生参与实践的一项重要的科技创新活动,结合新时期对创新型人才培养的要求,以数学建模竞赛为载体而开展的教学工作对竞赛的健康发展、学生的能力培养起到了积极的促进作用。把数学建模融入大学数学教学,是提高大学生创新能力和综合素质的一条重要途径。

[关键词]数学建模　创新实践能力　人才培养

一、路甬祥创新人才培养思想

创新是一个民族进步的灵魂,是国家兴旺发达的不竭动力。高等学校是国家培养创新人才的重要基地和摇篮,培养大学生的创新实践能力,是高等学校教育的重要内容。学校通过各种教育教学手段,引导和鼓励学生参加各类科技创新活动,积极为学生搭建实践创新平台。

早在 20 多年前路甬祥先生就对于人才培养提出了精辟论述,采取了强有力的措施,这些对于我们今天的教学改革仍然具有现实指导意义。路甬祥先生在其《继续抓紧抓好本科教学工作》一文中提出:学校的根本任务是培养人才、多出人才、出好人才,这是衡量学校工作的标准。我们培养出来的人才应该是"有理想、有道德、有纪律,热爱社会主义祖国和社会主义事业,具有为国家富强和人民富裕而艰苦奋斗的献身精神。应该不断追求新知识,具有实事求是、独立思考、勇于创造的科学精神;应该具有较强的自学能力,独立工作能力和创新能力,能适应世界新技术革命挑战,适应 90 年代以至 21 世纪科学技术迅猛发展的需要"。

二、数学建模与实践能力培养

数学建模应用从实际课题中抽象、提炼出数学模型的过程,是一项集数学、计算机和综合能力培养于一体的综合创新实践活动,通过数学建模教学、数学建模实践活动和数学建模竞赛,数学建模已成为加强大学生素质教育、培养创新型人才的重要载体。

全国大学生数学建模竞赛是教育部高教司与中国工业与应用数学学会共同主办的面向全国的群众性科技活动,创办于 1992 年,每年一届,历经 20 多年的不断发展,参赛规模不断扩大、社会影响不断增强,目前已成为全国高校规模最大的基础性学科竞赛,也是世界上规模最大的数学建模竞赛。2012 年,全国有 1284 所院校,21303 个队,6.3 万名大学生参加了本项竞赛,参赛学生涉及全国高等院校的理工科专业及少数文科专业,竞赛规模及覆盖面都占全国各类竞赛之首。此外,国内一些机构还组织了一些较有影响的赛区竞赛、省竞赛、校竞赛以及相关专业类别的数学建模竞赛,目前,还有许多高校组织学生参加美国大学生数学建模竞赛,美国大学生数学建模竞赛是目前世界上各国高校本科生参赛规模最大的赛事,于每年 2 月份举行,竞赛时间为 4 天,2012 年来自美国、中国、加拿大、英国、德国等世界各国参赛队伍 5026 支参加了此项赛事。数学建模竞赛在全国大学生中已是深入人心,同时,数学建模竞赛在推动数学建模课程建设、学生创新能力培养、大学数学课程教学改革等方面发挥了重要的作用,实现了"扩大受益面,保证公平性,推动教学改革,提高竞赛质量,扩大国际交流,促进科学研究"的竞赛宗旨。

我校 1995 年第一次组队参加,学校高度重视和大力支持,通过多年的努力,2008 年以后,学校又采取了一系列强有力的措施,作为我校数学建模教学和系列竞赛活动的承担部门,理学院积极探索,努力实践,认真贯彻竞赛宗旨,构建数学建模平台,逐步形成了将理论知识提高与实践能力培养,科学精神培养与思想政治教育相结合的实践育人新途径。近些年来,学院紧紧围绕全国大学生数学建模竞赛"创新意识,团队精神,重在参与,公平竞争"的竞赛宗旨,通过总结组织数学建模活动经验,提出了"以生为本,育人为先;重基础,抓实践;重过程,轻结果"的数学建模活动工作思路。将数学建模活动,由单一的知识传授,构建形成以社会对学生能力的需求为导向,以创新能力、团队协作意精神培养为着力点,全面提升学生综合素质的创新实践活动,取得了可喜的成绩:2009—2012 年,近 4 年我校共有 123 支队伍 369 名学生参加全国赛,其中 102 支队伍获国家级、省级各类奖项,总获奖率高达 83%(赛事总获奖率≤55%)。2010—2012 年,我校共组织 28 支队伍计 84 名学生参加国际大学生数学建模,其中 21 队获国际一、二等奖。2012 年,我们共组织 44 队计 132 名队员参加全国数学建模竞赛,获全国一等奖 2 队,全国二等奖 6 队,省奖 25 队,获奖成绩在浙江省位居全省第一名,成绩在全国 1284 所高校中位居前 30 名。2011 年,我校作为全国 37 所高校之一,获得资助参加全国大学生数学建模夏令营,向兄弟院校展示了我校师生的风采。2012 年,校本部 2010 级有 991 名同学参加了各级各类数学建模活动,占理工经管类 2010 级学生的 35%,10 级本部学生数的 28%。

由此,我院师生通过备赛、参赛和赛后总结,深刻地意识到了数学建模比赛和学生各种能力培养是密不可分的,主要体现在以下几个方面:

(一)创新能力培养

创新能力是个体运用一切已知信息,包括已有的知识和经验等,产生某种独特、新颖、有社会或个人价值的产品的能力。它包括创新意识、创新思维和创新技能等三部分,核心是创新思维。创新能力培养中必须首先培养学生的创新思维。数学对一个人的思想方法、知识结构与创造能力的形成起着不可缺少的作用。数学在人类文明的发展中起着非常重要的作用,数学推动了重大的科学技术进步。数学是人类理性思维的重要方式,数学模型、数学研究和数学推断往往能作出先于具体经验的预见。这种预见并非出于幻想,而是出于对以数学方式表现出来的自然规律和必然性的认识,随着科学技术的发展,数学预见的精确性和可检验性日益显示其重大意义。建立数学模型是架设连接实际问题与描述它们的相应数学问题之间的桥梁,只有建立好数学模型,才有可能运用数学方法来研究实际问题。实际问题一般都是极其复杂的,为了用数学模型来描述实际问题,研究者必须从实际问题中抽象出它的本质属性,抓住主要因素,剔除次要因素,经过必要的提炼简化,建立相应的数学模型。将实际问题通过抽象、简化、假设、引进变量凝练出数学模型的过程就是数学建模。数学建模活动提供了培养创造力的一个极好载体。数学建模可以使学生充分体会创新过程的紧张、艰辛和喜悦。数学建模需要把解决的实际问题抽象为数学模型,这需要发挥学生的创造力和想象力。

(二)团队精神培养

现代社会的发展和进步,科学研究和实际工作都不是靠个人的力量可以完成的,往往要发挥集体的力量,甚至需要打集团化的战役,所以每个人都必须学会与他人合作,发挥团队的力量,才能在竞争激烈社会中生存与发展。大学生数学建模竞赛以队为单位参赛,每队3人(须属于同一所学校),提倡不同专业之间合作,提倡取长补短。学生数学建模竞赛是一种实际创新工作,具有较大的挑战性。开展数学建模竞赛活动,大多是在学生的休息时间和周末及寒、暑假时间,暑假天气炎热,寒假阴冷难耐,在很多同学休闲度假的时候,数模队员却要努力拼搏,这对学生生理和心理都是极大的挑战。活动中互相之间充满了竞争和比拼,如何做到正确的心理定位对学生来说也非易事。在数模活动开展过程中,需要同学相互关心和帮助,老师的引导和鼓励,尽可能消除他们心理上的疑虑和焦躁,全身心投入到各种数模创新实践活动中。

在数学建模活动中广泛开展"利用好网络,建立好模型"。参加数学建模活动的学生中,以理工科学生为主,这些学生性格普遍比较内敛,不善于与他人交流和讨论。广泛利用QQ群、课程网站、协会网站、教学平台等方式,组织学生学习讨论,引导学生积极参与,激发学生学习的积极性和解决问题的创造力。

在数学建模活动中,建立准入制度、诚信制度、淘汰制度等。为使数学建模活动健康持续的发展,让更多热爱数模的同学加入进来,我们从提高班开始入手,对于优秀学生,争取做到早发现、早吸收。在数模集训正式开始前,对每位参赛队员均进行参赛确认,确认书中我们详细列出了活动的具体情况和要求。通过签订确认书,队员们坚定了参加活动的信念,打消了疑虑。通过诚信制度、准入制度的实施,在数模活动开展过程中,除个别队员因身体原因外,极少有队员会中途退出,这样既增加了团队的稳定性,也保证了数模活动开展的质量。

在数学建模集训团队中建设临时党支部,开展创造争优党小组评选等活动。党员签署了党员承诺书,在集训过程中充分发挥党员的先锋模范作用,积极主动,率先垂范。从实践效果来看,临时党支部在集训队中开展了大量卓有成效的工作,先后组织开展了"集训团队机房篮球友谊赛"、"党员示范队"、"集训先进个人"和"优秀讨论小组"等评选活动,增强了集训团队的凝聚力,激发了学生参与创新学习的积极性,为紧张的集训生活添加了很多乐趣,打造了一支党旗下的精锐之师。

在数学建模竞赛过程中,为了较好地完成任务,学生要勇于剖析自己,善于发现别人的长处,取长补短,在共同的研究中不断磨合,逐渐适应合作研究的方式,培养起团队精神和集体荣誉感。因此,大学生数学建模竞赛为大学生提供了一个有利于人际沟通与合作的良好载体,使个人智慧与团队精神有机地结合起来,为了同一个目标共同奋斗,是培养团队精神的重要平台。

(三)学习能力培养

数学建模的问题有很强的实际应用背景,涉及不同的学科领域,问题错综复杂,它是多学科知识、技能的高度综合,所以这就需要学生要有很强的自学能力和快速获取知识和信息的能力,围绕所要解决的实际问题查阅资料,从中获取自己所需的知识和信息。在数学建模过程中,涉及大量数据的处理和复杂的计算,需要使用计算机和相应的数学软件;在美国数学建模竞赛中还需查阅外文资料,用英文完成论文,大学生数学建模竞赛为学生学习能力的培养创造了一个良好的环境。

(四)文化培育

大学文化是大学的血脉,是师生的精神家园。在数模活动开展过程中,采用感想心得、照片记录、视频等多种形式开展数模文化建设,引导学生深化理解社会主义核心价值体系的内涵,丰富大学生创新实践的内容和形式。从 2010 年开始,先后开展了数模文化周、数模感想征集、数模视频采集、我的数模记忆、数模达人秀等活动。并专辑印刷《2010 模路心语》、《2011 我的数模记忆》、《2012 我的数模,我的大学》等文集,参与数模活动的学生在创造力和综合数学素养得以提升的同时,人文素质也得到提升。另外,在学生团队上,成立了数学建模协会,通过数学建模协会,一大批对数学建模充满热情、激情洋溢的大学生参加到数模活动中来。他们在全校范围内通过多种渠道广泛宣传,使全校师生对数学建模有了全新的认识。

三、数学建模创新实践活动的启示

(一)一支业务拔尖、具有创新意识的优秀的指导教师团队是建模比赛成败的关键

数学建模竞赛成绩的提升有赖于指导教师专业能力和指导教师团队建设,指导教师的工作激情激发了学生参加数学建模活动的兴趣,老师的工作热情、敬业精神也在几个月的朝夕相处中,潜移默化地影响着学生对学习、工作的态度。学院自 2008 年底组建数学建模竞赛指导组,并在 2011 年成功申报由院长、副院长亲自领衔的校级教学团队,全面负责数学建模教学与竞赛及系列创新实践活动工作的开展。学院不断探索着团队人员、职称、年龄、知识结构的优化。目前,团队中有教授 1 名,副教授 5 名,有专职实验员和管理人员 1 名,团队成员 80% 以上具有博士学位。团队在近两年内获国家自然科学基金 3 项,省、校级课题多项,发表科研论文 20 多篇,其中有多篇被 SCI 检索。有多人次获省级、校级荣誉。团队经常开展教研活动,探索如何良性开展数模活动,尝试建立人才培养的长效机制。

(二)建模比赛能够有效地促进其他学生创新实践活动的开展,并提升了学生的自我发展能力

近两年,有 20 多名数模队员在大二、大三公开发表多篇学术论文,也有不少同学积极

申报开放实验、新苗计划等科技创新活动,将数模知识和能力进一步拓展和深化。数模队员还在挑战杯、调查统计大赛、案例分析大赛等活动中取得了一系列不错的成绩。在全省调查统计大赛中,我校获得一等奖的学生就是来自于数模队。在经历一年多的数模活动后,有不少同学进入到专业导师的实验室,从专业导师的反馈情况来看,这些同学对问题的理解能力、数据分析能力、编程计算能力、文献查阅和论文撰写能力要远远强于身边其他同学。

据统计,我校毕业的 2011 届和 2012 届两届参加全国赛的数模队员中,有超过 1/3 的队员考入浙江大学、上海交通大学、中国科技大学、武汉大学等大院名校攻读研究生,其中 2011 届有 18 人(当届参加全国赛人数 54 人),2012 届有 35 人(当届参加全国赛人数 96 人)。据了解,数模不仅给了他们考研准备过程所需要的坚持、毅力和方法,还在考研复试中起到重要作用。如 2012 届毕业生徐扬初试分数最后一名,复试时却因参加过数模得到导师赏识,顺利录取到北京邮电大学攻读研究生;魏欣同学在研究生复试时凭借数模国际赛一等奖的优势力压群芳,考入浙江大学攻读研究生。在已攻读研究生的数模队员中,他们也不断地将数模的方法和思想应用到学习科研中,取得了不错的成果。2009 届数模队员王宇光因出色的数模技能被澳大利亚新南威尔士大学录取为博士研究生;2010 届数模队员陈武华目前正在中国科技大学攻读管理学博士学位。

在已毕业的 2011 和 2012 两届数模队员中,不仅在毕业时可以相对轻松地找到就业岗位,而且多数同学还进入到如上海三一精机有限公司、杭州中控技术有限公司、浙大网新技术有限公司等比较好的单位从事数据分析与处理、模式识别、软件研发等数模相关工作,获得了比较好的工作职位,并在部门岗位上发挥着越来越重要的作用。

四、结语

近年来,我校数模活动的开展,无论是在育人成果还是在提升院校知名度上都取得了较好的成绩。如何做到转型升级、内涵提升,这是我们新时期面临的重要任务。我们将继续拓展以数模活动为平台的大学生创新实践能力培养,工作重心主要在以下几个方面:进一步发挥数学建模在大学生创新实践能力培养中的作用;进一步促进数学建模活动与教师科研、教研的结合,提高人才培养的层次;进一步促进数学建模竞赛的可持续发展;进一步扩大数学建模活动的受益面。

桃李不言,下自成蹊,近年来,学校每年有数以千计的学生参加数学建模活动,每年有五六百人参加不同层次的数学建模竞赛,数模越来越多地为学校师生们所认可,越来越多的学生从这项活动中受益。我们将不断提升人才培养意识,开拓思想,优化组织模式,拓宽培养渠道,为新时期学校实践育人工作贡献自己的力量。

参考文献

[1] 求是与创新:路甬祥教育文集[M].杭州:浙江大学出版社,2012.

[2] 陈东彦,李冬梅,刘凤秋,李善强.基于创新型人才培养的大学生数学建模竞赛培训模式研究[J].科技与管理,2011,(4):123-126.

［3］付军,朱宏,王宪昌.在数学建模教学中培养学生创新能力的实践与思考[J].数学教育学报,2007,(4):93-95.

作者信息

冯爱民:男,中国计量学院理学院党总支书记,高级工程师。

关于独立学院人才培养模式的思考与探索

刘文献

[摘　要]独立学院的人才培养模式应符合学生的特点和经济社会的需求。本文着重阐述了在"实践育人"理念的指引下,如何积极研究修订人才培养方案,贯彻因材施教,以"校政企合作,职工学结合"为理念,探索校企人才"无缝"对接,探索学生社团发展和管理模式,形成知识学习和素质培养相结合、第一课堂和第二课堂相结合、理论学习和课外实践相结合的培养模式。

[关键词]独立学院　人才培养模式　思考探索

路甬祥院士早在 1986 年第一期的《浙江大学教育研究》上就发表了《继续抓紧抓好本科教学工作》的文章,强调教学过程改革和提高教学质量的重要性,并着重阐述了加强实践环节的相应举措。虽然时过二十多年,路老在文中提到的"改革课程结构,加强基础理论"、"加强实践环节,注重能力培养"、"贯彻因材施教,让优秀人才脱颖而出"等理念一直还是当下人才培养模式改革的指导思想。

根据教育部 2008 年颁布的《独立学院设置与管理办法》,独立学院是指实施本科以上学历教育的普通高等学校与国家机构以外的社会组织或者个人合作,利用非国家财政性经费举办的实施本科学历教育的高等学校。独立学院是民办高等教育的重要组成部分,属于公益性事业。自 1999 年以来,独立学院也走过了 10 多年的发展历程,独立学院如何根据学生的特点和经济社会发展的实际需求,既区别于母体又区别于高职院校,制定应用型人才的培养目标和培养模式,已经成为发展的关键。

一、独立学院人才培养模式中需要思考的问题

(一)人才培养方案与"因材施教、扬长避短"的基本教学原则不相适应

独立学院借助母体学校的教育教学资源办学,在专业设置上和母体学校有着十分紧密的联系,但在人才培养目标和培养模式上,受生源质量的影响,独立学院不应该按母体高校的人才培养目标和培养模式来培养自己的学生。由于独立学院办学历史短、师资缺乏,有的专业完全委托母体办学,有的采取"2+2"方式,有的虽然有独立的教学管理但简单拷贝母体的专业培养方案,这些显然都违背了"因材施教、扬长避短"的基本教学原则。这种盲目的专业复制不可能使独立学院走上开拓创新的路子,只会导致人才结构的失调,也势必造成与母体高校相关专业就业方面的冲突和矛盾,在竞争中不可能获得长足而稳定的发展。

(二)人才培养目标与社会需求和生产实践相脱节,人才缺乏竞争力

独立学院是满足市场经济条件下多样化人才需求的产物,为经济、社会发展提供急需人才是其重要的职能。因此,独立学院培养哪类人才、达到什么规格水平不仅要根据生源的特点,还必须从经济社会发展的实际需要去考量。以培养经济社会发展急需的具有良好职业素质和发展能力的应用型人才作为独立学院人才培养目标的基本定位,是切合实际和实事求是的。用人单位普遍对现在大学生的综合素质表示失望,学生的专业知识结构与生产实践相脱离。这种现象说明现在高等院校的人才培养目标已经同社会的需要脱节,高校与社会在供求关系上产生了矛盾,迫使高等院校在学生的培养目标上进行改革,力求与社会需求接轨,独立学院更是要考虑学生在就业当中将要面临的困难,加紧对人才培养目标与培养模式的改革,让学生在激烈的人才竞争中争得一席之地。

(三)校企合作流于形式,缺乏深层次合作的组织保证,生产实习收效甚微

现在对每个学校、每个专业的检查,都可以拿出一些校企合作协议,但是在人才培养上进行实实在在的合作很少,由于经济社会的趋利性,大多数企业不愿意接收大学生实习,即便能进厂实习,也往往缺乏针对性、目的性,学生或者走马观花或者无所事事,企业与学生双方都抱怨的状态很普遍,实习收效甚微。

(四)职业教育欠缺,知识、能力与企业的契合度差,培养模式亟待改革

多个调研企业对多年来招聘的应届生感到失望:企业希望毕业生具有较好的职业素质、较好的岗位契合度,许多老总希望毕业生能踏踏实实干几年,成长为企业的骨干;但刚毕业的学生往往眼高手低、缺乏吃苦耐劳的品质,知识结构有欠缺、缺乏实际工作能力;有的经过岗位培训却耐不住基层工作的锻炼,跳槽走人,普遍缺乏职业精神。因此,企业更愿意招聘经过社会磨炼,具有一定工作经历的员工。从课堂到实验室的学校教育模式已不能适应当前经济社会对应用型人才的要求。

二、独立学院人才培养目标和模式应符合学生特点和经济社会需求

(一)独立学院的人才培养目标和培养模式应符合学生特点

独立学院学生文化基础相对其层次以上的学生总体较弱,主要是没有养成良好的学习习惯,学习自觉性较差;但同时学生社会活动能力较强,重视社会实践。多数学生家庭条件较好,思维活跃,见识较广,主体意识较强,对社会各方面的认识也相对较深。由于从小受的教育较为广泛,在文体、书画、口才、沟通、社会交往等方面表现出较高的能力,有愿望也有能力在学校组织的各项文艺体育活动及社团活动中展现自己的才艺。比较注重个人能力素质的提高,对未来生活的期望值较高,培养潜力大,有望成为社会上需要的具备知识、能力、素质的人才。而且独立学院学生普遍头脑灵活,重视社会实践,善于走出校园,寻求、借助社会力量开展活动。由以上特点所决定,独立学院的学生在接受知识和培养能力的渠道上,更加

注重于第二课堂。所以独立学院的人才培养目标和培养模式应该遵循"因材施教、扬长避短"的原则,加大课外实践环节的设置。

（二）独立学院的人才培养目标和培养模式应符合经济社会需求

独立学院是中国高等教育体制改革的突破和创新,是适合中国特色的新的办学模式。根据教育部公布的数据,截至 2010 年 3 月份,全国已经有 322 所独立学院,浙江省现有 22 所。当今,人才市场竞争激烈,大学生就业困难,无疑给独立学院的人才培养模式带来了巨大的挑战。独立学院如何根据学生的特点和经济社会发展的实际需求,既区别于母体又区别于高职院校,制定应用型人才的培养目标和培养模式已经成为发展的关键。不少独立学院简单复制了母体学校的专业培养方案,与"因材施教、扬长避短"的基本原则不相适应。独立学院的学生理论水平可能不及二本以上的学生,动手能力可能不及高职生,独立学院培养哪类人才、怎样去培养人才不仅要根据生源的特点,还必须从经济社会发展的实际需要去考量。实践证明,动手能力强、综合素质高的人才最受用人单位的欢迎。加紧对人才培养目标与培养模式的改革,以理论联系实践,重在动手能力的培养,以培养具备良好的专业知识、良好的职业素质、良好的发展能力的应用型本科人才作为独立学院人才培养目标的基本定位,才是切合实际和实事求是的。

三、独立学院人才培养模式的探索与实践

《国家中长期教育改革和发展规划纲要(2010—2020 年)》对高等教育提出了"支持学生参与科学研究,强化实践教学环节;创立高校与科研院所、行业企业联合培养人才的新机制"、"坚持教育教学与生产劳动、社会实践相结合。开发实践课程和活动课程,增强学生科学实验、生产实习和技能实训的成效。充分利用社会教育资源,开展各种课外、校外活动。加强学生社团组织指导,鼓励学生积极参与志愿服务和公益事业"的要求,这些要求对独立学院的人才培养尤为重要。近几年来,我院在独立学院人才培养目标和人才培养模式方面作了大量的思考和有效的探索。

（一）以"校政企合作,职工学结合"为理念,探索校企人才"无缝"对接

近年来,我院根据独立学院生源特点,遵循"因材施教"、"扬长避短"的基本教育原则,与母体学校错位培养,培养具有良好的职业素质、一定的职业导向性、较强的发展潜力的本科应用型人才。以"校政企合作、职工学结合"人才培养理念为出发点,加强高校与企业在职业教育、课程设置、教学内容、教学方法等方面的合作,探索合作培养、共建基地的产学研结合方式,实现学校人才供给与企业人才需求的"无缝"对接。

以杭州湾经济开发区(慈溪出口加工区)和下沙经济技术开发区为试点,通过学校和地方政府(开发区)联合搭建人才培养平台,以实现学、校、政、企四方共赢的合作来保证培养基地的健康发展。学生通过企业提供的相关实训岗位的分阶段实践(生产实习、专业实习、毕业设计等),提高职业素养,充实知识结构,实现与辖区企业的"无缝对接"。学校通过学生实践活动,反省培养计划;改革课程体系;培养双师型教师;改革培养模式。企业通过校企合作基地的建设,获得具有良好契合度的员工,利用高校资源优势为企业的产业升级、技术改造

```
          政府、企业调研
              │
              ▼
        根据需求安排学生
              │
              ▼
        进行岗前职业教育
              │
              ▼
         工作＋专业学习
              │
              ▼
         工作＋毕业设计
              │
              ▼
           成功就业
```

企业职业教育、实践指导

学校职业就业教育、专业指导、

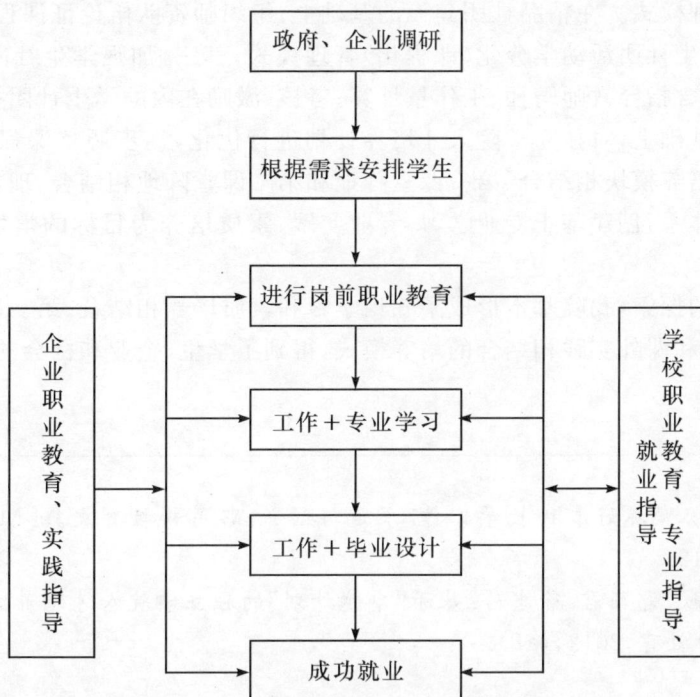

图 1　校政企"无缝"对接运行流程图

服务。开发区政府利用高校人才优势,帮助企业解决人才需求;开展在职能力培训、学历再教育等培训服务,提高人力资源素质。

(二)修订培养方案,突出"创新实践"能力

为切实提高学生的实践能力和创新能力,鼓励学生积极参加各类课外实践和创新实践活动,学院制定了《现代科技学院"创新实践"活动学分认定细则》,将创新实践活动纳入培养计划,使之成为学生的必修科目,共计 2 个学分。

创新实践活动分为专业实践类、社会实践类和获奖类三大块内容。其中专业实践类分为:科研实践、学科竞赛、专利受理、技能证书等;社会实践类分为:社会工作、创业实践、文体活动、社会公益活动和暑期社会实践;获奖类分为:科研实践、学科竞赛、学术论文、专利、社会实践、文体活动、学生社团活动和社会公益活动。

(三)积极探索基于独立学院人才培养特色学生社团发展和管理模式

结合独立学院人才培养目标和培养模式的改革,正确定位学生社团在独立学院育人工作中实践育人的功能,加大专业学习、专业实践类社团的建设力度,加强对学生社团的专业指导,制定统一管理和科学发展的有效机制,改革学生社团管理和发展模式,实现学生社团活动的课程化、项目化管理,对实现独立学院培养具备良好的专业知识、良好的职业素质、良好的发展能力的应用型人才培养目标具有极其现实的重要意义。

其一,学院积极探索学生社团项目化管理模式,保证对学生社团的人、财、物的投入,打造一批学生喜爱又能促进学生专业学习、综合素质提升的精品社团;其二,探索学生社团学

分化(课程化)管理模式。在精品社团建设的基础上,组织师资队伍论证课程设置,精心制订教学计划,试点学生社团活动学分化(课程化)管理模式;其三,加强学生社团指导教师队伍建设,制定出台包含指导教师聘任、工作量计算、考核、激励在内的学生社团指导教师管理办法;其四,在实践基础上,对独立学院人才培养计划进行优化,逐步调整课程结构,形成知识学习模块和素质培养模块相结合、第一课堂阵地和第二课堂阵地相结合、理论学习和课外实践相结合的培养体系,创建基于专业学习、专业实践、素质培养为目标的学生社团发展和管理模式。

通过一系列的探索,我院基本形成了知识学习和素质培养相结合、第一课堂和第二课堂相结合、理论学习和课外实践相结合的培养模式,得到了学生、企业和社会的高度认可。

参考文献

[1] 路甬祥.继续抓紧抓好本科教学工作.求是与创新:路甬祥教育文集[M].杭州:浙江大学出版社,2012.

[2] 赵玉晓、刘文献、郑颖君、徐志玲.基于"卓越计划"的独立学院人才培养方案探索与实践[J].中国电力教育,2012,(28).

作者信息

刘文献:男,中国计量学院机电工程学院党总支副书记,讲师。

路甬祥教育思想对当前高校人才
培养模式的启示

张 静

[摘 要]文章围绕路甬祥教育思想,结合我国当前人才市场需求的实际情况,就路甬祥教育思想对高校人才培养的目标、课程体系建设结构、方法途径、师资队伍建设和管理,以及如何使之更有效地适应当前社会发展的需求引发的启示结合工作实践进行了思考,为祖国培养未来人才谈谈自己的心得体会,供大家交流参考。

[关键词]路甬祥教育思想 人才 培养模式

路甬祥院士,20世纪80至90年代任浙江大学校长,是著名的液体传动与控制专家和教育家。院士以深厚诚挚的热情追求科学探索的精神令人肃然起敬,他同时关心我国教育事业的改革发展及创新,对教育有着自己独到的见解。在《路甬祥教育文集》中对高校人才培养的精辟论述及教育理念是我们高校工作者的宝典,对当前高校人才培养有着重要的借鉴作用。当前在我国社会经济、科技迅猛发展、转型的宏观背景下,高校人才培养模式弊端逐渐暴露,高校人才培养模式已经不能适应当前国家经济社会的发展对人才的质量、数量的要求。在学习了《路甬祥教育文集》之后,从路甬祥院士的教育思想与教育理念中对高校人才培养得到以下几点启示。

一、人才培养目标

路甬祥院士提出社会主义高级人才培养的培养目标,首先是具备良好的政治思想和道德品质,高度政治业务素质的人才应从国情实际出发,立足于国内。对高级人才要求不仅有专业的科技文化知识和业务水平,还要能够树立符合社会主义生产关系的科学的世界观、为人民服务的人生观,树立爱国主义、集体主义思想和共产主义理想,但同时也要认真贯彻"面向世界、面向未来、面向四化"的方针,坚持独立自主、自力更生的政策,并充分利用改革开放的条件,加强国际文化交流与合作。这些思想在全球一体化时代,我国社会经济发展、转型的宏观背景下,具有重要的指导意义。

(一)从国情出发,培养德才兼备的人才

人才的培养不仅仅是谋生能力的培养,更应该是德才兼备的全面素质培养。大学不仅是知识的殿堂,也是精神的堡垒。大学教育必须赋予知识和科技以善的目的,使之从事于人类的整体完善需要,否则,知识的生产和传播就可能沦为工具性的异化劳动。知识具有双面性,是一把双刃刀,当代科技在不断提升人类创造力的同时,又可以成为破坏社会的核心力

量,赋予人类可怕的毁灭能力,科技军事化、核威胁、食品安全等都是价值理性缺失的结果。我们应站在科学发展观的战略高度,体现国家教育方针和"三个面向"的时代精神,培养富有社会责任感,具备健全人格和专业能力的人才,使之成为社会良知的明亮灯塔和人类的福祉。

(二)从市场需求出发,培养现实主义与理想主义相结合的人才

在商业化浪潮的冲击下,大学正在逐渐成为直接兑现价值的知识的加工厂和转销站。大学不是脱离社会的象牙塔,而是承载着重大的社会使命。立足于社会市场定位自己角色,立足于现实并超越现实,在现实与理想的平衡中实现对自身和社会的双重超越。只有这样,才能融入社会、影响社会发展。在培养人才中要强调"学以致用",把"以用为本"的目标理念贯穿于教学实践中,培养出经济社会发展需要的人才,确立学校教育与实践相结合的培养目标,实践能力是"以用为本"的具体体现。

(三)从国际形势出发,培养具有全球视野的国际化人才

在经济全球化背景下,为增强国际竞争力,国际化人才培养已成为各国政府和高等院校的重要任务。"逆水行舟,不进则退"。随着中国与世界各国的政治经济文化交流日益深入,培养更多具有国际视野和社会责任感、能直接参与国际合作与竞争的国际化人才,我们必须坚持特色发展的战略,积极探索符合本校国际化办学特色的人才培养模式,以特色求发展,在重点学科人才培养建设上与发达国家形成明显优势,把人才战略强国落到实处,达到人才强国的目标,才能在国内外竞争中立足不败之地。

二、人才培养方法和途径

我国传统教学方法重在知识灌输,采用千人一面的教育方式,整个课堂由教师主宰,学生处于填鸭式的被动接受知识的形式。路甬祥院士认为,人才培养方法和途径应当考虑多样的形式,制定科学合理的培养计划,并积极发挥已有或潜在的优势。在培养过程中既要强调导师负责制,又要重视集体育人环境和党团工作的作用,发展多层次、多规格、多形式的培养途径,才能提高学生的实践、创新、自主研究探索能力。

(一)多样化的人才培养模式,制定合理的培养计划

多样化人才培养模式是社会经济发展对人才的现实要求,是高等教育大众化的必然趋势,是高等教育发展的必由之路。注重专业知识、实践能力及综合素质;因材施教,理论联系实际,注意培养创新能力;坚持基础知识与专业知识并重,适当增加专业学时比例,文、理、工、管,各学科互相渗透沟通,国内外联合培养;开设公共课、专业课、基础课等学科的选修;坚持人文素质教育始终贯穿大学教育全过程;加大计算机实践、精工实习、专业课程实践、科研训练和专业技能训练;开展学术交流讲座等方式。

(二)导师双向选择制,形成优良学风

本科生导师不同于研究生导师,更不同于班主任、辅导员,他们是学生的参谋。其责任

是指导学生全面成长,帮助学生少走弯路,更多的是运用自身的人格魅力采用"润物细无声"式的感染学生,帮助学生树立正确的人生观、世界观、价值观。正如美国当代著名的心理学家阿尔伯特所说:"在社会交往中,一个成员的行为会激发另一个成员的特定反应,反过来这些特定的反应又会促进交互的对应反应,从而形成社会环境"。学生根据自己兴趣发展选择导师,导师也可以根据自己的要求选择学生。导师对学生不仅要专业辅导、生活指导、心理疏导,还要尊重学生个性发展,促进素质教育,引导学生从"要我学"转变成"我要学",到最后"学我要"。

(三)科学分类,强化指导

大一新生大都十八九岁,不够成熟。应根据青年成长特点全面开展职业生涯设计课程,使学生对自己有充分的认识和了解,明确自己事业的发展目标。在学期末对全体学生进行人才素质测评,综合判定学生的潜能优势,帮助学生做好近期、中期乃至长期的人生规划。大二开始,根据学生自身基本情况和爱好辅助设计学生向适合自己的专业方向发展。发展方向大致分为三种类型,应用型、复合型、创新型。应用型人才培养面对现代化技术产业,在工业、工程领域的生产、建设、管理中直接从事解决实际问题的技术型人才;复合型人才培养学生有较宽的基础知识又有较深的专业才能,从而使学生更有创造性和适应性;创新型人才培养要注重个性发展,培养学生的创新素质,提高创新能力和水平,因材施教促进学生个性和特长发展。对于这几种类型人才的培养,都要把知识、能力、素质三者结合、协调发展,使学生顺利成才、走向社会,胜任工作岗位。

三、课程体系的结构和建设

路甬祥院士认为,在建立课程体系时,以"重基础、宽口径、模块化"为基础,突出英语、计算机和人文综合素质能力培养,在大类基础和专业基础的培养上设立文、理、工三大类平台必修课程,选修课程和一系列基础模块课程体系,使学生在宽厚的基础上有广阔的专业自主性选择,大力推进本科阶段前期通识教育,后期宽口径专业教育和交叉学习,提倡主、辅修结合、既博且专。这些观点对于本科人才培养的课程建设模式具有重要指导意义。我国高等教育在很长一段时间内沿袭前苏联教育模式,部分专业划分过细,只注重理论学习,基础知识扎实,但是学生能力不足,且与就业市场需求存在较大差异。我国高校一直在努力改变这种局面,然而为什么大学专业经过改革,我们培养的学生依然得不到用人单位的满意,毕业生就业形势依然严峻? 现在找工作的真实写照,有如歌曲中唱的"爱要越挫越勇,爱要肯定执着"。怎样才能摆脱当前人才培养与社会市场需求之间的窘境,是我们应该深刻思考的问题。

(一)加强基础理论的学习

基础理论教学是知识和能力的基础,是保证人才适应社会需要和未来发展的重要条件,应当认真研究基础课,制定合理规划;加强技术基础课程学习,从现有课程结构进行总结和提高,并开设新的技术基础课程。最后是加强专业课的建设,专业课程直接反映当前社会新的发展趋势,高校应拓宽学生学习知识面,增加大型实验环节,提高学生综合能力。

(二)加强专业对口教育向通识教育基础上的宽口径专业教育的转变

宽口径基础教育,即学生在入学之初,不必急于确定自己的专业方向,在大一大二修大类基础课程和通识课程,经过一段时间的学习,根据自己专业兴趣、特长,选择主修专业及专业方向。进入大三前,学生选择自己的专业导师,导师指导学生学习。而在我国的传统专业培养中,学生专业自主性选择机会少,创新平台不完善等因素,影响学生的学习兴趣。而通识教育打破传统模式,拓展了学生知识面,促进学生的全面发展,是培养创新人才的有效途径。因此,改变传统的课程观念,使高校课程设置超越专业藩篱,增加综合课程,培养具备社会责任心、宽厚的基础、创新的思维等优秀素质的骨干人才,为高层次的后续学习奠定良好基础。

(三)加强对英语、计算机语言的课程训练

路甬祥院士提到的外语不仅指一般常规生活的外语,而是指本专业的外语能力。有些高校淡化专业太过,将专业外语取消或不够重视,使得学生的英语水平与专业工程技术的需求差距加大。正确运用路甬祥院士的教育理念加强专业英语学习应用,使学生在查阅外语科技文献参考资料、外语行业交流及写作方面会有很大帮助;计算机广泛应用于我们工作生活中各个方面,信息化时代按照托夫勒的观点,第三次浪潮是信息革命,其代表性象征为"计算机"。速度可以在几秒钟内将信息传递到全世界的任何地方,要获得最新的国际前沿知识动态就必须对计算机软件熟练掌握,了解软件的核心、编制,不要局限于商业软件的应用,而是熟练掌握编程语言技术,并达到自主开发软件的能力。

四、加强师资队伍建设

路甬祥院士指出,今天的教育担负着培养和造就新一代跨世纪建设人才的责任。教师质量的高低直接关系到培养人才的素质,关系到社会主义祖国和民族的未来,是培养社会主义合格建设人才的主要保证。目前高校教育队伍存在着专业知识结构不合理、整体业务素质能力参差不齐,轻德重才,只教书不育人,只看重学生的学术贡献、考研率等现象,忽略了"传道"的教育本质问题。目前市场需求与高校毕业生之间的冲突以及通识教育的推行给教师队伍建设带来了很大的挑战。

(一)品德高尚,感化学生

教师承担着教书育人、提高民族素质的重要使命。教师是教育的第一资源,是培养高校人才的重要保障。高校教师必须在思想政治、道德品质方面起表率作用,与学生有情感上的沟通,以积极的情感影响学生。没有爱就没有教育。教师要热爱学生,缩短师生间的心理距离,使学生"亲其师,信其道",才能引导学生自觉地结合实际、了解国情、善于思考、探求真理、掌握知识、提高能力、服务社会。

(二)善学多才,提高自身能力

高校教师在学识业务方面要有更广阔的前沿视野、渊博的知识、了解世界科技和教育发

展动向。针对这一要求,我们通过以学科带头人为核心,建立培养学科人才;建立"老中青相结合,传帮带为体现"的教学团队合作机制,开展示范性公开课和教学技能大赛活动,促进教师交流,提高教学水平;通过学生、督导专家和同行老师的评教方式对课堂进行测评;聘请企业里、科研院所里、行业领域里的杰出人才到学校举办讲座、授课或担任顾问,以形成合理的教师梯队。

(三)科学管理,以人为本

针对教师队伍建设中"引进难、培养难、留人更难"的现状,高校应遵循以人为本的管理理念,摒弃功利化的考评方式,改进对教师的评价制度,除了完善教师教育教学行为管理制度外,更应注重对教师教育教学内容、方法与效果的引导与考核;适当降低教学科研工作量,减轻工作压力,为教师的学术成长创造宽松环境。"乐业"须先"安居",要妥善解决教师的住房问题,进一步改善教师的福利待遇。

高等教育承担着人才培养、科学研究和服务社会的重大责任,其根本使命是促进社会进步和可持续发展,培养社会和国家需要的合格人才。那么现阶段"为什么我们的高校培养不出杰出的人才"? 我们每一个高等教育工作者在高校人才培养上都要认真思考"钱学森之问",怎样才能培养出人才,培养什么样的人才,为谁培养人才,这是我国高校教育面临的一大问题。我们必须借鉴路甬祥院士的教育思想和理念,还要进一步探索高校如何培养人才之路。

参考文献

[1] 求是与创新:路甬祥教育文集[M].杭州:浙江大学出版社,2012.
[2] 林玲.高等院校人才培养模式述论[J].四川师范大学学报(社会科学版),2012.
[3] 臧述升.工程科大学"教"与"学"改革之思考[J].中国高等教育,2013.

作者信息

张　静:女,中国计量学院基建处,助理研究员。

四、师资队伍

SHIZIDUIWU

高校基础研究团队的建设与运行要素研究

叶子泓

[摘　要]本文从新形势下基础研究的新特征和新变化、国家和地方科技创新发展以及高校人才培养和三大基本职能实现的角度,深入分析了组建高校基础研究团队的必要性,并进一步提出了明确的团队目标、规范的团队运行制度以及卓越的团队负责人是保障高校基础研究团队良性运行的重要因素,以期为高校基础研究团队的建设和管理提供参考。

[关键词]高校　研究团队　基础研究　团队建设　运行要素

基础研究是战略新兴产业发展的重要源头,是先进文化建设的重要基础,是科技自主创新的重要先导[1]。路甬祥校长指出:基础研究决定一个国家的创新实力和后劲。大学是国家科技创新体系建设和区域经济发展的重要支撑。作为创新人才特殊集合体的基础研究团队是繁荣发展基础研究的关键,对于提升基础研究的整体水平、推进自主创新和重点跨越十分重要。

一、高校组建基础研究团队的必要性

(一)基础研究新特征新变化的需要

基础研究以认识现象、发现和开拓新的知识领域为目的,通过实验分析或理论性研究对事物的物性、结构和各种关系进行分析,加深对客观事物的认识,解释现象的本质,揭示物质运动的规律,或者提出和验证各种设想、理论或定律,具有创造性、继承性、探索性和研究成果的不确定性等特点。随着学科间合作的不断加强,现代科技与生产的迅猛发展,基础研究呈现出了"一体化、国际化和综合化"的新趋势[2],从基础研究到生产应用的距离越来越短,不同国家间的合作和交流越来越密切,资源、成果、技术等的共享度越来越高。国家对基础研究的重视程度也越来越高,以国家自然科学基金为例,国家在1986年国家自然科学基金成立之初投入8000万元,到2010年国家投入近100亿元。投入经费的大幅度增长有力地促进了研究环境的改善,激发了科学家的工作热情,促进了中青年科学家研究群体的不断产生,科技队伍状况明显改善。基于基础研究的上述特点和变化趋势,不同学科领域科学家逐渐形成共识,组建基础研究团队进行协作研究、团队攻关,从而有效地突破某些重要研究问题,缩短研究成果产出时间。科研团队这一组织方式与单兵作战相比,在研究的深度和广度上都能拓展到更高的层次,也易于实现新的科学发现和重大进展。

（二）国家和地方科技创新发展的需要

由于科学技术在现代世界经济发展中的巨大作用，各国经济竞争的焦点已经从产品竞争深入到生产要素的竞争，发展到科学技术的竞争，特别是国家科技创新能力的竞争。高校科技是知识创新的重要源头，大学创新体系是国家创新体系的重要组成部分[3]，正在成为国家竞争力的重要支撑。据统计，2010 年高校获得国家自然科学基金，面上项目占总数的83.03%，青年科学基金项目占总数的 78.43%，重点项目占总数的 69.72%，国家杰出青年基金项目占总数的 65.66%。2010 年高校获国家三大奖 148 项，其中国家自然科学奖占总数的 66.67%，国家技术发明奖占总数的 73.53%，国家科技进步奖占总数的 48.13%，始终保持较高的水平。高校建有国家重点实验室 106 个，国家工程研究中心 43 个，分别占总数的 63.5 和 21.8%。高校科技也是区域创新体系的重要组成部分，是科技强省的重要力量。以浙江省为例，浙江省高校获得浙江省自然科学基金项目占总数的比例历年平均在 80% 以上，2010 年高校获得浙江省科学技术奖 115 项，占总数的 41.07%；建有浙江省重点实验室64 家，占总数的 87.67%。由此可见，高等学校已经成为我国基础研究的主力军，是促进地方经济发展的重要力量。针对当今科技日益呈现交叉和综合的趋势，经济、社会、科技发展急需部分新型学科和领域，消除现有科研优势力量不足或分散的现状，集中具有较强研究优势的科研人员，组建学科交叉融合、优势互补、资源共享、体量适度、人才汇聚的高校基础研究创新团队，优化科技资源，提高技术集成和联合创新的能力，将是今后科技活动的内在要求和必然趋势。

（三）培养人才、实现大学基本职能的需要

培养人才、科学研究和社会服务是高等学校的三大基本职能。学科作为基层学术组织，是实现大学上述功能的重要载体。但学校要发展，学科要建设，最终所依赖的还是人才。在学科交叉、信息爆炸的当今社会，单枪匹马的个人已无法从根本上提高一个学科的水平，只有以机制创新为突破口，集聚人才、用好人才，打造创新型科研团队，并充分发挥其作用，才能有效推进学科发展，提高学校核心竞争力和综合实力。科研团队具有目标共识、知识共享、团结协作和文化认同等特征[4]。因此，良性循环的科研团队能够吸引优秀人才的加盟，同时知识共享、技能互补和团结协作的运行机制有利于后起之秀的成长和学术带头人的自我突破，并能形成良好的学术氛围，稳定人才队伍，使科研团队始终保持强大的战斗力。团队内部的分工合作，和实行人尽其才、才尽其用的人才使用机制，不仅使得科学研究和高层次人才的培养实现质的飞跃，同时还使得教学、科研和社会服务功能得到合理的协调，实现教学科研相长和科研成果的尽早产业化。

二、高校基础研究团队的运行要素

杰出的基础研究团队具有共同的特点，具有清晰的目标、卓越的领导、相互的信任、有效的沟通、和谐的环境等。结合目前基础研究团队的建设现状，笔者认为以下几方面是高校基础研究团队良性运行的重要因素。

(一)明确的团队目标

团队目标是团队生存的基础,没有明确的目标,就不能形成团队发展的合力和凝聚力。明确的团队目标还能为团队运行过程中的决策提供参考,并且可以成为判断团队进步的可行标准。因此,基础研究团队首先要求一个所有团队成员都认可的共同愿景,还要有为逐步实现这一共同愿景而设立的短期目标,以及根据各团队成员的特质、基础而确定的个人目标,将个人的年度目标和团队的总体目标结合起来,在较短的时间内形成合力并达到目标。同时,通过学科带头人的指导和督促,使年轻人尽快成长。

原始创新应是高校基础研究团队的总体目标之一,需加强自由探索研究和对国家重大科技项目的培植和引导。据统计,国际著名学术期刊 *Nature* 和 *Science* 上有 2/3 的原创性高水平研究论文来源于大学;3/4 诺贝尔奖由大学获得。大学在原始创新中发挥着不可替代的作用,高校基础研究团队只有在原始创新上加大力度,才能真正发挥创新团队的作用。此外,基础研究团队在确定目标时还应知己知彼。知己,即充分了解本团队的定位、性质、组成及人员的特性。知彼,即要合理分析团队所处的环境,包括实验室、科研条件、政策制度等学校内部软硬件环境,以及国家、地方的科技发展规划、技术需求和同行的研究现状等外部环境。在此基础上综合考虑目标定位,才能合理利用资源,突出自身优势,有针对性地突破。

(二)规范的团队运行制度

高校基础科研团队良好运作的重要基础是人才整合机制。在明确团队的共同目标基础上,注重团队成员的整合,从而产生出"1+1>2"的团队效应。团队按照双向选择的原则,负责人和成员均有较好的团结协作精神,有共同的研究兴趣和明确的中长期发展目标。在学术带头人的整合下,成员各自的研究方向相互衔接,形成一个有机体,每个人都有自己的位置、自己的方向、自己的成果,最终凝聚成团队的发展目标。

高校基础科研团队属于一种具有开放性、内聚性、竞争性、多维性、成长性及交互性的系统[5],更容易与其他科研团队或成员进行开放、交叉的探讨和交流。科研团队内部因成员的多维性,必然会形成科研梯队,成员之间也因此会有内部竞争。因此,科研团队的管理基于责、权、利的有机结合,在团队组建时就引入了约束竞争机制,在团队成员之间、团队与团队之间通过竞争形成合力。同时,科研团队的管理要具有激励性,既可以激励团队成员及团队整体不断发展,同时也能够控制科研团队的发展方向。在学校和学院的规章制度下建立团队内部分配和管理制度,建立利益导向机制,在分配制度中向科技创新倾斜,加大对科技成果和创新人才的奖励力度,实行日常考勤制度,每年对团队优秀成员进行表彰和奖励,对不合格成员实行退出机制。

作为团队绩效的主要科研目标往往会将团队成员凝聚在团队的中心,使成员们努力发挥各自才能,并一起攻克团队科研的主要难关。为保证团队产出和团队的生机与活力,需要对团队实行严格的目标责任制和定期考核制。团队成员和团队整体根据设定的目标,签订目标责任制,建立严格的考核体系,考核结果与年终津贴分配等紧密挂钩。考核内容涉及科研项目、经费、论文、著作、专利、奖项、成果、教材、教学等全方位的业绩。考核数量的同时,注重完成质量,例如课题高层次立项、论文高档次发表、奖项高级别授予等。考核优秀的团队或成员在岗位、待遇、培训等方面给予激励和优先。

(三)卓越的团队负责人

团队负责人是研究团队的核心[6],一个卓越的研究团队必然有一个卓越的团队负责人。高校基础研究团队负责人应具备以下四种能力:首先应具备知识创新能力。他必须在学术上颇有造诣,能够带领团队创造性地解决重大的、关键的专业学科技术问题,能够把握学科的动态和发展方向,对本研究方向具有创新性构想和战略性思维,提出具有基础性、战略性、前瞻性的研究布局和项目;其次是组织协调能力。团队负责人要善于组织和协调不同专业、不同能力的成员,整合资源,凝聚力量,各取所长,互补所短,要通过科学合理的管理理念和管理办法充分发挥团队成员的积极性、主动性和创造性,使团队有序、高效运转,引导和帮助团队成员实现自我价值和团队价值;第三是社会服务能力。任何一个团队的发展都离不开社会环境,都需要从外部获取资源,并将成果服务于社会。一个团队获得的资源越多,成果反馈给社会越多,其发展就可能越顺利。因此,作为研究团队的领军人物,团队负责人还要具有一定的社会服务能力;第四是教学能力。这是高校基础研究团队负责人所应具备的基础能力,是其作为高校教师的基本职责。当然,一名卓越的团队负责人还需德才兼备,他要能身先士卒,冲锋陷阵;能吃苦在前,享乐在后;能严于律己,恪守道德。

科研团队是高校基础科研工作的重要组织形式,深入有效的团队合作是取得优秀科研成果的前提。但以团队为单位的基础研究组织形式并不是依靠传统的科研管理体系就能高效运转,还需探讨科学合理的管理机制、运行模式。需根据不同高校的科研实力、实验平台、师资力量等实际情况,酌情组建不同类型的基础研究团队,如学习型、协作型、竞争型、创新型团队,并在此基础上建立针对性的政策措施,分层次协调发展。

参考文献

[1] 唐先明,吴善超.关于基础研究创新团队建设与管理的思考[J].中国高校科技与产业化,2010,(6):17-20.

[2] 王惠星,陆剑英.从基础研究的发展趋势谈基础研究群组的管理[J].研究与发展管理,1994,6(3):26-29,56.

[3] 赵沁平.分析发展趋势 研究发展战略 积极推进大学科技创新体系建设[J].中国高等教育,2003,(8):3-6.

[4] 潘琳,朱鹏.探索机制创新,推进高校科研团队建设[J].科技管理研究,2008,(5):164-166.

[5] 刘慧群.高校科研团队协作关系治理模式研究[J].湖南师范法学自然科学学报,2010,33(3):124-128.

[6] 杜传青,陈艳山,黄铠.浅议高校创新团队学术带头人应具有的素质[J].武汉工业学院学报,2007,26(3):119-121.

作者信息

叶子泓:女,中国计量学院科技处副处长,教授。

推进班主任专业化建设　提升自考助学机构教学管理能力的研究

范风华　金　英　吕青毅

[摘　要] 本文从浙江省自考助学机构办学现状着手,通过分析自考助学学生特点及自考助学机构班主任队伍现状,着重提出了推进班主任专业化建设对提升自考助学机构教学管理能力的重要性,围绕"理念引领、机制创新、专业培训、能力提升"来研究班主任专业化建设的办法和策略。

[关键词] 班主任　专业化建设　自考助学机构

"班主任岗位是具有较高素质和人格要求的重要专业性岗位",班主任应该成为具有专业道德、专业素质、专业知识、专业技能的专业工作者。在培养自考助考学生树立"自立、自强、自信、自尊"信念,加强自考助考学生"学会学习、学会做人、学会生存"的素质教育的前提下,推进班主任专业化建设对提升自考助学机构教学管理能力有着积极意义。

一、推进班主任专业化建设的必要性与重要性

(一)班主任专业化建设可以提升自考助学机构办学竞争力

高等教育自学考试是中国特色教育制度的一项创举,有其存在的合理性;自考生是高考的失利者,但不是失败者,自考助学机构给他们提供了接受高等教育的平台,帮助他们圆了高等教育梦;自学考试也为不断提高自身吸取知识的人提供了平台。目前浙江省共有自考助学机构 118 家,其中实行全日制助学的超过 80 家,而实际招生的自考助学机构却只有 76 所。十五年来浙江以自考教育的崭新平台使 35.8 万人接受了高等教育,有 5.7 万人获得大专或本科毕业证书,2008 年全日制自考在校生有 8.75 万人,这就是浙江自考助学的意义和作用所在。提升自考助学机构的办学竞争力是自考立足之本,而办学竞争力就是教学管理水平的竞争,它的有效落脚点就是班主任工作,因此推进班主任专业化建设是有效提升自考助学机构的办学竞争力的需要。

(二)有利于培养自考学生成才

浙江省自考助学学生中有的不能正确对待、分析自己,存在着既自卑又想自拔、不得志还想提高的思想问题,有的则缺乏吃苦精神和承受挫折的能力,缺乏适应和自立能力,缺乏竞争意识和危机意识,缺乏自信心和社会责任感。这些都影响着他们的心理健康,具体表现在自卑感与失望感兼有、情绪控制能力较低、人际交往障碍、学习动机与兴趣缺乏等方面。

那么在培养自考学生树立"自立、自强、自信、自尊"信念,加强自考学生"学会学习、学会做人、学会生存"的素质教育的前提下,班主任的工作就是以人格引领人格,以情感陶冶情感,以德性培育德性。班主任不仅要通过自己的教学工作体现教书育人,通过自己对班级的组织管理体现管理育人,还要在为学生的发展服务中体现服务育人。"班主任是学生的精神关怀者",其专业道德、专业素质、专业知识、专业技能在很大程度上决定了自考助学机构德育教育的有效落实。班主任的专业素质越高,越有利于学生素质的全面提高。因此,推进班主任专业化建设是培养自考学生成人成才的需要。

(三)有利于助推班主任成长发展

专业化的班主任是以教师专业化的标准为基准,逐步掌握德育和班级工作的理论知识,经过长期培训形成班级德育和班级集体建设和管理的能力和技巧,提高自身学术地位和社会地位,全面有效地履行班主任职责。所以,班主任专业化顺应了教育职业专业化的趋势,学校的良性运转、班级的有效管理、学生的全面发展、任课教师之间的协调、家长和学校的沟通,都离不开班主任的工作。班主任只有努力提高专业知识和专业技能,使其专业成熟程度不断提高,真正成为训练有素的不可替代的角色,从根本上改变班主任的职业形象,才能使班主任工作成为一个令人尊敬和羡慕的职业。因此,推进班主任专业化建设是助推班主任成长发展的需要。

二、目前班主任专业化建设中存在的问题

自考助学生源的逐年回落,给自考助学机构带来了夕阳效应,有的不再追求品牌建设,而是抱着走到哪里算那里的思想,背离了自考助学的育人规律和功能。有的自考助学机构对班主任专业化建设的认识不够,导致班主任专业水平和能力缺失,班主任仅仅成了学生的服务者,而不是教育者、管理者、服务者三者的结合,不利于学生的成才培养。浙江省实际招生的76所自考助学机构分为31所公办学校与6所民办高校、38所民办专修院校,不同身份的自考助学机构缺乏统一规范的班主任聘任与管理机制,造成自考助学机构班主任没有较高的社会地位和经济待遇,导致班主任队伍流动性过大,自我提升的内驱力不足,不利于班主任专业化建设的可持续发展。

三、推进班主任专业化建设的方法和策略

虽然推进自考助学机构班主任专业化建设还处于起步和探索阶段,但主要的方法和策略主要体现在四个方面:

(一)思想引领是班主任专业化建设的关键

《中共中央、国务院关于进一步加强和改进未成年人思想道德建设的若干意见》中指出:"要完善学校的班主任制度,高度重视班主任工作,选派思想素质好、业务水平高、奉献精神强的优秀教师担任班主任。"党和国家从下一代的健康成长、民族的兴衰成败的高度对班主任素质和工作提出了明确的要求。高尚优良的班主任专业道德,体现在"为人师表、无私奉

献"的精神上,体现在"热爱学生、辛勤耕耘"的行动上。只有树立了高尚优良的专业道德,才能抵制名利、权钱的诱惑,才能甘为人梯,诲人不倦,才能将平凡的工作作为毕生执著追求的事业。因此,思想引领,树立高尚优良的专业道德,是推进班主任专业化建设的关键。

路甬祥校长曾把班级比作一个煤球炉,"红煤球炉"产生的巨大热应被概括和提升为班主任德育工作的第一重要原理,该原理是班主任德育工作上台阶的最重要原理。

(二)制度健全是班主任专业化建设的保障

班主任专业化建设不是一蹴而就的,需要一整套科学规范的制度来推进、建设。通过制度建设、机制创新,使各项工作有章可循、有法可依。应该通过建立健全班主任职责制度、培训制度、职级制度和薪酬制度等,为班主任专业化发展提供切实有效的保障。建立班主任职责制度有利于班主任了解自身的职业定位,形成明确的专业角色意识;建立班主任培训制度有利于班主任个人发展愿景与自考助学机构发展愿景完美结合,有助于班主任提升自身修炼的内驱力;建立职级制度和薪酬制度是班主任不断追求专业发展与职业自我实现的一种激励机制,体现着国家和自考助学机构对班主任工作及其专业性的重视和尊重程度,体现着一个追求专业发展的班主任的主体价值和人格尊严。因此,通过建章立制使班主任"有情感、有地位、有利益",确保班主任专业化建设的可持续发展。

(三)专业培训是班主任专业化建设的保证

从职业群体的角度看,班主任专业化建设主要强调班主任群体的、外在的专业性提升,反映了一个职业逐步达到专业标准,向专业阶段发展的过程。从班主任个体的角度看,班主任的专业化建设表现为更新、完善班主任的专业知识、专业技能和专业态度的过程和活动。因此,职前培训应注重班主任的基本理论和技能培训,而职后培训则注重工作实践中的学习、交流、总结和提升。要形成学习工作化、工作学习化的模式,提倡在学习中反思工作中遇见的问题,带着问题去研究,改进班主任教育工作实践,提升班主任专业素质,形成实践、学习、反思、研究、发展五位一体的班主任专业培训机制,从而保证班主任专业化建设的科学性、系统性、实效性和创新性。

(四)能力完备是班主任专业化建设的目标

一所学校发展的源泉归根到底取决于教师特别是年经教师的成长与进步。一个优秀或成功的班主任应该具备多方面的专业能力,包括思想教育能力、组织管理能力、人际交往能力、信息处理能力、心理疏导能力、突发应变能力。因此,班主任专业化建设是一个辩证的发展过程,是一个持续的努力过程。能力完备是引领班主任向专业化发展的终极目标,需要班主任在工作中去感悟和领会,更需要班主任个体的素质重构、内涵提升、自主发展和自我超越。在自我发展、能力完备的过程中享受职业的品位,感受职业的幸福感,从而提升职业的忠诚度。

参考文献

[1] 刘畅,吕淑珍.高校自考生心理健康问题的分析与研究[J].中国成人教育,2005,(12).

［2］张芹,段作章.国内关于班主任专业化发展的研究综述[J].文教资料,2008,(21).

［3］黄正平.关于班主任专业化的思考[J].中国教育学刊,2008,(2).

［4］马奎茹.浅谈如何做好社会助学班的班主任工作[J].河北自学考试,2001,(11).

［5］班华.专业化班主任持续发展的过程[J].人民教育,2003,(15-16).

［6］潘曲芬.班主任工作"五字经"——心、爱、情、理、勤[J].云南教育,2002,(15).

作者信息

范风华:女,中国计量学院离退办主任,高级工程师;

金　英:女,中国计量学院成人教育学院;

吕青毅:男,中国计量学院材料科学与工程学院党总支书记,助理研究员。

教学研究型大学科技创新团队建设要素探析

孙安宁

[摘　要] 科技创新团队建设对教学研究型大学提升办学水平,科研创新能力和师资水平具有重要意义。本文在归纳高校科技创新团队分类的基础上,从组建目的、科研环境、团队结构、激励机制等四方面对教学研究型大学建设科技创新团队的要素进行了分析。

[关键词] 教学研究型大学　科技创新　团队建设

科技创新是提高社会生产力和综合国力的战略支撑。加快推进创新型国家建设,科技是关键,根本在人才。高校的科技创新团队作为科技创新和国家科学技术发明的主力军,是建设创新型国家的中坚力量。《国家中长期教育改革和发展规划纲要》(2010—2020 年)提出,要"促进高校、科研院所、企业科技教育资源共享,推动高校创新组织模式,培育跨学科、跨领域的科研与教学相结合的团队"。因而如何建设科技创新团队,提高科学研究水平和成果转化能力,抢占科技发展战略制高点成为国家高度重视的问题。

20 世纪以来,伴随着"小科学"时代向"大科学"时代的迅速迈进,科学研究也逐步由个体研究向团体研究转变,科技创新团队应运而生。在我国,国家自然科学基金委在 2000 年首推"创新研究群体科学基金",教育部于 2004 年推出了"长江学者与创新团队发展计划",此后建立科技创新团队逐渐走入了高校领导层的视野,逐步纳入了高校科研管理的重点工作,得到了政策上的支持和倾斜。浙江省自 2009 年推出打造科技创新团队的举措以来,已遴选了三批共 130 个科技创新团队。那么,作为教学研究型大学,如何立足自身的学科特色和优势,建设校级、省级乃至教育部科技创新团队,值得我们探讨和实践。

一、科技创新团队建设的意义

高校科技创新团队是大学打破既有管理模式而构建的一种具有生机和活力的"环境适应能力"群体,对于加强高校高层次人才队伍建设,凝聚并稳定一批优秀科技创新人才,提升学校科技创新能力和核心竞争力具有重要的意义。教学研究型大学作为区域、地方和行业科学研究与成果转化的重要基地,在某些领域具有较强的科研实力。因此,教学研究型大学建设科技创新团队也将以其独特的自身优势对国家创新体系的建设以及高等教育事业的发展带来积极的作用,主要表现在:

（一）有利于学校获得标志性科研成果，提升办学水平

早在 1990 年，时任浙江大学校长的路甬祥教授在接受中国科学报记者采访时对规模研究的概念作了解释，认为学科的发展更多地依赖群体的努力，并逐步朝集约化、社会化和规模化发展。在《求是与创新——路甬祥教授文集》的科学研究篇，路教授对高校科学研究作出了许多精辟的阐述，并指出：现代科研，特别是工程科学研究再也不能设想单靠个人的天赋作单枪匹马的奋斗，而主要应该依靠集体的智慧和力量。可见，建设科技创新团队，靠团队的力量完成重大项目的科技攻关，产生具有标志性和前瞻性的科研成果，提高学校办学水平，是高校科研工作的必然趋势。

（二）有利于学科交叉融合，提升科研创新能力

科技创新团队的核心在于创新。高校通过组建科技创新团队，搭建了不同专业研究人员之间沟通的平台，进一步拓宽了各学科之间的合作空间。这些具有不同知识结构和不同专业的团队成员在交流、研究、探讨的过程中，突破思维的格局定势，形成不同观念与思维的碰撞，迸发出思想的火花，有利于新思想、新成果的产生。高校在建设创新型国家中担负着重要的使命。高校科技创新团队是发挥高校在国家创新体系中作用的重要形式。教学研究型大学要想在建设创新型国家的伟大实践中贡献力量，必须把科技创新团队的建设放在极其重要的地位，大力加强集成创新，发挥制度优势和团队优势，努力成为区域创新体系的骨干和引领力量。

（三）有利于吸收和培养创新人才，提升师资水平

师资队伍的整体水平是衡量学校核心竞争力的重要因素之一。哈佛大学原校长科南特曾说过：大学的荣誉不在它的校舍与人数，而在于它的一代一代的教师质量。建设高校科技创新团队，从事高难度、复杂化的跨学科协作项目研究，需要特定的专业人才，这些人才的引进有利于提升学校的师资队伍水平。而创新团队内部追求创新、勇于探索的学术氛围，又对于培养青年学生尤其是研究生具有重要的意义，在这样宽松而富有创造精神的团队中成长，有利于产生创新的思想，进而转化为创造性的研究成果。高层次创新型科技人才，是新知识的创造者、新技术的发明者、新学科的创建者、新产业的开拓者和重大科技项目的领导者，对一个国家的经济科技发展水平和国际竞争实力的提升发挥着关键性的作用。高层次创新型科技人才的形成不可能一蹴而就，而是需要不断的培养，高校科技创新团队正为这些人才的成长提供了沃土。

二、科技创新团队的分类

团队是企业中的一种组织模式，他是一些愿意为相同的目标和标准而协作交流的个体成员所组成的群体性组织，其运作模式由来已久。高校科技创新团队只是众多类型团队中的一种，他是高校为整合科研资源，以科研创新为目的，以科研开发为内容，以科研服务为产出，将相关才能互补的教师凝聚在一起，形成具有共同文化和目标的群体性组织，是高校开展学术研究、培养高水平科技人才的最为重要的基本单元。

　　高校科技创新团队的分类方式很多。按科研活动的纵向流程分类,可以分为基础研究型创新团队、应用研究型创新团队、发展研究型创新团队;按研究所涉及的学科分类,可以分为单学科科技创新团队、跨学科科技创新团队;按吸引子分类,可以分为文化和情感主导型科技创新团队、学术大师或领军人物聚集型科技创新团队、任务或项目驱动型科技创新团队、以基地平台为依托或以重大装备为牵引的科技创新团队;按战略目标分类,可以分为战略型科技创新团队、战役型科技创新团队、战术型科技创新团队。除了以上述标准划分,各高校结合联系实际还采用了许多其他的分类方法,诸如:按照团队的人数规模,分为小型、中型和大型三类;按照团队联系的方式和紧密程度,分为刚性的实体团队、柔性的虚拟团队(网络团队)以及分布式团队三类;按照团队的持续时间,分为短期(临时)团队和长期团队等等。

　　教学研究型大学作为教学为主、科研为辅,教学科研协调发展的大学,也纷纷积极响应教育部关于创建科技创新团队的精神,从自身实际出发分类建设,作出了有益的探索和尝试。以中国计量学院为例,学校在 2011 年底印发了《中国计量学院科技创新团队建设与管理办法》,明确了科技创新团队建设是以凝练学科特色和方向,提高学校科技创新能力和核心竞争力为目的。在分类上,按大学科类别分为理工类科技创新团队和人文社科类研究团队两大类,并根据具体建设目标分为 A 类、B 类、C 类三个层次,进行申报、管理和考核。在第一轮申报结束后,经评审,共组建科技创新团队(研究团队)21 个,其中 A、B、C 三个层次分别为 6、5 和 10 个。组建的 21 个团队涵盖了学校的传统优势专业和特色专业,力争在标志性成果、项目、人才和平台建设上实现重大突破。

三、科技创新团队建设的要素分析

　　高校科技创新团队是一类比较特殊的团队,它是基于团队成员共同的愿景和价值认同而形成的。根据系统论的观点,可以将高校科技创新团队视作一个系统,从整体上分析构成系统的各个关键要素。主要包括:组建目的、科研环境、团队结构、激励机制等。

(一)组建目的

　　目的明确,才能少走弯路。科技创新团队在组建的过程中,始终要把"为什么组建"这个问题放在根本的位置,这样才能使团队建设有一个明确的方向。当前,国家和地方大力支持科技创新团队建设,出台了一系列政策,一些高校为了获得支持,临时组合、拼凑一批学校高层次专家包装成一个强大的团队来扛下科技创新团队这块牌,但是对于团队的研究目标和研究方向思考不深入,协调性差,这样的团队很容易成为一个名存实亡的临时性队伍。

　　就教学研究型大学组建科技创新团队而言,至少应坚持以下两个主导方向:一是注重行业特色和地方特色,结合自身实际,有重点、有选择地发展,集中力量在某些重要工作、研究领域,重点学科专业取得突破,形成特色和优势,从而推动学校整体科研和教学水平的提升。要积极参与行业创新体系建设,联系企业面临的难点和瓶颈问题开展科技攻关,推动科技成果转化。要以地方经济社会发展为导向,发挥团队优势解决现实难题。二是要以培养和促进青年科研人员成长为目标,以老带新,逐步教给青年科研人员正确的科研方法,提高他们的研究能力和研究意识,使他们快速成长起来。

(二)科研环境

科研环境是高校科研创新的基础,他包括物质条件和研究氛围两个方面。物质条件是科技创新的基本保障。组建高校科技创新团队需要的物质条件主要包括充足的经费、仪器设备、实验场所等。教学研究型大学不具有研究型大学的整体办学优势和全方位发展的实力,更应该根据社会发展的需要,结合自己的实际,将有限的物质条件投入到特色鲜明、相对知名的学科领域,重点扶持,集中力量有所突破。

营造良好的研究氛围,则要注重加强团队文化建设。团队成员是团队发展的基石,要在科技创新团队中构建和谐的团队文化,加强团队负责人与团队成员以及团队成员之间的相互沟通,增强团队凝聚力。要有意识地培养团队成员的创新能力,鼓励他们积极提出和交流学术新意,营造自由探讨学术的氛围,建立崇尚科学、开拓创新的团队文化。

(三)团队结构

任何一个科技创新团队都是由各种知识层次结构的科技人才组成的,应该是一个学历、专业、规模、年龄、职称等结构合理的学术梯队。优秀的创新团队必然有一个核心突出,层次清晰,衔接紧密的组织架构。团队成员选择的适当与否,将直接影响到团队作用的发挥,只有建立一个合理的团队架构,才能够产生积极的协同作用,从而使团队的整体绩效水平大于个体成员绩效的总合。

团队架构中,团队领导人的选择至关重要。路甬祥在《谈高校学科建设的内部组织与实施》一文中专门讲到了学科内的梯队结构与人事结构问题,认为学科带头人很重要,并对学科带头人的挑选问题专门提出了几点看法。对于高校科技创新团队,也面临着团队领导人选拔的问题。首先,团队领导人应该有前瞻性,能够准确把握好学科方向,保证研究领域处于学科发展的最前沿。其次,团队领导人作为一个团队的负责人,要有足够的组织协调能力,搭建一个年龄协调搭配、专业知识优势互补、内部凝聚力强的科研梯队。第三,作为优秀团队领导人,还必须具有广阔的胸怀和气魄,能够将团队成员的智慧聚集在一起,带领团队进行科技创新。在团队领导的选拔问题上,路甬祥提出要将"钓鱼"和"养鱼"相结合,在立足于学校自身培养的基础上,适时引进国内外人才。

(四)激励机制

激励机制是科研创新的外部动力,是促进团队可持续发展的必要手段。一个有效的激励机制必须建立起一套科学的评价体系。现有的评价体系过多地强调课题、项目负责人、论文第一作者,很难合理体现团队成员的工作价值,势必造成部分团队成员为了维护自己业绩,不愿意与别人分享研究体会,不愿意当配角或打下手。针对科技创新团队,其评价激励机制不仅仅要对团队成员进行评价,更要注重在团队层面上的考核和激励。

人才培养始终是高校的中心任务,作为教学研究型大学,在对科技创新团队进行科研论文、项目、课题考核的同时,不能忽视人才培养质量的考核,应将此纳入评价体系,建立一套促进教学和科研有机结合和统一的科学的激励机制,从而推动学校教学和科研水平的整体提升。

参考文献

[1] 求是与创新:路甬祥教育文集[M].杭州:浙江大学出版社,2012,P264.

[2] 周洪利,李建航,蔡媛莉.高校科技创新团队组建的要素分析[J].高校教育管理,2008,(2):61-68.

[3] 刘立明,黄应平,张丽萍,罗光富.构建教学研究型高校科技创新团队的思考[J].理工高教研究,2010,(1):20-22.

[4] 辛琳琳.高校创新型科研团队的组织行为模式研究[J].教育科学,2011,(1):51-54.

[5] 王伟.论高校科技创新团队的组成模式及核心要素[J].黑龙江高教研究,2011,(4):83-85.

作者信息

孙安宁:女,中国计量学院档案馆,副研究员。

高校青年教师培养策略的些许思考

朱 薇

[摘 要]高校教师承载着教书育人的重任,而作为高校教师的生力军——青年教师,肩上的责任更重大,加强高校教师队伍建设,尤其是对高校青年教师的培养,是各高校师资队伍建设的重点,是办好学校、培养社会主义合格建设人才的重要保证。

[关键词]高校 青年教师 培养策略 思考

"教育是面向未来的事业。今天的教育担负着培养和造就一代跨世纪建设人才的责任。教育工作的好坏,教师质量的高低,直接关系到培养人才的素质,关系到社会主义祖国和民族的未来。"(引自《求是与创新:路甬祥教育文集》)从这段话中可以看到教育工作的重要性、教师队伍的重要性,如何加强教师队伍建设,尤其是占越来越大比重的青年教师的培养工作,是值得探究和思考的。路甬祥校长在文集中就明确提出:必须把青年教师的培养教育工作作为建设合格教师队伍的战略重点来抓。

早在 2004 年,教育部对全国高校教师作过一次调查统计,结果显示当时的全国高校青年教师的数量已经超过高校教师总人数的三分之二,随着时间的推移,青年教师的比例逐年增大,因此关注青年教师成长、加强青年教师培养和研究青年教师的培养策略,是建设一支高素质教师队伍的关键。

要研究青年教师的培养策略,首先要分析其自身特点,探究青年教师的一般成长规律,寻找最为有效的培养途径,最大限度地发挥青年教师的主观能动性,更好地服务高校的教学科研任务。

一、青年教师的现状及特点

1. 职业状况

初上教学工作岗位,绝大多数的青年教师都没有受过系统的教学训练,教学方法和经验都很欠缺,由此就会相对缺失教师使命感和光荣感,他们正处于所谓的由职业新人向成熟教师过渡的特殊时期。同样的,科研工作经验也相对欠缺,主持和真正意义上参与重大课题研究的机会都会很少,其自身更不会形成相对稳定的研究方向,由此带来的后果就是科研建树不高,易被忽视。而在个人的生活及家庭等方面,也恰好是刚起步的阶段,生活对工作有较多干扰,不易全身心投入到新的工作重去。

2. 自身特点

(1)优势与身心特点

70、80后的教师队伍大军是高校的中坚力量,他们是伴随着中国改革开放成长的一代,思想开放,思维活跃;学历层次高,参与意识强,有强烈的实现自我价值的渴望;创新能力强,擅长使用现代科学、信息手段;同时,年轻气盛,心思多变,容易受各种思潮的影响,思想波动较大。

(2)教学方面存在不足

目前各高校的青年教师大多是从大学、硕士、博士甚至博士后,一直不间断地学习,到走上工作岗位都在30岁上下。虽然他们都拥有着高学历学位,但实际上学术积累、工作经验都还很不足,他们一旦参加工作,直接登上讲台,迅速实现学生到教师的身份转变,这样的节奏其实很多青年教师并不适应。他们授课技能相当欠缺,若再加上繁重的科研任务,老教师指导帮助又不得力的情况下,他们更是难以提升教学技能。

(3)现实生活的干扰

高校改革的目的之一就是希望建立起一种能够激励青年教师奋斗的机制,然而,青年教师参加工作时间短、超负荷上岗、职称低、工资收入也较低,面临着住房、组建家庭、照顾孩子、赡养老人等实际生活困难,对于生活磨炼还不多的青年教师,在不同程度上影响着他们的工作、学习与身心。由于学校与社会的联系日益密切,社会大环境的影响,也使部分青年教师缺乏严谨治学的态度,心态浮躁,急功近利,教学上敷衍了事,科研成果也经不起推敲。

二、青年教师培养策略的思考和建议

通过对青年教师现状的分析,如何针对青年教师的特点制订出更适合他们的培养方法,使其尽快提高自身素质,提高育人质量,完善自我发展,成为摆在我们面前迫切需要解决的问题。现提出一些青年教师的培养思路和方法:

1. 加强青年教师师德建设,完善师德规范,提高师德水平

大学生这个群体有别于其他群体,处于学校与社会的交界点,其思想素质和道德品质、行为习惯的培养,和青年教师自身的人生观、价值观、品德情操及个性魅力息息相关,崇高的师德和有魅力的人格能让学生受益匪浅。路甬祥校长在文集中指出:要有计划、有系统地组织广大教师读一些马列著作,并把理论学习作为提高教师思想政治素质的一门必修课,从而增强青年教师的使命感、责任感。要开展不同形式的提高师德和展示师德的活动或比赛,让青年教师充分了解师德的重要性,要带着健康向上的职业道德观,本着教书育人的从业思想,真正做到爱学生、为人师表、严谨治学、勇于探索、诲人不倦、求真务实,以高尚的情操引导大学生德、智、体、美全面发展。

2. 提升青年教师教学能力水平,打造教书育人良好氛围

路甬祥校长在文集中提到:青年教师基础理论扎实、外语水平高、学术思想活跃、勇于开拓创新,是教师队伍中的一支生力军,是学校未来发展和教育振兴的希望所在。正因为具有这些特点,他们往往容易成为大学生效仿的对象,学生易受青年教师影响,青年教师教学水平能力提高了,整个大学教育教学质量才能真正提升。要从提升青年教师的整体素质、培养青年教师的创新精神、提高青年教师的教学质量等方面入手,要懂管理,重关心,多引导,探索和优化培育方式和机制,最终达到一种培养和育人共发展的良好态势。

（1）抓好岗前培训

岗前培训有其自身的作用，可以把高等教育教学的基本理论和基本方法系统全面地灌输给青年教师，经过岗前培训，青年教师就可以比较直观地知道身为一个高校教师有何要求，如何去掌握高校的教学规律，如何能让自己在今后的教学工作中取得不错成绩。岗前培训的内容也应科学规划，除基础理论方面，还应把学校有关的规章制度等内容融入其中。

（2）实施导师制度

导师是青年教师的良师益友，让具有丰富教学经验的优秀老教师在日常教学工作中对青年教师进行实践指导，既能充分发挥老教师的"传、帮、带"作用，又能让青年教师少走弯路，实实在在地解决实际问题，提高教学能力。

实行导师制，告知导师本期的任务和目标，明晰导师的责、权、利。具体实施环节，要有科学的考核体系，有易操作的量化指标，依据完成情况进行合理奖惩。充分发挥退休老教师的督导作用，也是提升青年教师教学能力的一个有效途径，可以组织老教师听课，开展教学分析评价，切实提出有利于青年教师提升教学能力和水平的意见和建议。

（3）延缓登台时间

新进的青年教师第一年不直接上讲台，而是根据今后的教学计划安排，全程向经验丰富的老师听课学习，同步进行自己的备课，为第二年自己上讲台充分做好准备。如此安排，新的青年教师可以尽可能避免因经验不足产生的教学失误，从而保证教学质量，对学生负责。更为重要的是，如此操作能让新的青年教师工作有缓冲，弥补因未受师范系统教育带来的教学能力的不足。

（4）建班主任制度

实施青年教师班主任制度，并将其与职称评定、业绩考核挂钩，可以提高青年教师的教育能力素养、人际交往素质、改善班级管理。青年教师担任班主任以后，可以借助处理班级事务的手段，提高与学生交流、沟通的能力，扎实教学管理能力的基础，同时可以帮助青年教师了解和把握学生的思想状况和思维特点，在教学活动过程中可以有的放矢。

（5）扩大专业交流

加强青年教师间的交流，对促进教学、科研是很有帮助的。要鼓励青年教师相互听课，相互交流沟通和学习，发现存在的共性与个性问题，以这样的方式去弥补学校所提供的专业培训不足，促进青年教师快速成长。

要大力支持和选派青年教师到国内外进行学术交流、做访问学者等，对培训效果进行评估和跟踪反馈。同时也要强化校企结合，与社会接轨，路甬祥校长在其文集中提出：必须有计划地组织青年教师参加社会实践，这是提高他们思想政治和业务素质的重要环节和必由之路。通过这样的方式，使得青年教师的专业知识和技能能解决实际问题，具有实践意义。

3. 关心青年教师日常生活，加强对青年教师心理疏导

青年教师有其自身特点，高校要为这支生力军创造适合他们的文体活动，培育一种和谐共进的人文环境。可开展一些符合青年教师品味的主题活动，创造一些利于青年教师之间、与学生之间交流沟通的途径和平台，拉近相互之间的距离，使他们开心舒适地开展各项教学科研工作。

青年教师的心理和心情直接影响着他们的工作和生活，所以对他们的心理关注也不能轻视。可建立青年教师谈话制度，采取一对一、一对多等形式，给他们提供排解和排除不利

心理的出口,舒缓他们的不满情绪,为教师拥有健康的心理而积极努力。

4. 提升青年教师科研意识和水平,加强科研能力的培养

要从青年教师的思想意识入手,引导科研意识,强化使命感。要调整科研奖励激励制度,充分调动青年教师的科研积极性,激发他们的热情,为他们搭建平台,提供机会,推进青年的教师以"教"促"研"。

参考文献

[1] 求是与创新:路甬祥教育文集[M].杭州:浙江大学出版社,2012.

[2] 张淑贞.高校师资队伍建设的关键[J].中国高教研究.1992,(3).

[3] 王新.浅谈高校青年教师的培养[J].辽宁师专学报(社会科学版),2013,(2).

[4] 徐敏,李明.试论教师队伍的人本化管理[J].中国高校研究,2005,(10).

[5] 郝英杰.高校青年教师培养的创新要求及对策研究[J].鞍山师范学院学报,2013,(1).

作者信息

朱　薇:女,中国计量学院后勤服务中心副主任,经济师。

二级管理体制及党政办公室主任的角色定位

黄建湖

高校内部管理体制改革的热点之一便是校院二级管理体制的改革。我校自 2003 年开始便主动顺应社会改革和社会发展的需要,逐步建立和完善了校院两级管理体制。在此背景下,正确认识二级管理体制,明确党政办公室主任的角色定位,对于二级管理体制的健康有效运作和二级学院各项工作的顺利开展有着重要意义。路甬祥教育思想对我校深化改革起了指导性的作用,他指出,在充分发挥基层改革积极性的同时要逐步理顺管理体制,建立科学高效的管理运行机制,把工作重点真正转到管好规划和政策、教师和骨干队伍建设、质量保证和评估考核、审计监察等方面来,并为基层提供优质高效的生活和教学、科研后勤服务。

一、对我校二级管理体制的认识

我校现行的校院二级管理是一种不同于过去二级行政机构的新的管理模式,其实质是使学校原有的以职能部门为主体的管理模式转变为以二级学院管理为主体的管理模式,其根本目的在于使学校能够适应社会改革和发展形势的需要,确立、调整学校与二级学院及职能部门之间的责、权、利关系,使二级学院通过相对的自主办学,更好地促进学科的整合和发展,激活基层的办学活力,有效提高教学质量和办学效益。

我校二级管理体制的基本构成应该有以下几个方面:

一是权力下放。二级管理的关键就是要使办学自主权进一步下放,即改革高校内部管理层次权力分配结构。"学校机关必须分清责权,精简机构,精兵简政,严格定编考核,放权于基层,提高效益,更好地为教学科研服务,为学校'两个中心,一个根本'任务的完成尽职尽力。不要去管那些不应管也管不了的事,把工作重点真正转移到管好规划和政策、教师和骨干队伍建设、质量保证和评估考核、审计监察等方面上来,并为基层提供优质高效的生活和教学、科研后勤服务。"[1]使学院、教学部在教学、科研、学科建设、专业建设、师资队伍建设、学生管理等方面有较大程度的自主权。具体有以下权利:(1)决策权。这是指在学院教学、科研、学科建设、专业建设、师资配置、学生管理等方面有较大程度的决策权。(2)人事权。除学院党政领导班子成员和党政办公室主任纳入学校干部管理体系外,学院以下的系、所、学科带头人、实验室负责人等由学院为主选拔聘任。在学校总的编制原则下,由二级学院根据学科、专业建设的需要制订师资队伍建设规划,积极培养、引进人才以优化师资队伍结构。行政机构或学生工作辅导员也由学院定编设岗。(3)理财权。(4)学术权。机关职能部门的职责要从学校某一方面的代表者、执行者,转变为以调查为基础,提出建议为学校领导服务,铺路搭桥、排忧解难为学院服务,以及适当地对学院的某一工作进行监督和协调。

二是实施目标管理。目标管理包含两层含义:即学校对学院实施目标管理和学院自身的管理也应以目标管理为主。学校对学院的管理从过程管理转变为目标管理,即学校根据自身整体发展及学院的实际情况,在年初提出各学院每学年度及一个学期改革和发展、教学、学科建设、科研、思想政治工作、学生工作等方面所要实现的目标,并且把目标是否实现或超额实现目标作为最核心、甚至是唯一的标准。学院自身的管理,除少数如教学秩序事务必须进行过程管理外,绝大多数事务都要实施目标管理。实施目标管理,提供一个宽松、自由的环境,对于广大师生来说,比那种过死、过细、实质上有呆板、形式主义之嫌的管理,更能调动他们的积极性,更能发挥他们的聪明才智,使他们自觉履行自己的义务,承担起自己的责任,加倍努力去实现目标。

三是实行经济大包制。学校对学院、教学部实行经济大包制,即学校除提留一部分经费用于公共事业、职能部门及教辅单位的开支,以及根据学院、教学部目标完成情况用于奖惩的宏观调控外,将大部分经费按照各学院学生人数、教师职称及学历、教学工作量、学科、专业等指标体系划归学院或教学部,由二级学院在学校的宏观调控下自主支配。这种经济大包使学院或教学部在财务上具有独立的权力和大的空间,为学院在制定、实施各项政策,开展各项工作提供一个保障的平台,为学院或教学部成为相对独立的办学实体打下坚实的基础;同时也有助于学院开源节流,提高效益,改善教师待遇,促进资金使用更有效、更合理。

四是建立系列配套制度。学校要出台系列规章制度,特别是明确学院或教学部的职责、权限,尽可能、最大限度地确定学院或教学部所能决定的事项,以确保学院或教学部为中心的管理体制的运行。同时要有相应的宏观调控制度,尤其是政策导向,使学院或教学部不偏离学校的中心工作,学院或教学部工作的出发点、归宿以学校大局为重,以保证这一体制有序运行、健康发展。

二、二级管理体制下党政办公室主任的角色定位

党政办公室是承上启下、联系左右、协调内外、保证学院日常工作正常运作的枢纽和桥梁。因此,作为党政办公室的领头羊,在二级管理体制改革中准确定位,发挥作用,尤为重要。

要做一个称职的党政办公室主任,不同的专家提出了不同的观点:

1. 二、三、四、五旋律。二意:要正确领会上级和领导意图;随时掌握群众意见。三心:热心、诚心、细心。四种形象:"老好人"、智多星、老黄牛、铁栅栏。五种意识:增强服务意识,当好参谋和助手、增强效率意识,确保工作高效运转、增强整体意识,形成工作合力、增强"中心"工作意识,适应形势要求、增强进取意识,争创一流水平。

2. 九会、九有、六坚持、五勤快。"九会"是指会写作、会谈心、会协调、会请示、会汇报、会服务、会攻关、会操作微机。"九有"是指有较高的理论水平、有较强的政治素质、有良好的自身形象、有较严的自律意识、有乐于奉献意识、有洞察事物分析力、有高度的政治敏锐感、有善于解决问题的能力、有超前创新意识。"六坚持"是指要坚持党的基本路线、坚持"三个代表"重要思想、坚持解放思想、实事求是、坚持团结奋战、顾全大局、坚持为群众服务、坚持为基层服务。"五勤快"是指眼、脑、嘴、手、腿勤快。

3. 五要。要当好参谋、善出主意;要有较高的协调能力;要是非分明、敢于坚持原则;对待工作要热情似火;要有奉献意识、经得起考验。

个人认为二级管理体制下党政办公室主任角色定位应该是"五个到位":

(一)参谋到位

二级管理体制下,学院有了更多的自主权,学院领导除了处理具体事务外,将更多的精力集中在对学院教学、学科、专业、师资队伍建设的宏观把握上,即将更多的精力集中在决策上。在此背景下,学院党政办公室主任能否当好参谋、为领导决策提供准确、可靠的信息和依据,并且在某些决策中为领导提供可供参考的点子或主意,是党政办公室发挥作用的关键所在,也是服务学院工作、学院领导的重要方式。

要当好参谋、善出主意,必然做到以下几点:(1)对职责范围内的工作要超前思考,为领导决策尽可能地提供具体的、切合实际的、成熟的参考。(2)领导决策作出后,应当根据具体情况作出具体的实施方案和可行的计划,并做好督促、落实、检查和反馈工作。(3)要做好调研和沟通工作,准确掌握学校各方面的政策和信息,及时掌握教师和学生中存在的思想问题及需要学院解决的问题,随时提供领导参考。(4)要努力了解领导、理解领导、适应领导,注意体察入微,见微知著,随时领会领导意图,努力保持与领导的"思维共振",努力使自己在知识、能力、思想等方面适应领导的工作需求。

任何事物都有度的问题,党政办公室主任在参谋的过程中要充分注意掌握分寸,把握好度。具体讲,一是要参谋到位不越位。党政办公室主任只能在领导的直接领导下,在一定权限范围内工作;只能帮助领导决策,而不能代替领导决策,"主""从"关系不能颠倒。二是理解不曲解。正确认识、准确把握领导的工作意图,想领导所想、供领导所需,不可只抓只言片语,断章取义,曲解领导意图,甚至给领导帮倒忙。三是参谋不掺和。党政办公室主任应以高度的责任感慎重地参与决策,绝不能因为领导信任就瞎掺和,乱搅和,影响领导决策。四是敢于参谋。这反映一个同志的政治素质。

(二)服务到位

要有正确的服务观点。服务是党政办公室的主要工作之一,服务包括为领导服务、为部门服务,为教师服务、为学生服务。因此党政办公室主任在开展工作过程中,要注意服务对象的多层次性和服务内容的多样性,坚持把服务作为工作的着力点,不断创新服务方式,提升服务水平,提高服务质量,以优质、高效的服务来赢得领导的信任、部门的理解、同事的支持、学生的欢迎。

要明确工作程序和工作规范。党政办公室经常面对的是繁杂的事务性工作。所谓"办公室工作无小事",对待事务性工作除了要求细心、热心外,还要有一套规范的工作程序和工作规范,来保证事务性工作的顺利完成。党政办公室主任作为部门的负责人,要根据学院的实际情况以及本部门的人员编制情况,在进行合理分工、明确责任的同时,负责起草制定一系列党政办公室的工作程序和工作规范。要讲究工作效率和工作方法。

(三)综合协调到位

要正确把握协调原则。综合协调是一项管理活动,内容庞杂,涉及面广(分工作协调和关系协调。工作协调包括公文协调、会议协调、事务协调、日常管理协调。关系协调包括横向关系协调、领导关系协调、内外关系协调、中心工作和其他工作协调），因此党政办公室主任要做好协调工作，必须把握好几个原则，争取综合协调到位：一是统一领导的原则。党政办公室主任开展协调工作是按照领导意图，在领导授权范围内进行的，一切活动都是为了确保领导顺利开展工作，确保学院决策、决定统一实施。党政办公室主任只有准确把握领导指示精神，牢固树立中心意识、核心意识和大局意识，才能有效地组织协调各级各部门同唱"中心曲"，演好"同台戏"，避免各自为政。二是公平公正原则。党政办公室主任在协调过程中，不以感情代替政策，不以好恶代替原则，公正，不偏不倚，做到有理、有据、有节。三是诚心服务原则。党政办公室主在协调过程中，要主动热情、不回避矛盾；平等待人、不居高临下、盛气凌人。四是可接受原则。协调者与协调对象只有相互尊重，才有利于缩短彼此的距离，才有利于沟通。

(四)落实工作到位

党政办公室主任是领导决策的参谋，也是领导决策的落实者，必然积极主动地对领导的决策、决定加以落实。

落实工作要注意抓几个点：一是重点。一般而言，领导决策或决定的重点，也是本部门的工作中心。抓住了重点也就抓住了参谋服务的主线，掌握了落实政策的主动；二是难点。办公室工作是否到位，很大程度上取决于在工作难点面前的态度。在困难面前，应当力担重任，为领导分忧解难，而不是只当二传手，把矛盾、问题、困难等全部传递给领导。当然排难离不开领导的支持，但支持不等于依靠；三是焦点。领导的决策、决定可能涉及权力、利益的调整和再分配。对此要敢于碰硬、不推脱、不绕道，按领导的意见办事，不当老好人。同时要做好思想工作，注重关系协调，使焦点降温平抑；四是白点。领导决策不可能顾及到学院工作的方方面面。对于领导决策没有涉及的方面、领域，应当充分发挥自己的主动性进行补遗。但一定要注意补遗的核心在于"补"，而不是"代"，并且事后一定要注意及时汇报。

(五)总结工作到位

党政办公室主任要善于总结工作，提炼经验，反思问题，为下一阶段的工作提供参考和依据。

总结工作要到位，应当注意三个方面：一要从全局定视角。只有从一盘棋的角度定视角去反思和看待自己的工作，才能真正发现有价值的经验。如果仅仅从局部利益出发，也许有的东西是经验，但这种经验若加以运用，很可能与全局工作产生矛盾，使自己良好的意愿和辛勤的努力产生负面结果；二要从事实出观点。总结工作要掌握大量生动翔实的材料，因此要用事实说话，增加经验的可信度。这样既有利于理论探讨，又有利于实践操作；三要就两面作体察。总结工作，既要总结成功的一面，也要敢于报忧，正视工作中的不足。实事求是地评价自己的工作，发扬成绩，弥补不足，是不断进取的前提。

参考文献

[1] 路甬祥.抓住机遇,更新观念[J].中国高等教育,1992,(7-8).

作者信息

黄建湖,男,中国计量学院理学院党总支副书记,讲师。

五、管理创新

GUANLICHUANGXIN

创新学校管理　提高办学水平

毕晓光

路甬祥副委员长结合浙江大学改革发展的实际,提出了求是创新的教育思想,实行了一整套改革创新的方法,为浙江大学的发展提供了强有力的理论支撑。尽管时代背景已经发生了很大的变化,然而今天学习《路甬祥教育文集》,仍然能够从中找到对我们深化教育改革,实现管理创新的思想理论支撑和实践路径的启迪。

三十五年来,尤其是进入新世纪的十多年来,中国计量学院在改革发展过程中积累了相当的动量,学校的总体形象得到明显的改善,领导班子坚强有力,学校已经实现了从千人大学向万人大学的转变,从单科性院校向多科性院校乃至综合性院校的转变,并正在实现从教学型大学向教学研究型大学转变。中国计量学院的总体办学实力和综合竞争力不断增强。

同时我们也应该看到,我们的任务更重、目标更高、竞争环境压力更大。

国家高等教育的发展、浙江经济社会的发展对高等教育的发展提供了良好的外部环境,高教园区的兴建为学校的发展搭建了更广阔的平台。但同时我们应该看到,我们周边的学校在突飞猛进地发展;高等教育投资体制的多元化将使更多的民间投资加入到高等教育中来;在倡导人的全面发展的大背景下,人才培养的目标更高;从学校内部的情况看,学校已经基本上完成了量的扩张,现在已经处在质的提升的关键时期。继续提高综合竞争力、实现新一轮跨越式发展是我校实现建设国内知名的教学研究型大学这个目标的根本。

从《路甬祥教育文集》的学习中,我有如下几点体会:

一、转变观念是提高竞争力、实现新一轮跨越式发展的先导

我们学校正在向新一轮跨越式发展的进程中迈进。保持积极的进取精神,树立追求卓越的理想,是实现新一轮跨越式发展首要的思想准备。

一要克服因循守旧、不思进取的经验主义思想。即使过去的成就是辉煌的,也不是我们今天不思进取的理由。横向比较中,他人的成功应该成为自己发展的动力,他人的缺点不应是自我满足的依据。要有大手笔和雄心壮志,敢为人先。我们要对得起"中国"这个庄严神圣的字眼。如果我们陶醉于绿树高楼而忘却进取,那就将失去我们难得的发展机遇。

二要树立忧患意识,直面竞争,积极参与高等学校之间的竞争,培养具有特色的、有竞争力的毕业生。

三要克服本位主义思想,树立全局观念,加强协调与沟通,一切从学校这个大局出发,追求整体利益,党政配合,建立合理的信息传递和处理机制,实现科学的组织和管理。

四要克服短期化行为,一切从长计议,树立战略意识,考虑长期利益。

五要树立以人为本思想。以学生为主体,以教师为主导,充分发挥学生的主动性,把促进学生成长成才,实现师生的可持续发展作为学校一切工作的出发点和落脚点;关心每个学生,促进每个学生主动地、生动活泼地发展;尊重教育规律和学生身心发展规律,为每个学生提供适合的教育,培养造就数以亿计的高素质劳动者、数以千万计的专门人才和一大批拔尖创新人才。

六要更新人才培养观念。坚持德育为先,坚持能力为重,坚持全面发展,牢固确立人才培养在学校工作中的中心地位,着力培养信念执著、品德优良、知识丰富、本领过硬的高素质专门人才和拔尖创新人才。

坚持育人为本、德育为先、能力为重、全面发展。一是要以学生为主体,以教师为主导,充分发挥学生的主动性;二是着力培养学生的学习能力、创新能力、实践能力;三是贯彻精细化、个性化的育人理念,完善培养计划,把全面发展和个性发展紧密结合起来。

树立可持续发展人才培养的教育理念,着力提高大学生可持续发展能力。一是夯实可持续发展人才的内涵结构:实现大学生知识、能力和素质的内在统一;二是强化可持续发展人才的基本要求:促进大学生多读,善思,会述,能行;三是坚持可持续发展人才培养的工作指针:开显智慧,敦厚品行。

积极发挥文化育人作用,推动校园文化建设。一是以实践育人为理念加强校园文化的顶层设计;二是凸显计量学院特色;三是进一步打造校园文化活动精品。

把传授知识和育人紧密结合起来,做学生健康成长的指导者和引路人。教师要进一步提升思想境界、道德境界、人格境界和学术境界,巩固和谐的人际关系,实现学院和师生的共同发展。

二、培育特色是提高竞争力、实现新一轮跨越式发展的途径

主动参与竞争,在竞争中求生存、谋发展,这是我们应采取的积极的态度。

可以从下面这些方面培育和挖掘特色:

一是硬件设施建设上反映特色。设计思想先进,以人为本,功能齐全配套,这是现代化大学外在的表现。整洁的校园环境、富有动感的建筑、先进的教学及实验设施,都会给人以美的感受。我校在新校区建设上是成功的。

二是校园文化上体现特色。具有深厚的文化底蕴,浓厚的学术氛围,宽松的人文环境,是现代化大学内在素质的外化,更是美好的学校形象不可或缺的要素。它既包含着历史的积淀,也反映着这个学校对现代先进思想的追求。尽管我们没有悠久的办学历史,但我们同样可以构建有中国计量学院特色的校园文化建设之路。当务之急,就是努力培育和弘扬计量文化。

三是教育理念和培养方案上的特色。我们要进一步在人才培养的各个环节贯彻和弘扬"三立"理念。

四是学科专业上的特色。我们在学科布局上,既要突出重点,又要协调发展。在工科领先学科已经实现突破的情况下,要思考如何促进文科等弱势学科发展,防止"跛脚效应"。

五是服务社会的能力和水平上的特色。服务社会是学校的基本任务之一。我校要加快融入浙江省地方经济社会建设的步伐,以特色争优势,增强社会服务能力。尤其是推进产学

研用结合，加快科技成果转化。要着力培养有影响力的杰出校友，争取更多的外部资源。

六是师资队伍上的特色。现代化大学一定要具有一支由高学历、高素质的人组成的数量充足、结构合理的教师队伍。只有这样，才能肩负起培养现代化建设所需的全面发展的合格人才的历史使命。

三、干部队伍建设是提高竞争力、实现新一轮跨越式发展的关键

高等学校干部队伍尤其是中层管理干部的基本素质和能力在相当大程度上决定着学校的状态和发展空间。高等学校之间的竞争，在相当大程度上是干部的竞争。我们干部队伍总体上是适应学校发展要求的，但为了实现新一轮跨越式发展，干部队伍整体素质必须进一步提高。

一是提高素质：提高政治素质、政治洞察力、心理素质、身体素质。

二是提高能力：提高协调能力、教学能力、科研能力、综合能力、社交能力、逻辑能力、写作能力、表达能力。

三是强化意识：增强竞争意识、服务意识（包括服务社会、服务群众）、创新意识、法律意识、大局意识、隐患意识。

四是转变方法：实现工作方式的转变、思维方式的转变，要具有放射型思维的能力。从目前情况看，最为迫切的任务是要使我们的干部能够从学校的长远发展上考虑问题和开展工作。

四、制度建设是提高竞争力、实现新一轮跨越式发展的保证

现代化大学必须注重制度建设，这里既要有改革的决心和勇气，又要有保持制度严肃性的坚定信念。学校的行政管理机关必须以提高效率为第一要务，努力改善服务态度和服务质量。

我们要克服陈旧的办学观念和狭隘的眼界，用先进的管理思想和管理手段加强内部管理，改善信息传递机制不完善而导致的信息缺失或失实状况，理顺校内各项关系，充分调动各方面的积极因素，同心同德，群策群力，提高竞争实力，为实现学校的发展目标做出自己的贡献。

跨越式发展过程是对原有的体制、模式考验的过程，是创造性思维的过程。改革管理制度、考评制度和监督制度。目前，要深入思考如何建立资源占用与业绩考核挂钩的制度，实现存量资源的有效利用。

五、提高人才培养质量是提高竞争力、实现新一轮跨越式发展的根本

全面贯彻党的教育方针，坚持教育为社会主义现代化建设服务，为人民服务，与生产劳动和社会实践相结合，培养德智体美全面发展的社会主义建设者和接班人。

把育人为本作为教育工作的根本要求。把提高质量作为教育改革发展的核心任务。树立科学的教育质量观,把促进人的全面发展、适应社会需要作为衡量教育质量的根本标准。树立以提高质量为核心的教育发展观,注重教育内涵发展,鼓励学校办出特色、办出水平,出名师,育英才。建立以提高教育质量为导向的管理制度和工作机制,把教育资源配置和学校工作重点集中到强化教学环节、提高教育质量上来。

切实提高人才培养质量。不仅仅要注重就业率,更要注重就业质量。在我们已经实现了就业率在省内领先的情况下,更要把注意力放在如何提高毕业生就业质量上来,放在提高大学生可持续发展能力的培养上来。

人的可持续发展所需要的能力的形成及发展,受人的内部和外部环境多种因素影响,是由社会大环境、社会小环境与个人的主观能动性相互作用的结果。在社会大环境相同的情况下,学校和大学生是制约和影响大学生可持续发展能力主要因素。

目前,在大学生可持续发展能力培养工作中存在的问题有:高校对大学生可持续发展能力的重视程度不够,学校的教育理念陈旧,以就业率作为衡量教育质量的主要标准,忽视了大学生的长远发展,教育的育人功能未充分发挥;教师的整体水平有待提高。教师是教育教学活动的主要实施者,教师的素质直接影响到教育的质量,但是现实情况是,不少教师自身的教学能力和道德素质水平不高,教学方式单一,教学内容更新速度慢,注重知识传授而未能将教书与育人有机结合;课程结构有待优化,专业课所占比例过高,跨学科跨专业课程较少,选课的自主性不够,课程考核内容和方式比较单一,限制了大学生发展的深度和广度;缺乏系统的学生发展指导,以就业为导向导致目前高校的指导类工作很大程度上都是以就业指导为主,而忽视了学业、心理、生活等方面的指导;党团组织的作用未充分发挥,党组织建设和党员培养工作有待深化;"专才"人才培养模式下,注重专业知识的传授,课堂教育是主要的人才培养途径,制约了学生的发展;校园文化未形成自己的特色和优势,校园文化活动多但层次不够高,缺乏有效的指导等等。为此,学校必须更新教育理念,加强教师队伍建设,深化课程改革,开展学生发展指导,强化党团组织培养,拓展人才培养体系。改革学生评价内容和方式,加强校园文化建设。

六、保持和谐稳定发展是提高竞争力、实现新一轮跨越式发展的基础

(一)树立良好的外部形象

一个学校的形象已经影响到这个学校能否在激烈的市场竞争中获得有利的地位并实现可持续发展。

一是加强对外宣传与交流。在信息化时代,高等学校要不断地输出信息,以获得社会的了解与支持。宣传学校、扩大学校的影响和知名度,是学校管理工作的重要任务之一。学校要设置新闻中心,统一宣传口径,统一发布信息。与各传媒单位建立良好的关系,并利用自己的报纸、网站、杂志等媒体宣传学校。

二是做好危机公关工作。高校重大突发事件作为危机的一种,因为其发生环境的特殊性以及发生事件主客体的指向性,有着较为复杂的一面,具有突发性、破坏性、社会性、不确

定性的特点。外部环境做得好坏与否,关系到一所高校的声誉甚至存亡。高校重大突发事件中,信息传达不畅、沟通不力是突发事件产生、发展的一个重要因素。同样,向全校师生提供真实、可靠、及时的公共信息也是各高校的责任。要用正确有效的信息不断地去刷新、覆盖错误的不良的信息。在这一点上,学校媒体有责任承担起澄清流言、稳定民心的重任。广播、报纸、网络 BBS、电视台等高校媒体资源应优化整合,为同学提供透明完整的信息。

(二)全力维护校园稳定

一是思想上高度重视,要把维护学校稳定当作头等大事来抓,一定要有强烈的政治意识、大局意识、责任意识,做好充分的思想准备和工作准备,充分认识安全是学校稳定发展的第一要素。

二是加强情况信息的收集掌握,分析研判工作,把维稳工作落到实处。建立健全各种信息渠道,对学生的思想动态和各种活动要有政治敏锐性,要始终关心学生在"想什么,干什么",积极引导和加强教育,保证不出事,少出事,不出大事。

三是深刻认识学习实践科学发展观的指导思想和科学内涵,始终把师生的利益放在第一位,要积极解决涉及师生切身利益的实际问题,关心学生的生活和毕业就业工作,不断优化后勤服务,提高服务质量和服务水平,尽可能地避免一些矛盾纠纷,妥善化解可能影响学校稳定的矛盾和问题。

四是要切实防范多发性、侵财型犯罪,保证校园正常的治安秩序,加强流动人口管理,维护内部的治安秩序,加强门卫管理,加强暑期值班巡查工作,加强内部以防火、防盗、防台、防灾等意外事故为重点的安全防范工作,提升师生员工的安全感。

五是要十分关注日益严重的大学生心理健康问题,加强心理危机干预,重视对学生家庭经济困难、学业困难、心理障碍等学生给予重点关怀,做到早发现、早帮助、早干预、早解决,要制定相应措施,超前做好防范工作,同时加强学生社会实践的安全教育和指导工作。

从二级学院的角度讲,要按照以队伍建设为核心,以提高办学质量和办学水平为关键,以提高师生可持续发展能力为目标,内聚精神,外树形象,提升境界,共谋和谐,促进学院科学和谐健康发展的工作思路,有序开展各项工作。同时,党政之间要切实做到相互尊重、相互沟通,加强合作,发挥各自的作用。形成对内统一思想、形成合力,对外争取资源、促进发展的良好局面。

要完善治理结构。党政负责,教授治学,民主管理。一是进一步完善党政联席会议制度,做到集体研究,统一决定;二是重视发挥教授委员会在学院办学中的作用;三是充分发挥教代会的作用,进一步扩大管理的民主范围;四是加强系所班子建设,着力提升班子的工作执行力和领导力。

要提升工作质量。一是从学院的规划目标、年度工作重点出发,突出重点,力争在重点工作上有突破性进展;二是着力提高质量,提升成果,建设团队,强化特色,增加效益,扩大声誉;三是以研究促工作,提高理论研究能力和行动研究能力;四是在保证就业率的前提下努力提高就业质量。

要加强党的建设。一是以统一思想为目标,加强理论学习;二是要进一步发挥党组织战斗力和党员先锋模范作用;三是要加强党支部建设;四是加强统一战线工作;五是加强党总支自身建设。

要巩固和谐关系。一是加强制度建设。发扬民主,公正、公平、公开办事,在学院内部营造人格上相互尊重,科研上相互激励,工作上相互欣赏和帮助,生活上相互关怀的和谐氛围;二是以提升境界为目标,加强师德师风教育;三是以增强凝聚力为目标,丰富文体活动。

作者信息

毕晓光:男,中国计量学院人文社科学院党总支书记,副教授。

学生民主管理意识的培养与实践

蒋玲玲

《国家中长期教育改革和发展规划纲要（2010—2020 年）》明确提出高等教育的发展任务是：全面提高高等教育质量，提高人才培养质量，提高科学研究水平，增强社会服务能力，优化结构办出特色。路甬祥校长指出："21 世纪的人才，不是做考试的机器，必须具备学习、创新和创造性应用的知识能力。"针对目前我国高等教育发展中面临的问题，规划纲要对于建设现代大学制度提出了三条：推进政校分开、管办分离；落实和扩大学校办学自主权；完善中国特色现代大学制度。中国特色现代大学制度包括两个层面：反映大学与政府以及大学与社会的关系，主要体现为大学的自主权问题；体现规范高校内部各种关系，表述为：党委领导、校长负责、教授治学、民主管理。民主管理是现代大学制度建设的重要内容，其建设核心是赋予学术委员会、教代会、学生会在学校管理中制定规则和资源分配的话语权。

如今，办学民主化已逐渐成为高校管理改革的一种趋势，作为高校管理一部分的学生工作管理理应顺应这一趋势，高校学生工作也应该在民主原则的指导下实行民主管理。大学生具有民主参与意识和民主参与能力，属于成熟度较高的类型，为民主管理提供了可能。平等型、双向交流式的科学的师生观也肯定了学生的主体地位，为学生工作实行民主管理创造了宽松的环境。二级学院学生人数相对较少，民主管理制度便于操作；同一个学院相近的专业类别、培养目标和培养模式使学生的需求和考虑问题的出发点相似，民主决策的过程中有利于达成统一与共识；学院管理者与学生直接接触和了解都比较多，便于民主管理实施的把握。

量新学院承担着实施精英教育，为学校培养优秀人才的目标和任务，让学生直接参与学院的民主管理、民主决策，也是培养富有创新精神和实践能力的优秀学生的重要内容。路甬祥校长说，教育要充分考虑学生的个性差异，因材施教，激发和培养学生的学习兴趣，发展其特长和专长。同时，量新学院学生人数相对较少，学生个人素质普遍较高，学生的主观能动性较强，便于学生民主管理的实施以及作用的发挥。

一、出台并实施学生会主席直选制度

为增强学生民主意识，提高学生参政议政能力，使全体学生都能积极、有效地参与学生会及其事务的民主决策、民主管理，使学生会工作能够更加公开透明地在全体同学的广泛监督下顺利开展，更好地发挥学生会"自我教育、自我管理、自我服务"的作用，经反复研究酝酿，量新学院决定对学生会主要干部的产生方式进行改革，学生会主席由直选方式产生。

在学院党总支和分团委的指导下全面启动直选工作。首先成立直选委员会，由上一届学生会执委与各班民主推选产生的委员组成,直选委员会主任为总负责人,下设监察组、宣传报道组、资格审查组、会务组等四个工作组,负责整个直选的组织、实施和监督工作。经过反复酝酿、讨论,并通过各位委员广泛征求同学意见,直选委员会制定了《量新学院学生会直选办法》,内容包括:直选执行机构(直选委员会)的性质、产生办法及职责;候选人、选民的条件、产生办法、权利与义务;选举规则;学生会执行委员会的产生办法;直选委员会对新一届学生会工作的监督等,在直选委员会第一次全体会议上,这一办法予以通过。发布征集候选人公告后,经自荐及民主推荐报名参选,经资格审查组审查,直选委员会第二次全体会议通过进入最后竞选的候选人。召开竞选大会,竞选环节中,每位候选人现场发表竞选演讲,回答同学现场提问,对竞选者的逻辑思维、语言表达、心理素质、工作积累、现场反应都是很大的考验,经过全体同学投票,直选产生学生会主席。随后,由主席提名,经直选委员会第三次全体会议通过学生会执委。

学生会是代表学生利益、维护同学权益的学生群众组织,学生会开展的工作直接反映学生的利益与需求,院级学生组织也承担了部分学院的学生管理引导教育工作。量新学院探索并实践学生会直选制度并非是为了民主而民主,为了创新而创新,而是在现有学生会的选拔和组织制度下,针对学生会工作及学生会骨干日渐行政化而脱离同学、学生支持度和满意度逐渐下降进而最终影响学生会作用的发挥等现状而尝试采取的措施。

研究和推进学生代表常任制度,完善民主管理决策机制。量新学院常任学生代表是由每一届学生会直选委员会行使完直选职能自然过渡而来,由各班民主推荐或选举的方式产生。在学院管理的过程中,定期召开常任学生代表会议。将学院与学生学习、生活相关的管理、执行办法和规章制度以及学生会工作计划在出台前均要通过学生代表在学生中征求意见,完善管理制度,最后召开常任学生代表会议,集中讨论有争议的问题,并将汇总结果进行表决,合理的意见和建议予以采纳,表决不通过的工作暂不推行,使全体学生对学院的学生工作都有一定的知情权、参与权和决策权。

二、学生会主席直选制度的优势和特点

(一)学生会主席由全体同学投票并过半数产生,由其组阁产生的整个学生会执行委员会更代表民意,威信和影响力更大,开展工作更易于获得同学的支持。学生会主席是整个学生会工作的管理者和协调者,学生会执委承担了大量工作的具体执行。以往学生会主席和学生会执委均由二级学院分团委进行公开招聘,最后由分团委书记直接确定产生,缺乏广大同学的认可和信任,而二级学院的学生会工作都是面向学院全体同学开展的,在开展工作的过程中相对会遇到更多的困难和阻力。

(二)工作计划更加符合并满足同学的需求。学生会工作的宗旨就是为同学服务,学生会成立后开展的工作计划都是通过各班的常任代表到各学生班级广泛地征求意见,再经会上不断讨论、完善,并召开全体会议通过后正式确立的,部分在会上未通过的工作计划被直接废除。工作计划不仅真实代表了同学的意愿,吸收了同学许多好的意见和建议也使之更加完善。

(三)引入了监督机制,为学生会持续稳定运行提供保障。直选结束后,直选委员会过渡为常任学生代表会议,行使监督和罢免的权力,定期对学生会工作进行考察、评议,将发现的

问题和不足提供给学生会,令其整改、完善,根据直选办法对不履行职责,对学生会工作不良影响较大的执委以上负责人给予免职。

(四)激发了广大同学参与学生会及其事务的热情。直选的方式产生学生会主席赋予了学院每位同学以参与权、表达权与决策权。竞选大会现场,学生自愿前往参加投票,参与率高。

三、实行学生民主管理的作用和意义

(一)增加学生对于自己相关事务的知情权、参与权、表达权、决策权,充分发挥学生的主观能动作用,增强了学生的民主意识、参与意识,锻炼学生参事、议事能力,有利于培养学生的创新精神和实践能力。

(二)更加完善学院的各项管理制度,增加学生对学院管理措施的认可度与支持度,使学生管理的各项决策更易于贯彻和执行,提高学院的管理能力。

(三)培养学生民主意识,营造民主氛围。我国的社会主义精神文明建设正在向民主、法治不断迈进,青年学生是未来社会发展的中坚力量,学生在大学里有机会亲自参与学院的民主化管理,对国家的民主建设将起到很大的促进和推动作用。

四、推行学生民主管理须把握的问题

教育界目前对学生民主的定义为:高校全体学生平等享有参与学校学生管理的各种机会和途径,他们对与学生有关的各项事务有发表意见和提出建议的自由,并可根据需要选择自己的代表或自己直接参与学生管理的全过程。它具有管理的全员性、全面性和全过程性特点。学生民主管理的"三全"特点要求我们遵循民主管理的三个基本要求,即平等性原则、意见自由表达原则和公开性原则。在二级学院学生民主管理的实际操作中,我们要注意:

(一)制定切实可行并行之有效的操作性强的实施办法,使学生民主管理不流于形式和表面,让每位学生真正参与到学院的管理决策中来。

(二)把握好民主管理的范围与度。民主管理无法解决所有的问题,民主管理主要是让学生充分地知情、参与,为决策提供意见和建议,而有些制度还是需要学院做好引导和解释工作,在保障学生充分知情的情况下来推行。

(三)加强宣传引导,使学生认同学院的培养目标、培养模式。学院的教学及学生管理都是围绕学院对学生的培养目标、培养模式及中心工作开展的。民主管理提高管理成本,影响管理效率的弊端主要是由于个体的需要和目的的差异引起的,因此使学生对学院、对学生的培养目标和培养模式产生认同并达成共识是提高民主效率和民主决策正确性的保障。

通过拓宽学生民主管理的渠道,完善现有的民主管理措施,形成长效机制,不断提高学生的民主管理意识和管理水平。

作者信息

蒋玲玲:女,中国计量学院量新学院党总支书记,副研究馆员。

"立德树人"理念下高校校风建设的思考

贾岳嵩

[摘　要] 加强校风建设是贯彻落实"立德树人"理念,实现高校办学目的的必然要求。在高等教育逐步向内涵式发展的过程中,校风建设显得尤为重要和紧迫。高校应认真研究校风建设所面临的形势和挑战,分析在校风建设过程中存在的薄弱环节,以教风建设为突破口,切实加强校风建设,营造风清气正的良好氛围。

[关键词] 立德树人　校风　建设　思考

校风是学校的风气,它包括学生的学风、教师的教风和管理服务人员的服务作风。它是学校的灵魂,是学校人格、精神、文化的集中表现和外在体现,是学校素质和品位的具体反映;它既是学校历史传统文化的积淀,又是学校未来发展的指向。校风影响着学校办学的方向和培养目标的实现,决定着学校的生存和发展。原中科院院长、两院院士路甬祥早在1988年所作的《全面推进和深化教育改革,增强学校主动适应现代化建设的动力和活力》报告中就曾提出,加强校风建设是深化教育改革的一个重要保证,要大力倡导和培育优良的校风,把校风建设提高到一个新的高度。因此,加强高校校风建设,事关培养什么样的人、怎样培养人,办什么样的大学、怎样办大学的根本问题。

一、加强校风建设的必要性

十八大报告提出要"立德树人",这是对教育战线提出的重大命题,应该说抓住了教育的本质要求,明确了教育的根本使命,进一步丰富了人才培养的深刻内涵。"立德树人"理念的确立,为广大教育工作者提出了更高的要求,在教育教学实践中必须坚持德育为先,必须着眼促进学生全面发展,必须坚持培育学生健全人格,而这一切的实施都离不开校风建设,加强校风建设是贯彻落实"立德树人"理念,实现高校办学目的的必然要求。

1. 校风建设是人才培养的内在需要

教育的本质就在于"文化育人",即将人类社会的物质文明、精神文明成果,通过显性与隐性的教育途径,再通过师生的积淀、内化,作用于其身体、生理、心理和精神的各个层面,使其获得未来成长和发展以及推动社会进步所需要的素养。而文化育人的关键则在于学校在长期办学过程中形成的相对稳定的整体精神风貌。

这种精神气质形成后又会对一个学校的办学行为在较长的时间内产生广泛、持久而深刻的影响。优良的校风对培养德智体美全面发展的社会主义建设者和接班人起着重要的促进作用。

2. 校风建设是助推师生发展的内在需要

学校在长期的办学实践中,经过自身努力、外部影响、历史积淀而逐步形成自身的品质特征,这种品质特征主要凝聚在学校所拥有的理念、制度、管理、行为、教风、学风等深厚底蕴之中,能够促进一种良好的教育氛围和综合力量的形成。优良的校风能够为学校和个人提供可持续发展的原动力和支持力,对师生员工的情感、兴趣、思想、性格、品质、意志、审美等起着良好的陶冶作用;对增强学校的凝聚力、向心力,促进师生员工的团结有着重要的推动作用;对学生勤奋学习、教师尚德乐业、管理服务人员勤政廉政有着重要的激励作用。

3. 校风建设是践行社会主义核心价值观的内在需要

社会主义核心价值体系具有先进性,能够且必须以其引领学校风气。社会主义核心价值体系是校风建设的根基和主干,对校风建设有很强的指导性。它包括知行统一、爱国情怀、社会良知、求真、审美、向善、励志、笃行等社会公共精神和个体内心修养。将社会主义核心价值观念融合到校风建设之中,并具体体现为校园文化的存在样式,培养师生坚定正确的政治方向、独立自强的人格品质和优雅上进的精神风貌,在强化意识形态工作重要地位的今天,显得尤为重要而紧迫。

二、校风建设面临的形势和挑战

由于历史与现实、主观与客观、外部与内部等多种复杂因素的综合作用,校风建设正面临着日益严峻的挑战,成为影响和制约高校人才培养、科学研究、社会服务、文化传承与创新等功能充分发挥的,急需加以解决的现实问题。

1. 意识形态领域的斗争日趋复杂

面对经济社会转型和改革攻坚中出现的矛盾和问题,各种社会思潮竞相发声,思想理论问题与现实问题相互联系,一般认识问题与政治原则问题相互交织。尤其是一些错误思潮和主张必须引起高度警惕,少数别有用心的人宣扬西方宪政民主、普世价值、公民社会、新自由主义和历史虚无主义,对这些错误思潮和主张,一定要树立政治意识、政权意识和阵地意识。

2. 校风建设的内容更趋多样化

校风由学风、教风和服务作风三者组成。学风建设是核心,教风建设是根本,服务作风建设是保障。校风建设的内容具体包括治学态度、求学表现、师德师风、敬业精神、学术修养、教学水平、工作态度、工作水平、工作效率以及劳动纪律等,这些内容都需要大量卓有成效的主题实践活动来承载,否则容易落不到实处。

3. 学生的价值观念更趋多元化

目前,我国文化环境呈现出多元并存、自由发展的显著特征。大学是知识传播和文化传承的高地,避免不了出现多元文化和价值观交锋的局面。文化多元化给大学生提供了价值多样性选择的空间,也让大学生感到迷茫和困惑。当代大学生主流价值观是积极的、健康的、向上的,但也存在着个人主义、拜金主义、实用主义等错误的价值观念。在多元文化背景下,切实加强学风建设,加强大学生价值观教育,对于巩固青年价值观教育的主阵地和社会主义和谐社会的构建具有非常重要的意义和价值。

4. 网络时代的来临对学生的影响深远

伴随着互联网技术的普及和发展,上网已渐渐成为人们尤其是广大青年人的一种生活方式。看新闻、聊天、交友、打游戏、查阅学习资料,是青年网民上网的主要内容。从现在互联网上的内容来看,尽管主流是好的,但是负面的消息报道时常出现,网络暴力随处可见,谣言随意传播,低级淫秽的内容无法有效遏制。青年学生的人生观、世界观和价值观未完全定型,容易受到不良思想的侵袭,尤其是那些意志力薄弱,不注重自我修养的青年学生,更容易受到蛊惑,遭到网络的绑架,彻底地迷失自我。

三、校风建设的薄弱环节

在新的发展形势下,我们也应当清醒地看到,当前,校风建设还存在着一些薄弱环节。一是认识不到位。未能统一思想,尚未真正达成共识和充分认识开展校风建设的重大意义。有些人片面地认为校风建设是党务部门的事情,不能自觉地投入和参与校风建设;二是学校领导对校风建设重视程度不够,投入不到位。校风抓得好不好,关键在领导。学校一定要明确领导机构和工作机构,坚持主要领导亲自抓,分管领导具体抓,上下协调共同抓,一级抓一级,层层抓落实。三是工作措施不到位。在工作中出现了有措施、没落实,有部署、没检查的情况,存在抓而不紧、抓而不实、抓而不细的问题。各种规章制度和活动方案仅仅是写在纸上,挂在墙上,活动流于形式,达不到应有的效果,校风建设没有载体,没有抓手,搞的时候轰轰烈烈,过去之后悄无声息。四是思路僵化,创新不足。未能充分发挥教师和学生的主观能动性,校风建设工作抓不住重点,习惯于按照固有经验开展工作,工作方法、手段、途径单一,缺乏延续性和创新性。五是制度不健全,管理不严格。未能建立健全必要的规章制度,没有规范的制度和严格的纪律。在制定政策的时候,未充分考虑到学风建设,宣传贯彻教育部和省委教育工委的有关规定力度较弱,校风教风和学风建设规范化、科学化不足。

党和政府、社会各界、学生家长、师生员工迫切要求加强校风建设。对此,我们应当引起高度重视,增强责任意识,不断加强校风建设、创新校风建设、抓实校风建设。

四、切实加强校风建设,营造风清气正的良好氛围

校风具有导向、陶冶、规范、凝聚、激励、发展等功能和作用。学校校风是一种巨大的无声力量,是优秀的隐性教育课程,师生正是在优良校风的熏陶中形成自己的价值观念,形成自己内在的良好素质,形成自己的科学精神和人文精神,以及高尚的道德情操。因此,如何将学校的文化碎片上升为校风建设的整体并积淀成为文化底蕴,是学校走特色办学之路、全力打造学校品牌形象的关键。

(一)以教风建设为突破口

学校要发展,教师是根本。"建设优良的校风包含着确立一种好的教风。好的学风来自好的教风。广大教师必须为人师表,教书育人。要充分发挥教师在教学改革中的主导作用,在对学生传授知识、培养智能和思想品德教育的过程中,用自己严谨踏实的治学态度,高尚

文明的道德品质,一丝不苟的工作作风,对科学真理不断追求的热情和不懈的精神对学生言传身教"。诚如路甬祥院士所言,提高教师的综合素养是学校可持续发展的根本所在。教师的学识水平、文化修养、人格魅力和精神风貌是校风建设的重要组成部分,对学生知识接受、素质的培养,乃至价值观形成起着主导作用,同时他们又是相对稳定的校园主体。因此,校风只有在教师言传身教的感召下才能引起学生心灵深处的共鸣,能够深深注入学生的性格之中。抓好教风建设,要围绕提高教学质量狠抓师德建设,注重师德制度建设,把师德建设纳入学校教育教学工作总体规划和日常管理中;要围绕提高教学质量突出严谨治学,进一步提高教师的业务能力,不断改进教学内容、教学方法和教学手段;

要围绕提高教学质量严格教学管理,进一步规范教师的教学行为,严格执行已经出台的教学管理规章制度,切实加强教学工作的管理和监督。要围绕提高教学质量建立激励机制,进一步调动教师争先创优的积极性,建立健全教学工作考核、评价、监督制度,把教风建设与教师的聘任、考核、评价结合起来,把师德师风和教学工作业绩作为教师评聘职务、各类晋升、评审、选拔选优的必要条件,充分发挥制度的激励引导作用。

(二)积极发挥学生在校风建设中的重要作用

学生是学校教育的主体,任何一种学校精神文化产品的传授、改造或创造,都离不开主体作用的发挥。校风建设是否有成效,不仅要看它对学生的影响程度,更要看学生参与建设的程度。因此,校风建设要充分发挥学生的主体能动性,激发学生的参与热情与创造潜能。要以思想教育为先导,以课堂教学主渠道为基础,以考风建设为重点,抓好学风建设。要帮助学生树立明确的学习目标,强化学生的自主学习能力,开展学习方法、学习经验交流活动,开展各种学习竞赛活动,开展典型示范教育活动,以有效扎实的学习教育活动促进优良学风建设;要坚持教育与管理并重,引导学生自觉遵守校纪校规,养成讲文明、守纪律、爱学习、求上进等好习惯,坚决制止学生中存在的不良习气,及时严肃处理违反校纪校规的行为。同时,要强化对学生的服务,帮助学生解决学习、思想和生活中的困难和问题,为他们更好地学习、更健康地成长成才创造条件。社会实践是进行思想道德品质的生动课堂,是对课堂教育的补充和深化,是由知到行的必经途径。实践证明,只有组织学生深入社会、了解社会,接受实践的锻炼和考验,才能提升学生的思想境界。要把大学生的社会实践活动作为一门课程纳入教学计划,建立评价体系,并按学分进行考核。在活动形式上,要抓好军训、专业实习、暑期社会实践、课外科技活动、志愿服务等,并使之规范化、制度化、经常化,通过实践活动来培养学生良好的思想道德品质。

(三)要充分发挥学校管理者的关键作用

大量事实证明,培养良好的校风和学校精神,领导是关键。学校管理者是学校校风建设的设计者和推动者,因此,学校管理者应当以自身的良好形象和人格魅力引导和开展校风建设,把握校风建设的途径和方法,使广大师生普遍具有较强的爱国主义精神和社会责任感,为推进校风建设打下坚实基础。机关工作作风建设既是校风建设的一项重要内容,同时又是推进校风建设的前提和保证。机关上下,都要适应新形势、新任务的要求,进一步转变工作作风,提高管理水平和为教育教学服务的能力。牢固树立管理就是服务的理念,围绕育人中心,围绕提升服务水平规范管理行为,改进服务方式。要从每一个管理层次、从每一个服务主体、从每一件细微之事抓起,落实为师生服务、为教学科研服务、为基层服务的各项任务;要围绕提升服务水平创新管理模式,提高管理效能。规范和理顺各部门工作职能,明确办事流程和办理时限,实施首问负责制、限时办结制等管理工作制度;机关党员干部要主动深入基层,增强为教学、为师生主动服务的意识,及时帮助师生解决工作、学习、生活中的困难和问题,不断坚持和完善校领导和机关干部联系二级学院制度。此外,还要围绕提升服务水平开拓创新、积极进取,进一步解放思想。在加快学校建设发展的关键时刻,更需要我们以解放思想为动力推进作风建设,进一步破除因循守旧、不思进取的旧思想、旧习惯,牢固树立抢抓机遇、加快发展的观念,为实现学校新一轮快速发展而不懈努力。

(四)要牢牢抓住"五大前沿阵地"

在深入推进校风建设中,要围绕"立德树人"的目标加强学生思想教育,牢牢抓住校园、教研室、教室(课堂)、食堂和寝室这五大阵地中所反映出来的风气,突出各自的工作重点,扎扎实实地开展多种形式的教育实践活动。要采取各种措施,促使校园秩序进一步稳定,校园环境更加整洁、优雅,全体师生员工举止更加文明,科技文化活动更加活跃,尊重、责任、合作的校园精神深入人心;教研室是直接进行教学、科研、师资培养的基层组织,教研室活动是提高教学手段、教育理念和教学质量的有效载体,应该在办公室内营造一种经常进行教学研讨的氛围,但也不能把教研活动简单看成是对教学方式方法的研究,要以科研的眼光洞察教育教学,以先进的理论指导实践,教研活动应该系列化,鼓励教师在教育论坛上发帖、研讨,与大师对话,真正实现网络教育资源共享;在课堂上要严格按照"学术研究无禁区,课堂讲授有纪律"的要求,对教师所讲的内容进行规范管理。要提醒教师注重仪态仪表,注重与学生的互动交流,教师要加强对课堂纪律的管理;要加强食堂的设施建设,改善卫生状况及服务意识。创造文明就餐、文明服务、互谦互让、相互沟通、相互谅解的和谐就餐气氛和育人环境;在文明寝室建设方面要建立健全文明寝室建设长效化工作机制,深入推进"我作主、我来建、我快乐、我成长"学生社区建设理念,着力营造积极向上的寝室文化氛围,注重培养大学生良好的网络素养,齐抓共管,建立健全文明寝室建设工作体系。

(五)坚持教育引导与严格管理并举的校风建设思路

路甬祥院士在《求是与创新》文集中的综合改革篇多次提到要以提高教育质量和科技水平为中心,以培养"四有"人才为根本任务,形成"提高思想认识和政策、规范引导、法制约束和严格的校纪管理相结合"的新格局。他的观点指出了校风建设的新思路。我们要将教育引导与严格管理作为校风建设的两个努力方向,加强正面宣传和教育引导,增强校风建设的亲和力和实效性。校风建设关键是要打动师生、感召师生、引导师生,着力构建全体师生共同享有、维护和发展的精神家园,使"学为人师、行为世范"的理念成为广大教师的自觉行动,使校风建设与大学生思想政治教育和素质教育广泛结合起来。政策、规范引导、法制约束和严格的校纪管理,就是要加强制度建设和监督管理,要坚持以教师职业道德和师生学术道德建设为重点,努力建立和完善有章可循、有章必循、执法必严、违法必究的制度体系和管理措施,切实提高依靠制度管人、管事的水平。制定和完善《教师职业道德规范》等规章制度,把师德建设作为一项重要指标,严格执行师德一票否决制。发挥校学术委员会的作用,加强学术道德制度建设与督查,引导师生做到学术自律、恪守学术道德、遵守学术规范。进一步规范科研经费使用,巩固和深化科研经费信息公开工作的监督检查。要切实加强法制教育,创建良好的法制环境,提高师生员工的法律素养。

优良校风的熏陶对合格人才的培养具有潜移默化的重要作用。浙江大学在 100 多年的办学过程中,形成了"求是"的优良校风,启迪和培养了一批又一批优秀人才。今天又提出了"实事求是、严谨踏实、奋发进取、开拓创新"校风建设的新目标,大力倡导和培育优良的校风。我们应切实加强对路甬祥院士关于校风建设的教育思想的研究,探索有效途径,对校风建设进行谋划和策划,着力建立健全校风建设的科学机制,以主题鲜明、特色明显的校园文化活动为依托,营造有利于校风建设的良好校园文化环境。要常抓不懈地进行校风教育,切实加强宣传工作,主动整合社会各方面的资源,主动争取学生家长的配合,共同营造良好的育人环境。

参考文献

[1] 求是与创新:路甬祥教育文集[M].杭州:浙江大学出版社,2012.

[2] 杨河.加强校风建设 营造风清气正的校园氛围[J].求是,2009,(8).

[3] 中共云南省委高校工委.云南省教育厅关于加强高等学校校风建设的意见,2008,(4).

作者信息

贾岳嵩,中国计量学院党委宣传部副部长。

关于独立学院考试作弊现象的调查与对策思考

黄 燕

大学学风是大学治校、教师治学和学生求学做人的风气。一定程度上,考风反映着一所高校办学思想、人才培养质量和管理水平,它是校风、学风的重要组成部分。在独立学院迅速发展过程中,近年来大学生考试作弊现象日益普遍,已经成为高校一个十分严重的问题,向高校的学风建设提出了前所未有的挑战,值得我们深思。路甬祥校长也强调要把科学道德和学风建设纳入作风建设之中。

一、大学生考试作弊现象调查

笔者以在杭独立学院为例,以无记名问卷调查的方式,主要对象是大二和大三的学生,对考试作弊现象进行了调研。本次调查共发放问卷 373 份,其中有效问卷 347 份,无效问卷 26 份,有效率约为 93%。其中男生 208 人占 59.94%,女生 139 人占 40.06%,男生人数多于女生。工科占 71.18%,文科占 28.82%。鉴于数据客观性,选取了成绩处于中上等位置的大多数同学作为调查对象。

表1 您在大学学习期间有过作弊的行为吗?(单选)

	百分比
经常会有(三次以上)	8.9
偶尔会有	48.7
从来没有	42.4

1. 表1关于作弊行为调查。48.7%的学生表示自己在大学期间偶尔会作弊,8.9%的学生表示会经常作弊。总之,近六成的学生或多或少有过作弊行为。

表2 您对作弊行为的看法是?(单选)

	百分比
非常赞成	2.6
赞成	8.4
无所谓	38.9
不赞成	37.5
非常不赞成	12.7

表 3　您对受到作弊违纪处分同学的看法？（单选）

	百分比
应该受处分	38.0
无所谓	23.9
同情，受处分同学运气不好	32.9
不应该受处分	5.2

2. 表2、表3涉及作弊行为认知调查。其中135人（38.9％）对作弊行为，持有"无所谓"的态度。这个比例在整个数据分析中，居于首位。显然，对作弊行为，大多数学生并没有形成正确的认识。38.0％的学生认为，应该对考试作弊的学生进行处分。但是仍有很大一部分学生（占总人数的32.9％）对受处分的同学表示同情，认为他们的运气不好。因此，大部分学生常常矛盾于"同情"和"应该受处分"之间，在他们的思想观念中，对作弊行为，并没有一个正确的统一的思想认识和评价标准。

表 4　您是否了解《学生手册》中对作弊行为的处分规定？（单选）

	百分比
非常了解	7.5
比较了解	27.1
一般了解	46.1
比较不了解	15.9
完全不了解	3.2

3. 表4涉及作弊后果认知。46.1％的学生对《学生手册》中有关作弊行为的处分规定，持有"一般了解"的状态，15.9％的学生比较不了解，还有3.2％的学生完全不了解。因此，超半数学生（58.8％）并不能够对作弊行为的处分规定全面了解掌握，这从一定程定上可以解释虽然考试作弊处理越来越严，但学生作弊行为却逐年上升的原因。

表 5　从自身的角度出发，您认为作弊的原因是？（多选）

	百分比
为了获得更好的分数	41.8％
为了通过考试	83.6％
别人作弊，自己不作弊吃亏	21.6％
帮助他人作弊	20.7％
其他	5.8％

表6　从外部环境来看,您认为作弊的原因是?（多选）

	百分比
考试作弊现象普遍存在	53.6%
监考纪律不严	35.2%
课程考试题目太难,考试形式太单一	42.4%
过分强调考试分数,平时教学环节中考勤、作业、答疑、测验等管理松散	54.2%
其他	2.3%

4.表5、6涉及作弊动机与原因调查。在问及作弊的主观原因时,83.6%（绝大多数）的被调查对象认为产生作弊现象的最主要原因是"为了通过考试"。其次是"为了获得更好的分数"。与此同时,"考试作弊现象普遍存在"和"过分强调考试分数,平时教学环节中考勤、作业、答疑、测验等管理松散"是产生作弊现象的最为主要的外部原因。其次可以认为是"课程考试题目太难,考试形式太单一"。选中这三个备选项的比例依次是54.2%、53.6%和42.4%,它们居于众多选项的前三位。

二、大学生作弊原因分析

通过以上现象,深入分析学生作弊的成因,概括起来有三方面的因素:

(一)学生个体因素

首先,在社会浮躁风气的影响下,相当一部分学生人生无目标、学习无兴趣、缺乏自制力,大量宝贵的时间在无所事事的状态中度过,他们在父母、同学和社会影响下被动地进入大学。据近年来笔者所在学院对新生进行思想动态调查发现,有近70%的学生入校后感到迷茫,学习目的不明确,没有目标与规划,缺乏学习动力。

其次,部分学生对学习的认识存在误区。有些学生学习态度不端正,功利倾向比较明显,缺乏学习的积极性和主动性。部分学生对大学学习规律与方法不了解,忽视道德品质的修养,忽视文化课学习,偏重社会活动。不少学生不重视学习过程和学习习惯的养成,迟到、逃课、旷课等现象在不少学生身上存在,课堂出勤率与抬头率呈逐年下降趋势,部分同学自我控制力差,将大量课余时间用于"上网、打游戏、打牌",考试舞弊现象严重。这些现象正在消解着高校大学生的学风。

(二)学校管理层面因素

当前,大多数独立学院都充分依托母体资源办学,师资相对短缺,教师教学任务繁重。部分教师对教学工作投入不足,缺乏对教学方法的研究,只注重知识传授,课堂教学形式单一,缺乏对学生学习兴趣的引导;更有部分教师责任心不强,顾及自身业绩,一味迎合学生,对学生破坏课堂纪律、作业抄袭行为不闻不问,考前划重点、考试放水,教学效果不好。二是教学教务管理和考试管理不善,老师监考不严。考试制度存在缺陷,教师"把关"不严。不同的专业,不同的教育目标,多采用书面闭卷的方式,偏重于笔试,过于重视书本知识的机械记忆和理解,大多数同学作弊是抄写机械记忆的内容。

(三)社会因素

受市场经济下多元文化的影响,一些大学生的价值观也正悄然发生改变,如追求物质利益,急功近利,没有端正的学习态度,为能通过考试不顾违反校纪校规,没有起码的道德底线。

三、减少大学生考试作弊的对策思考

(一)树立以生为本的理念,加强师风师德教育

树立以生为本的理念。良好的教风是学生成长的保证。教风是教师在从事教学活动当中表现出的思想和工作作风,它是一个教师思想道德修养和学识性能的综合体现。学院应采取各种形式加强教师对"以生为本"理念的认识,大力加强师德师风教育。

"以生为本"具体到教学过程中,一是要强化"教学以学生为中心"。出台激励办法,鼓励广大教师教师严于律己,以严谨治学的态度,认真对待每一堂课和学生。"教学以学生为中心"调动学生学习积极性,这是现代教学价值观最突出的特点。要让每位老师认识和反思自身的教学过程,要研究教学内容、教材、教法,准确判断处于发展和变革的教育过程中可能出现的新趋势和新问题,掌握科学的教育规律,把教育教学的科学性和艺术性高度、完整地统一起来,从而在教学活动中尽可能让学生更多地思考,启发学生创造性思维,促进学生的全面发展。

二是做到因材施教。针对独立学院学生思维活跃、学习积极性不强、学习自主性差的特点,学校要鼓励广大教师深入学生当中,言传身教,为人师表。严格教学过程管理,注重考风从平时抓起。严肃课堂纪律、提问阶段性测试、引入形成性评价,使用灵活多变的考核方式,为学生增加学习压力。关注课堂教学中学生的学习状态和学习反应,注重学生的主体参与和积极心理体验,培养学生学习信心和兴趣。

(二)优化高校专业和课程设置,完善人才培养计划

针对独立学院高素质应用人才的培养目标,不断改革优化专业、课程设置,使学生既具有较强的再学习、再发展能力,又具有一定的就业竞争力,而非母体培养方案的简单复制。要不断完善培养计划,使之融入当前社会主流应用技术的理论基础和应用实践环节,以专业领域内工程师层次的职业证书要求为教学目标,组织理论及实践教学。减少实用性差、专业面窄的课程,更新教学内容,提高教学内容的适切性和关联性。加强教学实习基地建设,注重学生实践能力的培养,开设实际操作和创新性实验,把实践教学贯穿到整个教学的全过程。开展各类课外科技、企业实践与发明专利活动,开设各类职业技能证书培训,多种途径培养学生学习兴趣,增强学生自信心。

(三)实施教育教学创新,提高课堂教学质量

根据独立学院学生的特点,不断进行教学改革与创新:

一是要进行教学改革与创新。"教学有法,但无定法,贵在组合"。好的教学方法,应能使学生主动、活泼、愉快地学习。要改革"灌输式"以及在教学过程中偏重讲授的教学方法,积极运用启发式、讨论式、研究式等方式进行教学,营造良好课堂师生交流气氛,提高课堂教学的吸引力。推广使用案例教学法、参与式教学法、课程设计式教学法等教学方法,灵活运用讲授法、评论法、调查法、练习法,培养学生的实践能力和自学能力,最终引导学生学会学习。

二是要整合资源,搭建教学质量监控平台。借助学工管理与学生零距离的优势,将教学管理与学工管理两套队伍形成合力,搭建一个课堂教学质量过程监控与良性互动平台。组织学生、专家、主管、任课教师对任课老师的课堂教学质量进行评价。教学管理要充分利用学生管理工作深入班级、对学生情况直接而具体的了解,促进教与学的互动;学工管理担当教师和学生之间的桥梁,帮助教师有效完成教学活动,提高教育教学质量,共同引导学生增强学习动力,使他们乐学、善学。

三是建立领导、同行、班主任、"督导组"听课制度,全面了解教学运行情况,进行全面督导,通过督察与评价,规范教学过程的运行与管理;学校要定期组织广大学生对教师完成教学工作的量与质的情况、教书育人情况、教学内容和教学方法改革的情况,以及教学研究情况等全面考核。

(四)实行考试评价方式改革,回归考试评价真正本义

考试本是高等学校人才培养过程中的一个重要环节,在于检查和评价教学教学效果和学生掌握知识状况。然而,近年来,大学生考试作弊已发展到替考、用手机、微粒耳机作弊等高科技工具实施群体作弊,并催生一批以协助考试作弊,非法赢利的产业。每年大学英语四级、课程考试因作弊受留校察看、开除学籍的比例逐年迅速升高。因此,必须改革以前单调的考试方式,让学生抄不到、无法抄,真正让考试回归其本义。

一是要建立多形式考查学习效果、综合评价学生素质的评价体系。增加开卷考试、半开卷考试、口试、答辩等灵活多样的考试形式,加大开放性考题的比重,注重考查学生的理解和应用能力。如针对某些工科专业课程,允许学生将写有公式的纸带进考场。增加平时考评、解决问题等环节的分数比重等,调整平时成绩和考试成绩的比例,加大平时成绩的比例,实施过程性评价。实行教考分离,杜绝任课教师考前划重点现象。

二是严肃监考过程。合理安排考场,打乱排座位号顺序,如实现不同年级不同考试在同一时间同一考场安排。加强考场纪律,加大巡考力度,提高现代化考试技术管理,在教室内安装监控、信号屏蔽等。

(五)激发学习兴趣,加强学习习惯养成与诚信教育

一是加强基础阶段对学生学习原动力的引导。通过新生家长会、入学教育、专业教育、心理讲座、适应和养成教育、素质教育等,针对不同年级、不同专业分层分类开展理想信念教育、知识价值教育和成功动机教育、学风主题教育,引导学生端正学习态度,提高学习兴趣,帮助学生树立合理的学习目标,掌握有效的学习方法,尽快完成从中学生到大学生的角色转变。辅导员应对所辖各专业的培养目标、教学进程有所掌握,加强与专业主管的联动,开展学生的学业规划和职业规划教育,从而提高对学生的专业学习引导的效果等。

二是广泛组织健康有益的社会实践活动,使大学生在社会实践中加深对知识价值的领悟,不断提升大学生的求知欲望;指导大学生调整对考试的认知,理智看待考试及其结果,以较好的心态面对考试,避免作弊念头的产生,减少考试失范行为的发生;严格学生日常行为规范管理,建立考生诚信档案信息系统,完善学生诚信管理信息的收集、整理和运用机制,将广大学生的信用记录与素质考核和评奖评优体系紧密相连。

三是发挥学生主体精神。通过学习小组、学习交流会、学习社团等形式,调动学生的主观能动性,指导大学生调整对考试的认知。充分发挥班委会、团支部和学生干部在学风建设中的骨干作用以及学生党员、积极分子等在学风建设中的示范作用。培养学生主人翁意识,让学生广泛参与学校教学工作、管理工作。实施"生评教",重视"学生文字信息反馈"的运用管理。定期组织学生代表收集班级意见,对每门课的课程安排、教材适用性、教学内容、教学方法、作业答疑、教书育人等作出文字评价,通过年级辅导员收集与归类,流转至各系部主任、课程与专业主管,及时反馈到任课教师,帮助教师有针对性地改善教学状态,与学生形成互动,做到教学相长。

四是营造良好的学风氛围。充分利用各种宣传媒体,加强宣传思想工作,强化大学生对考试违纪作弊危害性的认识。弘扬正气,表扬典型,学习榜样,使每个大学生都成为高校优良学风创建的标兵。对考试作弊者形成强大的舆论压力,严肃对作弊学生的处罚,在校园内营造一种讲诚信光荣,弄虚作假可耻的文化氛围。

路甬祥校长也从自己丰富的科研与教学工作中总结出一条规律:科学的进步需要实事求是的态度,摒弃投机和取巧。

参考文献

[1] 教育部.教育部关于采取切实有效措施坚决刹住高等学校考试作弊歪风的紧急通知(教电〔2003〕504 号),2003,12.

[2] 教育部.教育部关于印发《关于规范并加强普通高校以新的机制和模式试办独立学院管理的若干意见》的通知(教发〔2003〕8 号),2003.

[3] 徐增勇.从大学生考试作弊现象透析高校学风建设[J].黑龙江高教研究,2004,(7).

[4] 张玉虎.大学生考试作弊成因与优良考风机制构建[J].辽宁教育行政学院学报,2010,(9).

[5] 胡艳婷,杨亚文.高等学校考试制度改革的思考[J].辽宁教育研究,2005,(12).

[6] 张利庆,李文斐.浅谈提高本科教学质量[J].高教探索,2003,(1).

作者信息

黄　燕,女,中国计量学院现代科技学院党委副书记,助理研究员。

营造阅读氛围,打造物质富裕精神富有的书香浙江

郎杰斌

一、问题的提出

中国共产党浙江省第十三次代表大会提出了"建设物质富裕、精神富有的现代化浙江"的目标,建设物质富裕浙江延续了上一届党代会"创业富民、创新强省"两创战略的思路,进一步着力经济的加速提升和社会物质财富的创造;精神富有浙江的建设则是根据浙江发展到目前阶段提出的新思路,关注于精神层面,体现人文关怀,展示了一种全新的视野。

人生的幸福不仅在于物质的富有,更在于精神的富有。一个人在精神上是否富有,关键取决于其道德素质、精神境界的高低,而不是物质财富的多寡。品德高尚、目光远大、致力于促进社会发展进步的人,即使在物质上不够富裕,但他能够得到社会的认同与尊重,在精神上是富有的。相反,狭隘自私、唯利是图的人,即使物质富裕,但由于极少回报他人和社会,也很容易导致自己与周围世界的冲突,他在精神上就是贫穷的。因此,建设现代化浙江,需要持续促进物质财富的创造,也需要关注公民道德素质、精神境界的提升。

阅读是提高公民素质、更新知识、传承文明的基本途径,是一切学习的基础。习近平同志(2009)要求领导干部要"真正把读书学习当成一种生活态度、一种工作责任、一种精神追求,自觉做到爱读书、读好书、善读书,积极推动学习型政党、学习型社会建设"。温家宝同志(2010)也说过,读书关系到一个人的思想境界和修养,关系到一个民族的素质,关系到一个国家的兴旺发达,一个不读书的人是没有前途的,一个不读书的民族也是没有前途的。读书事关社会建设、国家兴旺,一个国家的国民阅读水平标志着一个国家社会发展的文明程度,同样,一个地区的公民阅读水平反映出该地区的文明程度。路甬祥校长(2014)说:"提升每一位国民的科学文化的素质,最好的途径就是通过更多的学习、读书。"全国人大常委会委员朱永新(2009)说:"一个没有阅读的学校永远都不可能有真正的教育,一个书香充盈的城市必然是美丽的城市。"推动书香浙江的建设,对于建设物质富裕精神富有的现代化浙江有非常重要的意义。

二、阅读丰富人们精神生活,推动和谐社会建设,也促进社会物质财富的创造

阅读是什么?《现代汉语词典》(第5版)的解释是"看(书报等)并领会其内容"。阅读实质是一种组合式的活动,涵盖了情意、知觉与认知三大领域,受到个体知觉、认知技巧、解码

能力、阅读经验、语言背景及推理能力的影响，阅读的最终目的在于理解语言与符号所代表的意义，并试图从中获取个人所需的知识体系。Grace Hallworth(1985)在联合国教科文组织(UNESCO)和国际图书馆协会联盟(IFLA)会议上将阅读的好处概括为十八点："阅读能激发读者的想象力与创造力"、"增加智能发展"、"发展判断力与思考能力"、"增进个人成长与情绪的发展"、"藉由阅读他人的生活经验提供教训，实践未来"、"洞察人类的行为模式导入自己的生活经验当中"、"阅读可以教化人心"、"提供不同视野与思考角度，学会包容与体谅"、"体验他人的奇遇与想法"、"提供读者解决问题的方式，并提升自我发掘的机会"、"帮助人们学习与实践素养与技能，并集中注意力"、"使人们感到愉快与健康，阅读特别可以减轻压力、放松心情、达到心理平衡的效果"、"阅读可以增广见闻"、"可以发展成优良的终身兴趣"、"养成独立思考的习惯"等，可以说，阅读可以增长知识，培育人把握未来的能力，学会包容与体谅，培养独立人格和健康的心态，促进人身心全面发展。

倡导学习型社会建设，其核心是推动社会阅读。我国台湾学者吴清基先生(2011年)在论及阅读与教育时提到，"教育"是帮助个体有机会从下层社会往上层社会提升、移动的最佳途径，而"阅读"则是提供、补充、延续个体在终身发展过程中所需的知识能量、引导个体与时俱进的动力来源。阅读是教育的灵魂，不受时空、年龄、种族、社会地位等限制，也打破学校学制课堂教学与考试藩篱，提供个人终身学习的可能。教育与阅读，可以推动社会各阶层人的有序流动，避免社会阶层的固化，促进社会稳定和可持续发展，是构建和谐社会的可靠基石。

阅读不仅可以提升公民的文化素养，还是提升公民技能与素质的最佳途径。二战以后，日本、新加坡、韩国、以色列等国之所以能迅速跻身发达国家之列，一个重要原因是高度重视教育和阅读，在经济高速发展的同时，国民阅读率也同步提高。通过重视教育与阅读，提高国民素质和技能，唤起国民内在"创造性冲动"意识，提升国家创造力和竞争力。据世界银行统计，劳动力受教育的平均时间增加一年，GDP提升9%，这种收益远超过任何一种投资。读书可以富国兴邦，是已经被实践所证明的科学论断。一个阅读氛围浓厚的书香社会，不仅精神富有，而且也是物质富有的。

从具体国家和地区的发展示例看，"亚洲四小龙"之一的新加坡在20世纪70年代至90年代的经济腾飞时期，国民追逐的成功标准是现金(cash)、信用卡(credit cards)、汽车(car)、私人公寓(condominium)和乡村俱乐部会员证(country club membership)，这种追求以财富为主要内容的"5C"价值观，导致了物质主义的高涨，新加坡人也因此成了缺乏理想信念和公德意识的"经济动物"，针对这种情况，新加坡政府强调只有文化才是生活的本质，特别是通过阅读来提升国民的文化素养，提倡精神上的5C标准：品格(Character)、文化(Culture)、礼貌(Courtesy)、社区(Community)与献身精神(Commitment)，1994年3月出版的《图书馆2000年报告》提出把新加坡建设成为一个"善于学习的国家"，通过积极发挥国民学习的潜在能力，以增强国家竞争力，为新加坡经济社会可持续发展提供了根本保证。

三、浙江经济社会发展需要进一步营造阅读氛围

浙江历史上文化灿烂，人文荟萃，私人藏书绵延不绝，耕读传统在民间一直延续盛行，孕育了永嘉学派、浙东学派等诸多思想流派，积累了深厚的历史文化底蕴。正是这种深厚的文

化底蕴涵养了浙江人"自强不息、坚忍不拔、勇于创新、讲求实效"精神和"敢为天下先"的创富意识,支撑了资源贫乏的浙江自改革开放以来,经济社会发展走在全国前列的伟大业绩。

目前,浙江人均 GDP 处于 5000－10000 美元左右这一现代化进程中的关键阶段,发展中还面临"产业层次较低、创新能力较弱、竞争力不强"等问题,在社会主义市场经济的条件下,一些人把物质上的富有作为衡量人生价值的唯一标准,以富为乐,以富为贵,甚至为了发财致富而不择手段,也影响了浙江经济社会的科学发展、可持续发展、和谐发展。第十三次省党代会报告提出,"在推进现代化实践中,必须始终坚持一切从浙江实际出发,始终坚持把富民放在首位,始终坚持促进人的全面发展,核心是实现全省人民物质富裕、精神富有","要着力提高全体人民科学文化素养、民主法治素养、思想道德素养、生态文明素养"。可以说,建设物质富裕、精神富有的现代化浙江需要推进以强化教育和阅读推广为核心的"书香浙江"学习型社会建设。

四、现阶段推进书香浙江建设的主要途径

"书香浙江"建设目前已得到政府及文化教育机构的大力推动。其中全省农家书屋工程建设全面完成,建设了 25335 个农家书屋,覆盖了全部 24179 个行政村和 1156 个自然村。现阶段推进"书香浙江"建设,我们认为还须从以下方面作进一步的推动:

(一)制订完整的阅读推广活动规划与实施方案。各级文化与教育行政部门需拟订阅读推广活动规划与实施方案,注重做好活动的发动与宣传推广,周密策划活动实施,在社会营造崇尚阅读、方便阅读的环境,吸引市民百姓积极参与,浓厚阅读氛围,并力争让阅读推广活动产生较大的社会影响,带动社会阅读风气。

(二)完善社区、乡村基层阅读软硬件环境,让阅读成为人们生活的一部分。公共图书馆是社会阅读推广的重要基地,《浙江统计年鉴 2011》显示,2010 年浙江省公共图书馆单位数97 个,公共图书馆基本上覆盖在市、县、区一级(浙江设 90 个市、县、区行政单位),以 2010年浙江人口数 4747.95 万,一个公共图书馆平均服务人口 48.95 万,相比世界先进发达地区单个图书馆服务人口:美国纽约 3.81 万,荷兰阿姆斯特丹 2.53 万,加拿大温哥华 2.798 万,澳大利亚布里斯班 1.27 万,台湾地区 4.31 万,香港地区 9.18 万,新加坡 19.36 万,浙江有很大的差距和提升空间。按照国际图书馆协会联盟(IFLA)颁布的"公共图书馆标准(1973—1977 年)"要求的每 5 万人应有一所公共图书馆,把图书馆布局进一步扩展到受教育程度低的乡镇村组织,如果公共图书馆布设到浙江全部的 1171 个建制镇、乡(2010 年),单个图书馆平均服务人口 4.05 万,可接近世界发达地区图书馆服务标准,同时以良性机制推进书店、阅览室等文化设施布局到乡镇,乡镇图书馆、阅览室与设在村级的农家书屋形成完整的基层阅读服务体系,注重图书馆、农家书屋的现代电子阅读设施与人文环境投入,让图书馆、农家书屋成为阅读花园,成为百姓阅读休闲的好去处,让群众切身享受到政府的文化民生福利,更好激发、满足民众阅读与学习需求。

(三)规划培育浙江在国内外有影响力或浓厚地方文化特色的阅读推广活动品牌。全美举办的"一城一书"活动,德国的"法兰克福书展"等都是非常有特色及较大影响力的阅读推广活动。通过阅读推广活动品牌的建设,可以激发市民的阅读热情,促进本地区阅读氛围的营造,同时提升城市品位及区域文化形象。比如,目前省内的人文讲堂活动形成了一定的社

会影响力，浙江省社科联和钱江晚报联合举办的浙江人文大讲堂自 2005 年 4 月开办以来已举办了 8 年 290 多场。据不完全统计，浙江各地由宣传部门、高校、社会团体和民间组织举办的公益性人文社科类讲堂达到 50 多个，"人文讲堂"成为浙江独特的文化风景；杭州推出的学习型城市建设，让杭州"满城书香"活动也引起了市民极大关注。这些活动组织扎实，系列推进，增强社会关注度，形成较好的品牌影响力。浙江本身有深厚历史文化底蕴，阅读推广活动还可以与地方文化的整理、挖掘、传承、弘扬相结合，组织反映浙江（或各市县）文化的作品征选，让更多的人关注家乡发展变迁，珍惜发展成果，培养人们爱乡爱国的情怀。

（四）建立倡导各级领导直接参与阅读推广活动的机制，带动社会阅读风气。在世界全球化时代，各个国家地区普遍信奉"阅读就是竞争力"的理念，政府官员注重身体力行，亲身参与阅读推广，发挥示范作用，引领公民积极参加阅读活动。在美国，奥巴马总统及夫人是近几届国家图书节的荣誉主持人。各级领导直接参与阅读推广活动，亲身与群众分享阅读心得与喜悦，可以彰显政府对学习型社会建设的高度重视和对知识的尊重，展示地方文化形象和地方领导的文化品位。

党的十八大报告第一次把"开展全民阅读活动"列入党的报告中，提出"让人民享有健康丰富的精神文化生活，是全面建成小康社会的重要内容"，"继续推动公共文化服务设施向社会免费开放，开展全民阅读活动，是丰富人民精神文化生活的重要方面"的论述。浙江有深厚的人文底蕴，和悠久的耕读传统，相信在各级政府及社会机构的推动与引领下，浙江的阅读之风必将日盛日隆，物质富裕精神富有的现代化浙江必将早日到来。

参考文献

[1] 中国共产党第十八次全国代表大会报告.2012-11-08.

[2] 中国共产党浙江省第十三次代表大会报告,2012-06-06.

[3] 2012 年浙江省政府工作报告,2012-01-12.

[4] 罗建军.物质富有与精神富有.人民日报,2006-02-27.

[5] 吴建中.21 世纪图书馆新论[M].上海：上海科学技术出版社,2003.

[6] 吕春娇,张赛青."国立"台中图书馆推动全民阅读之策略与实践经验[J].图书馆学与资讯科学,2011,(2).

[7] 张贺.用阅读击溃贫困.人民日报,2012-06-29.

[8] 童桦.我省农家书屋工程建设全面完成田园农家飘起书香.浙江日报,2012-07-20.

[9] 浙江省统计局、国家统计局浙江调查总队.浙江统计年鉴(2011).中国统计出版社.

[10] http://nccur.lib.nccu.edu.tw/bitstream/140.119/33529/6/55002106.pdf,第二章文献探讨.

作者信息

郎杰斌：中国计量学院图书馆副馆长、档案馆馆长。

试论大学生安全责任意识培养机制的构建

徐碧红

[摘 要] 大学生安全责任意识是大学生对应当承担的安全责任义务的认识与觉悟,并在履行这种责任义务的过程中产生的指导安全责任行为的意识。当前,大学生安全责任意识普遍比较淡漠。研究认为:构建与完善大学生安全责任意识培养机制,是高校安全稳定的基石,是深化"平安校园"建设的重要任务。

[关键词] 大学生 安全责任意识 培养机制 构建

大学生的安全问题不同于社会层面一般的安全问题,一旦发生安全事件,涉及面广,社会反响强烈,危害后果不可低估,而构建和谐校园最有效的途径就是提高大学生自身安全责任意识。因此,加强对大学生的安全责任意识培养,让大学生有针对性地学习必要的安全知识和法律法规,掌握必备的安全防范技能,对增强大学生遵纪守法观念和安全防范意识,提高自我保护能力,预防和减少违法犯罪,以及努力建设一个民主、文明、安定、团结的校园环境等都具有十分重要的意义。

一、安全责任意识的内涵与层次

责任是外界条件对行为主体的客观要求,是对人的行为的外在约束和规定。安全责任有两种含义,一是指任何人都有确保社会安全的义务,这是道德范畴的;二是任何人都得为自身行为造成的社会安全影响承担后果,这是法律范畴的。

大学生安全责任意识是大学生对应当承担的安全责任义务的认识与觉悟,并在履行这种责任义务的过程中产生的指导安全责任行为的意识。大学生安全责任意识具有多样化,从大学生的自我意识以及承担道德的能力发展过程来看,在逻辑上可以将大学生的责任意识分为以下几个层次:第一,大学生对自身的安全责任意识。对自身的安全责任意识就是对自己的生命、财产和心理等的安全负责的态度。第二,大学生对家庭的安全责任意识。家庭处于社会的中心地位,大学生对家庭负责是社会稳定的前提。第三,大学生对他人的安全责任意识。广泛承认对他人的责任是当代大学生必备的品质。第四,大学生对社会的安全责任意识。大学生的社会责任意识表现在如何正确处理自身安全与社会安全的矛盾上。大学生的安全与社会的安全在本质上是统一的。但少数时候,大学生安全与社会安全发生冲突时,我们应该坚持个人利益服从社会利益,牺牲小我成就大我,从而升华大学生对社会安全责任的价值观。

二、大学生安全责任意识淡化的现状调研和倾向表现

调查以中国计量学院、浙江理工大学、杭州师范大学、浙江金融职业学院、浙江财经学院等下沙高校在校大学生为调查对象。采取随机抽样方式,对 200 名(其中男生 83 人,女生 117 人)大一至大四年级不等的学生进行问卷调查与访谈,共回收有效问卷 200 份。将当代大学生作为安全责任主体,主要针对大学生生命安全、生活安全、交通安全、安全技能等方面做了调查。调查认为:大学生的安全责任观淡漠。具体表现为:

1. 主动防范意识淡薄。根据分析,学生公寓发生的诸如盗窃等常发安全事件,主要原因是大学生主动防范意识淡薄。离开寝室不锁门、随意存放现金等贵重物品的现象普遍存在。

2. 从众心理比较明显。大部分大学生对于学校明令禁止的行为都是清楚的,知道在寝室不能使用大功率电器,但在从众心理的驱使下效仿部分主观故意而使用违章电器的学生,导致该类违章现象广泛存在,严重影响安全。

3. 调查显示,将近半数的学生出门前未将自己的重要物件存放好,其中有 66% 的同学丢过手机、钱包、自行车,甚至笔记本电脑。学生所丢财物 60% 是在食堂买饭占位子时、挤公交车时、逛街买东西时或坐出租车时。从这些数据可以看出,大学生作为社会群体中的一员,安全责任意识不强,对其所处的安全角色不清楚,甚至出现盲区。

4. 大学生自身缺乏对安全责任意识的正确认识,而且存在侥幸心理导致安全问题不断出现。2009 年 5 月 7 日晚发生在杭州的在校大学生胡某撞死 25 岁青年谭卓事件,给抱有侥幸心理而违反交通规则的大学生和忽视大学生安全责任意识培养的高校敲响了警钟,提高大学生的安全责任意识、构建大学生安全责任意识培养机制已经迫在眉睫。

三、构建大学生安全责任意识培养机制的途径

(一)挖掘学科课程中的责任教育内涵,构建课程教学教育机制

从初中到高中的应试教育,大学生缺乏明确而具体的安全责任意识教育体系,安全责任意识的教育滞后。现在不少高校不能深刻认识加强大学生安全教育与培养高素质合格人才的关系,对在校学生的安全责任意识培养不重视或重视不够,领导机制不够健全。很少对学生进行安全责任意识的培养,导致大学生对安全责任意识的认识模糊。

加强大学生安全责任意识的培养,要将课程的课内教学与课外教学活动有机结合起来,有针对性地开设包括理论和实践课程在内的安全责任教育课程。把安全教育纳入学生日常教学管理计划,统一教育内容,制订安全教育计划。国家教育部门应统一编制高校安全教育的教材,纳入教育教学计划,规定课时,以保证安全教育落到实处。让学生系统地学习有关安全责任的知识,真正理解和体验什么是安全责任?为什么要负安全责任?怎样负安全责任以及不负安全责任的严重后果等,这是培养学生责任意识的基础。为此,一是要明确安全责任教育在思想道德教育中的地位,建构科学合理的品德教育体系。应以安全责任作为重要因素重新构建大学生思想品德教育的内容体系和方法渠道。二是要循序渐进,坚持安全

责任教育的层次性。要培养大学生坚定地履行全责任的意志和信念,这是安全责任教育的中心环节;通过教育使大学生养成安全责任习惯,这是安全责任教育的目的。

同时,要充分利用高校各门课程所蕴含的安全责任教育功能,深入挖掘其中的安全责任教育内涵,充分发挥学科课程教学的安全责任教育功能,形成全方位、全过程的教学教育管理机制。

(二)进行校园平安文化建设,构建环境育人的陶冶机制

路甬祥老校长在其文集综合改革篇中强调指出,建立"教、管、育、导"有机结合,党政工团齐抓共管的思想政治工作体制,把思想政治教育与日常严格管理、教书育人、积极疏导有机结合起来,创造良好的社会环境和文化氛围非常重要。社会环境和文化氛围对大学生安全责任意识培养起到非常重要的作用。高校平安文化是校园文化的外延,是指所有与安全价值观、安全思维方式、安全行为准则相关的物质的或精神的校园文化活动方式或结果。校园文化活动可以提高师生的基本人文素质,深刻理解生命的意义。在这种意义上,人文素质既给自己也给别人带来安全,实现了教育价值和生命价值的统一。因此,高校平安文化与校园文化具有一致性。学校既要科学设计各类校园文化活动,又要创新安全主题的文化活动,真正把平安文化融入到校园文化活动中去,使之成为校园文化不可分割的一部分。在加强学校稳定工作责任制,加强学校安全管理工作的同时,必须引导大学生了解有关生命安全、生活安全、交通安全的措施,了解防火、防盗、防暴等常识,使他们在健康成长、遵纪守法、保证安全、珍惜生命、预防犯罪等方面有明显的进步和提高。要充分利用社会平安文化,实现"警校共建"校园平安文化。良好的校园生态环境和平安文化环境,是无声的育人载体。

(三)多措并举,构建大学生安全责任意识培养的长效机制

1. 健全安全教育制度,严格监督管理。高校要将安全教育课程的实施纳入教学评估中去,落实学分制,及时督促检查安全教育课的落实情况;"取他人之长,补己之短",形成适合自己学校师生的各项规章制度,并使之规范化、制度化、完整化,将其作为一项重要工作长期抓下去,建立起安全教育的长效机制,避免形式主义,使其真正能发挥未雨绸缪、防患于未然的作用。

2. 注重防范教育,着力提高安全素质。过硬的安全防范技能,是大学生抵御各种危险的最终屏障。对于大学生防范各种危险来说,仅具有安全意识仍显不足。安全教育的最终目的,是"使受教育者在突发状态下,具备应急、应变能力、安全防范、防卫能力以及法制观念、健康心理状态和抵御违法犯罪能力"。上述能力的培养,是一个实践性很强的过程。通过训练,使大学生具备一定的自卫技能,以防范可能发生的暴力危险,最大可能地降低危害。学校定期开展安全演习,让学生掌握应对突发情况的基本技能,并在学生中开展形式多样的有关安全教育的活动。

3. 加强心理健康教育。近几年来发生在学生中的自杀、打架斗殴、偷盗等行为,多数是由心理问题引起的。因此,学校要特别重视学生的心理健康教育。一是在大学生安全教育中引进心理健康教育内容,减少安全事故的发生。良好的心理素质是保障学生安全的内在原因,健康的心理在很大程度上能杜绝心理性安全事故的发生。把安全教育与心理咨询有机结合起来,有目的、有针对性地做好安全教育,使学生安全教育迈上新的台阶。这对优化

大学生的心理素质,预防安全问题发生,促进健康人格的全面发展与完善,有着十分重要的作用。

4.加强安全法规和纪律观念的教育。对学生进行安全责任教育,必须建立和完善学校教学、生活、管理等各方面的规章制度,把法律和道德规范具体化。新生一进校,就要认真开展以校纪校规为主要内容的入学教育,让学生全面地了解、熟悉校纪校规,特别是涉及日常行为安全的规范。同时,加强日常学习生活中随时随地的校纪校规教育,培养学生遵守纪律的自觉性,并对少数严重违反校纪的行为予以严肃处理,以维护正常的教学和生活秩序。

总之,大学生的安全责任意识培养是一项长期性的系统工程,需要社会、学校、家庭的紧密配合;需要构建小学—中学—大学联动机制、学校—社会联动机制、学校—家庭联动机制;需要教育行政部门的高度重视,更需要学校各部门的通力合作、齐抓共管。要提高对大学生安全事故的预见能力,把大学生安全责任意识培养工作做在前面,不断增强大学生安全责任意识,培养大学生树立"安全责任公民"的正确价值观,提高安全防范能力,构建"平安校园,和谐社会"。

参考文献

[1] 求是与创新:路甬祥教育文集[M].杭州:浙江大学出版社,2012.

[2] 倪皓.浅谈大学生安全教育[J].中国科技信息,2009,(3).

[3] 李奇志.论大学校园安全问题及应对措施[J].沈阳工程学院报(社会科学版),2008,(1).

[4] 宁洪燕.高校学生公寓安全管理模式初探[J].高等职业教育(天津职业大学学报),2008,(6).

[5] 2008年杭州高校发案情况分析.中国计量学院保卫处,2009年1月.

[6] 高永蓉.试论大学生责任意识培养机制的构建——以民航院校为例[J].黑龙江高教研究,2012,(9).

[7] 马凤宝.浅析高校安全教育的现状和对策[J].高校后勤研究,2007,(6).

作者信息

徐碧红:女,中国计量学院保卫处,助理工程师。

《求是与创新:路甬祥教育文集》
发行仪式上的讲话

冯时林

今天我作为浙大五十万分之一的校友,非常荣幸地出席母校 115 周年校庆之际《求是与创新:路甬祥教育文集》的发行仪式,十分感谢母校历届老领导、老学长对我的关心和厚爱,更加加深了我对母校的热爱和挥之不去的情怀。我在浙大学习工作了三十二年,母校是我一生的最爱。当母校的领导给我送来《求是与创新:路甬祥教育文集》时,我内心十分激动,有点爱不释手,徜徉在文集之中,既亲切又新奇的心情油然而生。

文集全面再现了 20 世纪 80—90 年代浙江大学的办学理念、发展思路、改革历程和辉煌成绩,是浙江大学办学史上的一件大事,也是我国高等教育发展史上的一大盛事,对于学习、继承和实践求是创新精神具有重要意义。文集的有些内容非常眼熟,二十几年前在教七影视厅、邵逸夫科学馆的中层干部大会上,我曾多次聆听过路校长的演讲和教诲;但也有很多内容以前闻所未闻,使人耳目一新,富有感染力和震慑力。

记得 1978 年那个科学的春天里,一篇描写科学家的报告文学风靡了全国,有着五项重大发明的路甬祥博士的名字使刚毕业留校的我肃然起敬。我和路校长的直接接触始于 1985 年,他担任浙大副校长,我在浙大保卫处、浙大派出所任副所长。我第一次见到他时,他风度翩翩,一身西装,年轻儒雅又很注意修饰和公众形象。并不像有人描述科学家都是科学怪人,"走路撞了树,还说是谁撞了我"的模样。

更多的接触是在 1988 年他担任校长之后,我在浙大保卫部任副部长。作为他的学生和部下,在平时的密切接触中,深深感受到路校长的睿智博学、思路敏捷、智慧超群。他始终贯彻执行党的基本路线,坚持教育为社会主义现代化服务的方针,弘扬实事求是、严谨踏实、奋发进取、开拓创新的精神。他有很深厚的马克思主义哲学功底,总是客观地、实事求是地评判事物的发展规律,他那卓尔不群、非凡超越的领导水平和驾驭全局的能力,使浙大看到了新的希望。他非常关心学校的安全与稳定,重视学校的安全保卫工作,关注师生员工的安全幸福指数。记得 1991 年 3 月 23 日下午,浙江省公安厅常务副厅长邬兴华同志带领省厅、市局公安机关的领导调研老浙大的综合治理工作情况,路校长亲切接见参加座谈并发表重要讲话,他深入浅出,从国际国内形势发展趋势,苏共解体的经验教训,高校所处的战略地位,我们应具备的政治意识、大局意识、忧患意识谈起,引申总结出浙大"党委领导、夯实基础、专群结合、公秘结合、预防为主、标本兼治、齐抓共管"的综合治理工作方针。并在最后着重指出:新的历史条件下,安全保卫难度加大,需要发动群众,宣传群众,教育群众,依靠群众,群防群治,落实安全保卫责任制,依法治校,在上级公安机关的指导下,为学校创造安全稳定的良好环境,增强师生的安全感。邬兴华厅长和在场的厅、市、区公安机关的同志们大为震惊,想不到一个大学校长对安全稳定讲得如此透彻到位,给大家上了一堂生动的形势政策课。

　　记得 20 世纪 90 年代初，求是村盗窃事件频发，教职工人心惶惶。当时校保卫处内部有不同意见，有的人认为，学校保卫处、派出所以护校河为界，求是村的安全应由玉泉派出所管辖。路校长当时听了很生气，明确指示：保证教职工的安全没有界河，保卫处的职能是为教学、科研服务，为师生员工的安全需求服务，工作职责上有分工，但不等于不管。保卫处应与地方派出所联防联控，联手出击，打击犯罪，还师生员工一个安宁和谐的环境。之后，我们遵循路校长的指示，与玉泉派出所建立联防联控和快速反应机制，通过一周的共同蹲点守候，成功将十三名湖南籍夜间攀水管作案的盗窃团伙缉捕归案。路校长看了我们的简报非常高兴，批示：请凡孝同志对有功人员给予奖励和慰问。有校领导的亲切关心和大力支持，我们工作的劲头更足了，在路校长担任校长期间，我们全力以赴，尽一份责任，保一方平安，连续多年被评为省、市、区治安安全先进单位和综合治理先进单位、国家安全人民防线先进单位。

　　路甬祥老校长不仅仅是党和国家的领导人，而且是管科学的科学家，管教育的教育家，也是一位著名的社会学家。他有着深厚的马克思主义哲学功底，总是以哲学思想为世界观和方法论，揭示自然界、人类社会和思维的一般规律和特殊规律。他从中央党校学习回来，给我们作报告，总要陈述一些哲学观点和分析问题的理论依据，经常教育我们，中层干部要多学点哲学，不懂哲学的领导者不可能是清醒聪明的领导者。正确的世界观和方法论可以触类旁通，可以提升驾驭全局的领导能力；当干部一定要多读书，读好书，同时要理论联系实际。路校长酷爱读书，涉猎广泛，知识渊博，对事物的分析高瞻远瞩，他二十年前在学校综合治理会上的一番讲话，让我们至今受用，当前公安工作方针和综合治理工作原则，就是当时路校长讲的这些内容。

　　路校长在浙大任职校长十年，可谓是浙大发展最关键的十年，他的成功，凸显了他富有人格魅力和人文关怀，他卓越的领导才能、凝聚力，使得他积极倡导的"求是创新"的校训得以有效地贯彻落实。路校长还身体力行，严谨治学，在科学界作出了杰出贡献。他非常注重把自己的认识和实践经验升华，用以指导浙大的办学，始终坚持在高等教育中培养大学生"求是创新"精神，在国内率先实施了"学分制"、"双学位"、"三学期制"、"混合班"等有利于创新人才培养的教育改革，积极创新管理体制和运行机制，为浙大实现综合性发展、跨越式发展奠定了基础。在路校长的带领下，浙大实施了一系列具有重大历史意义的教育教学改革，迅速增强了浙大的整体办学水平、办学质量和综合实力。路校长还深入研究和借鉴国际现代工程教育的成功经验，对我国高等工程教育存在问题的研究有着深刻而独到的见解，对于推动我国卓越工程师培养教育的改革发展具有前瞻性的指导作用和实践意义。

　　《求是与创新：路甬祥教育文集》立意高远，气势恢宏，论事精辟，析理透彻。以独特的视角，高屋建瓴，深刻、系统、全面地论述了我国高等教育的发展趋势和未来方向，提出了一系列颇有建树的理论观点和实践论证。旁征博引，博大精深，处处洋溢着一代教育家敢为天下先的英雄豪情和对教育、科技事业矢志追求、无私奉献、敢于献身的执著情怀。

　　文集可谓是中国高等教育研究的不朽巨著，是高等教育理论与丰富实践成功结合的经典之作，更是中国高等教育，特别是高等工程教育理论与实践宝库中的一颗璀璨明珠，是引领中国高等教育特别是高等工程教育发展方向不可多得的宝贵财富和精神动力，是所有高等教育界领导同志学习的范例。

　　虽然路校长离开浙江大学已经多年，担任了更加重要的领导职务，但是路校长始终密切关注和支持着浙大的发展，关心着他的老部下的发展。我调任中国计量学院副校长后，路校长对计量学院更名大学、凝练办学特色、强化校友工作等给予了重要指导,提出了至为宝贵的意见,让我感动不已和受益无穷。

"求是创新"已经成为新时期浙大求是学子的行为准则和奋斗目标,让我们以路校长为楷模,在求是创新精神的指引下,以弘扬母校的优良传统为己任,积极创新,勇于进取,用实际行动衷心祝愿母校的明天更加美好!祝愿路委员长、刁玲玲老师及各位校领导、老师、同学们身体健康,事业进步,家庭幸福!

后 记

　　教育乃立国之本。高等教育更是肩负着人才培养、科学研究和服务社会的重大职能,是民族之魂、强国之基。因此,高等教育改革一直都牵动着国人的心,历来是人们关注的焦点。如何让高等教育充满思想、启迪智慧、深化改革、科技创新,一直是高等教育工作者崇高的追求和远大的目标。中国计量学院的教育工作者以重温和分享原浙江大学路甬祥校长的教育思想为契机,探索和研究路甬祥教育思想在中国计量学院教学科研、人才培养、队伍建设和人才培养等方面的运用和发展。

　　《求是与创新——路甬祥教育文集》整理了现存于浙江大学档案馆中路甬祥同志的讲话、发表在各类报刊上的文章以及当时新闻媒体对学校改革发展的一些重要报道。收录文章和讲话稿时间为 1985 年至 1996 年路甬祥院士担任学校领导职务的 10 年期间,并按照文章和讲稿的主题分教育理念篇、综合改革篇、人才培养篇、科学研究篇、学科与师资队伍建设篇、工程教育和继续教育篇等 6 个篇章,记录了路甬祥校长在主政浙大期间所实施的各项改革探索,求是创新为浙江大学今日成就奠定了坚实的基础,也展示了这一时期浙江大学的发展轨迹。抚今追昔,路校长曾大力倡导的“大学教育必须牢固树立以德育为先、全面发展、教学相长的思想”,“科研工作要坚持面向国民经济主战场”,“建设一支政治坚定、业务精良的教师队伍”,“走出去礼贤下士,请进来唯才是用”,“求是系治学之本,创新乃科技之源”等理念仍然十分精辟,充满了对于社会主义大学的历史使命、政治责任、治校方略等重大问题的理性思考和真知灼见,是当代中国高等教育领域宝贵的精神财富,非常值得高等教育管理者在实践中深刻领会和学习借鉴。

　　中国计量学院是我国质量监督检验检疫行业唯一的本科院校,是一所具有鲜明的计量标准质量检验检疫特色的浙江省重点建设大学。学校秉承“精思国计、细量民生”的校训,坚持“计量立校、标准立人、质量立业”的办学理念,以培养适应国家质检事业需要的高素质人才为目标,以提高质量为核心,深化教育教学改革,在建校 36 年风雨兼程中,学校取得了显著的发展业绩。这与学生各级管理者的锐意改革、科技创新、敢于担当有着密切的关系。

　　本文整理了 50 余篇论文,涉及各个办学领域的思考与实践。尤其在编审的过程中,得到我的恩师、原浙大张浚生书记为论文集作序,我校林建忠校长、李海芬教授、刘秀丽博士、李惊涛教授、王伟满同志等编委的真诚帮助和大力支持。浙江大学出版社徐有智教授为本书的出版给予了巨大的帮助。同时,还得到了唐诗之路提出者竺岳兵先生热心相助。在此表示衷心的感谢!由于年初受省委指派赴绍兴市新昌县任党的第二批群众路线教育督导组组长,时间紧、任务重、精力有限,在编辑过程中有不妥之处,谨请见谅。

冯时林

2014 年 5 月于新昌白云山庄

图书在版编目(CIP)数据

　　路甬祥教育思想研究/ 冯时林主编. —杭州:浙
江大学出版社,2014.12
　　ISBN 978-7-308-14000-3

　　Ⅰ.①路… Ⅱ.①冯… Ⅲ.①路甬祥—教育思想—思
想评论 Ⅳ.①G40-092.7

　　中国版本图书馆 CIP 数据核字(2014)第 248658 号

路甬祥教育思想研究

主编　冯时林

责任编辑	余健波
封面设计	张作梅
出版发行	浙江大学出版社
	(杭州市天目山路 148 号　邮政编码 310007)
	(网址:http://www.zjupress.com)
排　　版	浙江时代出版服务有限公司
印　　刷	杭州杭新印务有限公司
开　　本	787mm×1092mm　1/16
印　　张	15
字　　数	375 千
版 印 次	2014 年 12 月第 1 版　2014 年 12 月第 1 次印刷
书　　号	ISBN 978-7-308-14000-3
定　　价	50.00 元